学前教育家文库

方观容 文集

凤凰出版传媒集团
江苏教育出版社
JIANGSU EDUCATION PUBLISHING HOUSE

学前教育家文库
编委会
主　任：鲁　洁
副主任：许卓娅　张胜勇
编　委：陈秀云　陈淑安　胡建华　卢美贵　唐　淑
　　　　屠美如　王振宇　虞永平　赵寄石　祝士媛

目 录

总序 / 1

前言 / 1

幼儿数概念形成的研究 / 1

漫谈游戏治疗 / 31

怎样教幼儿学数 / 40

游戏治疗 / 88

后记 / 296

总　序

　　我国学前教育理论与实践的研究,始于20世纪初期的南京高等师范学校(南京师范大学的前身)。从南京高等师范学校到南京师范大学,在将近一百年的时间中,经过几代学前教育学人绵延不断的探索、传承、弘扬和发展,成就与积累了极为丰硕的学术成果,形成了我国学前教育学术宝库中一份十分珍贵的财富。为了使后继者得以在前人已有成就的基础上继续前进,为学前教育学术发展搭建一个历史平台,南京师范大学学前教育专业与江苏教育出版社决定联手出版《现代学前教育学人文库》(第一卷)。

　　早在20世纪20年代,时任南京高等师范学校教务主任的陶行知先生创建了教育科,并任首届主任。就在这里开始了近代中国学前教育的奠基工作。陈鹤琴先生在这里开始了儿童心理、家庭教育、幼稚教育的研究与教学工作,举办了我国第一个幼教实验中心——南京鼓楼幼稚园;陶行知和陈鹤琴的学生张宗麟先生首先自愿成为陈鹤琴研究幼教的合作伙伴,在鼓楼幼稚园进行了课程、设备、故事、读法等项研究,后又成为陶行知在南京郊区开辟农村幼教基地的得力助手,陈鹤琴也曾被晓庄乡村试验学校聘为幼稚师范院院长。他们的论著如:《儿童心理之研究》、《家庭教育》、《幼稚教育概论》、《幼稚园的演变史》、《幼稚教育论文集》(一、二两册)等书,在幼教界影响深远。他们是中国化、大众化、科学化幼教道路的开拓者和领路人。他们作为先行者的实践业绩和理论建树其影响一直延伸至今。

新中国建立后,经 1952 年院系调整,由南京大学、金陵大学、上海震旦大学、广东岭南大学等相关系科组合在南京师范大学建立了当时全国唯一的幼儿教育系,陈鹤琴先生被国务院任命为南京师范学院的首任院长。陈鹤琴在幼教系亲自教授儿童心理学、教育史等课程,还设置了儿童教育研究室和儿童教玩具研究室及玩具工厂,开创了教学、研究、生产三结合的体制,并建立了南师附属幼儿园——附属幼儿师范学校——幼儿教育系的三级完整的幼教体系。在陈鹤琴先生的带领下,南师幼教系的老师们还分别深入各种类型幼儿园进行各科教学、玩教具、游戏、设备、营养、混龄教育等项研究,与幼儿园建立了鱼水关系。陈鹤琴所倡导的热爱儿童、热爱幼教的奉献精神,中西融通、不断探索的创新精神,理论和实际紧密结合的务实精神,深深地影响着一代又一代的南师学前教育学人,这种奉献、创新、务实的精神已蔚然成风,逐步形成为南京师范大学幼教人的传统风格。

改革开放后,南京师大学前教育专业进入了历史性突破的新时期。70 年代末,为促进全国幼教事业的复兴,南京师大学前教育专业肩负起筹备全国幼教研究会的重任,在南京召开了成立大会和第一届学术年会;80 年代初,南京师大学前专业首批执行教育部和联合国儿童基金会幼教师资培养的合作项目;80 年代末,承办了我国第一次幼教国际会议;90 年代初,被国务院学位委员会批准设立了我国首个幼儿教育学科博士点;本世纪初,被教育部确定为首个国家级学前教育重点学科。南京师大学前教育专业已成为当代我国学前教育领域中的先导和中坚。

近三十年来,南京师大学前教育专业以不断拓展理论视野和深入幼教实践作为提高队伍素质,完善课程建设为根本方针。在教学方面:努力加强学前教育学、儿童心理学、儿童教育哲学等基础理论课,逐步增设了学前教育史、学前教育研究方法、学前课程论、儿童游戏论等科目,将幼儿园各科教学法改造成学科教育学。80年代中期承担了多项全国高校七五规划教材编写项目,由人民教育出版社出版了《学前教育学》及《学前教育学参考资料》,《中国学前教育史》及《中国学前教育史资料选》《学前儿童发展与教育科学研究方法》《学前儿童语言教育》《学前儿童音乐教育》《学前儿童美术教育》《幼儿科学教育》《学前儿童数学教育》《儿童营养学》等教材,填补了高师学前教育专业课教材的空白。在硕士和博士学位点的建设方面:设有学前教育基本理论、学前教育课程论、学前审美教育、学前科学教育、学前语言教育、学前道德启蒙、幼儿社会性发展、学前健康教育等专业方向。在科学研究方面:80年代初,率先进行幼儿园综合教育的研究,由此拉开全国幼儿园课程改革的序幕;承担了全国教育科学"七·五"规划重点项目"农村幼儿教育研究"、"八·五"规划重点项目"学前儿童艺术综合教育"、"幼儿道德启蒙教育"、"九·五"规划重点项目"我国幼儿园课程体系的研究"、"学前儿童审美教育"、"幼儿园师幼互动的研究"等,并都取得了丰硕的成果,出版了《农村学前一年综合教育课程设计》《学前儿童艺术综合教育》《幼儿道德启蒙的理论与实践》《师幼互动行为研究》《幼儿审美教育学》《儿童教育新论》《儿童精神哲学》《幼儿园课程指导丛书》《幼儿园课程实施指导丛书》《幼儿园课程研究论文集萃》《托儿综合教育课程》等书。近年来,还重视与国内外同行的合作研究,多次举办国际、国内学术研讨会,在刊物上开展学术思想争鸣。总之,南师大前教育学人的研究覆盖了学前儿童的生理和心理、正常儿童与特殊儿童、托儿所与幼儿园、教学与游戏、分科教学与综合教学、城市与农村、正规与非正规保教形式,涉及到幼儿教育系统工程的方方面面。她们的研究成果不仅有利于自身教育质量的提高、师资队伍的专业成长,也促进了全国幼教界教育改革的步伐,为建设有中国特色的幼教事业作出了重要贡献。

这次编辑《现代学前教育学人文库》共 13 卷,包括有陶行知、陈鹤琴、方观容、黄人颂、赵寄石、汪爱丽、卢乐珍、屠美如、王志明、张慧和、唐淑等 11 位教授、专家的个人专卷。用以彰显他们的开拓创新和求真务实精神,供人们分享他们的丰硕成果。以期薪火传承,发扬光大!在这里我深深祝愿本文库的出版将促进我国学前教育学术更加繁荣、事业更加兴旺!

鲁 洁

2005 年 10 月

前　言

提起方观容教授,她那鲜明的个性形象跃然于我们的脑海中:她直率开朗,乐观热情,热爱生活,广交朋友;她善于学习,讲课生动,是位深受学生爱戴的好老师;她酷爱幼教,潜心研究,是我国著名的学前儿童数学教育专家。

我国研究学前儿童数学教育的奠基人

方观容教授早年毕业于英文专科和社会教育学本科,她于20世纪40年代中期留学美国,在研究院较为系统地学习了儿童早期发展与儿童教育的理论,同时在美国从事过三年的早期教育实践工作。40年代末回国后在上海、苏州等高校任教。1952年秋全国高校院系调整时,她由上海震旦大学调进南京师范学院幼教系,担任该系专业主干课程"学前教育学"的教学工作。为了搞好教学,方教授一方面认真学习前苏联的幼教理论,另一方面深入幼儿园进行实践研究。经过学习与研究,她深感数学教育对儿童发展的价值,遂于20世纪50年代末60年代初将原先包涵于"学前教育学"学科内的数学教育独立出来,在高校首开"幼儿园计算教学法",填补了我国高校学前教育专业该门课程的空白。在建设该课程时,她收集并翻译、介绍了前苏联的有关儿童数概念发展与教育的理论与方法,并深入幼儿园进行实践研究,努力结合中国实际使之本土化。

改革开放带来了学术的自由和繁荣,方老师凭借她扎实的英语功底和学术敏感性,于80年代初翻译了美国康斯坦斯·凯米依(C·Kamii)的《怎样教幼儿学数》,该书阐述了数的性质和教数的目的及其教学原则,并具体介绍了教师怎样利用各种情景教数。该书向我国幼教界介绍以皮亚杰的认知建构论为基础的西方有关早期儿童数学教育的理论与实践,为我国学前儿童数学教育提供了全新的、更宽广的研究视角。她在全国幼教研究会成立大会上所作的精彩的学术报告《幼儿数概念的形成》,介绍了国内外相关领域的发展状况及儿童早期数学教育的基本理论,并总结了自己几十年来幼儿园数学教育的研究成果。

此外,她结合幼儿学习的特点,创造性地将我国传统的两档7子的算盘,改造成为一档10子的幼儿算盘,至今已被广泛运用于幼儿园的数学教学中,成为幼儿学数学有效可行的学具。从上可见方观容教授研究学前儿童数学教育的轨迹:50、60年代时,她创建了高校的"幼儿园计算教学法"课程;70、80年代时,她的研究奠定了学前儿童数学教育理论与实践的基础。据此,本文集收录了方观容教授撰写的研究报告《幼儿数概念的形成》及译著《怎样教幼儿学数》。

我国儿童教育领域"游戏治疗"的引领者

20世纪80年代中期,方观容教授开始关注儿童行为问题的研究,翻译了美国阿克瑟莱恩(Axline,1947)的《游戏治疗》这本书,首次向我国读者介绍了游戏治疗的理论与方法,并提供了大量的案例。70多岁的她率先亲自在幼儿园里进行个案探索与研究,深受幼儿园与家长的欢迎,她的研究报告《漫谈游戏治疗》,既介绍国外游戏治疗的原则、方法等,又介绍本人的实践研究。在此期间,她还为学前教育专业研究生开设过"游戏治疗"课程。方观容教授引领的"游戏治疗"研究,对我国儿童行为的矫正具有开创性、前瞻性意义,至今仍具有借鉴价值并对幼儿园儿童行为问题的矫正具有指导意义。据此,本文集收录了她撰写的《漫谈游戏治疗》及其译著《游戏治疗》。

关爱学生、热爱生活的好师长

我们曾经是方观容教授的学生和助教,20世纪50年代初认识方老师时,知道她是来自上海、留过洋、有钱人家的小姐,我们与她交往时有一定的距离感。经过接触,感到她为人真诚热心,豪爽坦荡。她关爱学生:不仅喜欢聪明能干的,对成绩较差的学生也很亲近,一视同仁;当知道有的学生在文革中遭到不公平待遇时,她愤愤不平,倍加怜爱。她关心同事:年轻同事的生育、中年同事的家事、老年同事的病体,都十分关注;有时她会设家宴,把行动不便的同事接到家,让大家团聚一堂。她广交朋友,无论是医生教授、匠人帮工、邻居孩童、农村妇女……她都能相处自如、亲如家人。她喜欢活动:古稀之年的方老师天天到南师校园锻炼身体,做自己创编的操节;常和家人、朋友外出旅游,还主动参加民主党派的活动,到青年会去唱赞美诗,到老年大学上课,介绍养生和美容之道。在家里:她孝敬父母,当年留学美国时,同去的四位姑娘,只有她毅然只身回国,并长期在父母身边侍奉,耄耋之年的她,还亲自每天为百岁的老爸洗脚。她的子女儿孙,虽非亲生，但始终视为己出，相处融洽亲密。

如今92岁高龄的她，还喜欢把自己拾掇得格格正正，常去农村亲近大自然。方老师热爱生活的积极人生态度，激励着我们这些后辈，值此《学前教育家文库·方观容文集》出版之际，衷心祝愿我们的恩师健康长寿，永远快乐！

南京师范大学 唐　淑
张慧和
2006年4月

幼儿数概念形成的研究[1]

怎样教学龄前儿童计数,并使他们形成数的概念?对这个问题,我国幼儿计算教学法上很少有理论的探讨。

我们认为所谓形成幼儿数的概念,即必须掌握 10 以内邻数并保持数的守恒,从而明确自然数序的体系,理解数的实际意义。

这个问题在美国、前苏联、瑞士、日本等国都曾进行了研究。我们亦在南京几个幼儿园进行了试验。现将这个问题的研究情况分两部分叙述如下:

第一部分:国外关于幼儿数概念形成的论述

一、瑞士心理学家皮亚杰的论述

1. 数的性质

皮亚杰认为数是数理逻辑知识,这种知识与物质的和社会的知识不同。

物质知识是物质外部存在的。例如铅笔的颜色与重量是可以从外部观察到的,当推动铅笔时铅笔会滚,也是可以观察到的。这种能观察到的知识,都是物体外部的现实。

但是,当我们拿出两枝铅笔并说明这里有"两枝"铅笔,这"2"就是数理逻辑知识。铅笔当然是可以观察的,但"2"却是在人的思想上将这两个物体之间形成的一种关系。假若人的思想上不把这两枝铅笔联系起

---

[1] 本篇论文刊载于《幼儿教育经验·研究》(第一辑),中央教育科学研究所幼儿教育研究室编,教育科学出版社,1980 年第一版。

来，那么两枝铅笔还是分开放着，这"2"既不存在于这枝铅笔，也不存在于那枝铅笔，它是两者之间的关系，这种关系并不存在于铅笔的外部。

社会知识，既不是观察物质现象，亦不是建立于大脑的逻辑关系，只是由于社会的公认而形成。例如一把椅子就叫"椅子"，它具有随意性，因为叫它什么根本没有任何物质的或逻辑的原因。在不同国家语言中，同样的东西，可叫不同的名称，所以社会知识只能从社会传递而获得。数理逻辑的知识没有任何随意性，例如2+2在各国文化中得出同样答案。因为数学是建立于演绎法的内部一致性，其中绝对没有任何随意性。

皮亚杰对于数的数理逻辑性质的论述，与一般亦不尽同。美国有一本叫《现代算术教科书》(1972年版)说，数是"集合的性质与物体的性质如颜色、大小以及形状的意思相同"。认为儿童学习数概念是从许多组集合中抽象出来的，"数的性质"也像从物体中抽象出颜色和其他物质特性一样。

但是，皮亚杰则认为从物体中抽象出颜色，其性质与数的抽象截然不同。物体特性的抽象，他叫它为"简单抽象"。数的抽象并不建立于物体现实的外部，而是建立于物体之间的心理联系，这种联系他叫它为"反射抽象"，亦叫做"建设性抽象"。它表示这种抽象是真正由大脑建立的，而不是着眼于物体外部存在的特性。

当儿童学习"10"以内的数时，这两者区别似乎是极微。但当学到大的数如999与1 000时，就看得很清楚，这不可能从物体或图画的集合中去抽象，而是儿童在大脑中建立了抽象的关系。

皮亚杰还认为数是儿童在物体之间建立两种关系的综合。一种关系是顺序性，另一种关系是等级包含性。等级包含性的关系表示如下图：

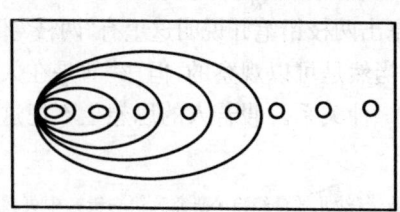

图1

说明这个儿童在思想上明确"1"包含在"2"内,"2"在"3"内,"3"在"4"内等等。例如给孩子八样东西,只有他把东西从一个到八个形成一种等级包含关系,他才"认识""8"的集合,即总数"8"。

总之,皮亚杰认为数不存在于物质的外部,不能简单的抽象出来。

谁都承认 2+2 的总数,是"4",但这个"4"并不在"外部"物质世界中,就不能由社会传递而获得。假使儿童不能把"5"在他头脑中建立起关系,即使口头数或练习多少次都不能使他建立起"5"的概念。①

2. 儿童怎样形成数学概念

皮亚杰认为:儿童获得数和数学概念,不是由于通过教学,主要是儿童自己独立地,自发地发展起来的。当儿童还未成熟以前,企图把一些数学概念强加给他时,他的学习仅仅是语言上的;对于数学概念真正的了解,只能和心理的发展同时发生。

例如一个五、六岁的儿童,可以教会他从一数到十。把十块小石头排列成一行,他能够数得很正确。但是,若把这些石头重新排列,或把它们堆砌起来,他就不一定能数得很正确。有的儿童虽然认识数字,但他却未必掌握数字的根本意义,即掌握数的"守恒"。与此相反,六岁或七岁的儿童,即使没有教过他如何计算,也往往表现出他已经形成了某些数的概念。

研究儿童的数概念的发展,可用一对一相配合的实验方法。例如我们把八块红木片排成一行,要儿童从盒子中取出和红木片一样多的蓝木片,他们的反应是随年龄而异,大致可以分为三个阶段。一个五岁或五岁以下的儿童,可以把蓝木片排得紧紧连成一样长的行列。他相信只要行列一样长,数目就一样多了。年龄平均六岁的儿童,便达到了第二个阶段:这些儿童会将蓝木片和红木片对称起来,并从而得到正确的数目,但他们未必就有了数的概念。假如我们把原来的红木片距离放大些,六岁的儿童也会认为摆得长,数量就多了。平均六岁半到七岁的儿童才达到了第三个阶段,他们知道,一行木片排得密些或稀些,这与木片的数目无关,两者的数目总是一样的。

二、日本斋贺久敬论数概念的发展

1. 数行动和数概念的区别

根据日常观察，幼儿早期就接触到数，做有关数的行动，如听数词，说数词，依次序念数词，说："有几块糖果，是多还是少。"但是他们并没有理解数。有人说：数行动是对于数认识的预备行动，数概念是对于数进行了思维的结果。这两者的关系到底怎样呢？大致可说有以下三点。首先，即使看去好像见数就能数的样子，但实际所数的和说出的数不同，只是在形式上有数的行动。其次，即使根据所做的行动对数有一定程度的理解，可是只凭数行动还不能算完全的数概念。要反复经过数行动之后，才能完全掌握数概念。那末幼儿什么样的数行动才算是完全数概念呢？那就必须依靠调查、比较、研究，并总结幼儿对数的各种反应了。

2. 数概念的测验和教育

幼儿对数真的懂了还是不懂，要从各方面给以多样的题目，从他的反应中作出综合的判断。例如在日常生活中对孩子作良好的观察，让他讲出数或给他数数等都要经过多次才能明了。在这个时期即使会做一些数的行动，但不一定都做对。例如可能说出五个东西叫做"5"，但在什么情况"5"比"4"大，"5"是"3"和"2"组成等，不见得都懂的。这时期可叫它为不完全的数概念的行动。这时期采取有关数概念的各种性质的题目对儿童加以调查，不仅关系到数的测验，而且对数的教学亦是同样适用的。

3. 数的记号和意义

数是语言的一种，由于它具有一定的特殊意义和内容，通常的语言就不能代替，必须依靠一定的记号来表示意义。

语言的记号是声音和文字并伴随它的意义的东西，即使我们说"3"，一边跟着读数字"3"，但是否反映"3"这个概念还不一定清楚。儿童开始能按数序唱数，亦能从 1 唱到 10，那只是学得了声音的次序，未必懂得从 1 到 10 的数字的真实含义。有的孩子即使能数到一百、一千，可能他所指的数目很含糊不清，并没有百、千数的意义。即使儿童能写数字的记号,而没有掌握正确数意义,可能不少数字是用错了的。

4. 数的抽象性与体系

数概念是表示事物的数的属性,这种概念比具体事物的抽象程度要高一层,而且有比较严密的体系。这一点是它的特征。

决定数的并不是事物外表的性质,五个苹果或五只狗,即使看起来完全不相似,但作为数,那就同时都要看成五。任何事物,即使它的种类、形状、大小、排列等完全没有关系,问题就在于这个数。

另一方面,凡是概念总是抽象的东西,例如苹果,可能在形状、颜色、大小、味道、产地、用途等各有不同,但总的说来,这种东西都叫做苹果。即使这种具体事物的概念,亦已经非常抽象,但还是用具体的对象直接表示出来的,苹果总像苹果,狗总像狗。从这一点看,数概念抽象的程度,就比具体事物的概念要高了一层。

数的体系:数就是集合的意义和顺序的意义,前者是集合的大小,即这个集合的因素的多少,而后者是集合中东西的排列顺序(第几)。但是在数的体系里,这两者是统一的。"一、二、三……"是集合的各个因素,集合中各个因素依次排列就成为第一个是"一",第二个是"二",第三个是"三",按这样的系列一直排下去,就是数的系列,集合数和序数同时都表示数。另外,某数和第二个数,都保持着"1"的差,这样,数就不是一个一个地孤立存在的,是构成了相互紧密联系的体系。因为某个数,不仅是那个数,而是和别的数严密的逻辑的关系决定的,五是数系列中的第五个数,比四多一,比六少一,而且五可以分成四和一,亦可分成三和二等等。数的相反之间,可以进行加减乘除的运算,所以就构成这种严密的规则的体系。

要理解数就不能把数一个一个独立学习,一个数与其它所有的数分离开来就不可以理解,要理解某个数就得掌握这个数与别的数的关系。所以学习数,一定要掌握数与数之间的相互关系,理解所有数的体系。③

三、前苏联列乌申娜论儿童数概念发展规律

列乌申娜认为儿童数概念的发展可分四个阶段:

第一阶段：多数概念的发展，儿童先认识多数（许多），但不知多数东西的范围，把许多东西当作一个没有固定数量的多数，这是儿童认识数的最早阶段。幼儿喜欢把许多东西分成一个一个的，并重复地说着："一个、一个、又是一个……"幼儿的注意力就在重复的动作与声音上。

第二阶段：幼儿实际上掌握了把一个多数物体的组成成分与另一个多数物体的组成成分进行对比的方法，也就是建立两个多数物体之间的一一对应。重叠与并放的方法能帮助幼儿看出两堆多数物体相等与不相等，这就启发儿童以后依靠数目去掌握计数。

第三阶段：开始学习数数，依靠数目去数多数物体的组成成分，也就是要掌握计数活动，依靠自然数序可以决定任何多数物体中组成成分的数量。四、五岁的幼儿逐渐学会数数，能依次说出 1—10 的数，知道最后的数是总数的意义，但对数的实际意义还不理解。物体所占的面积大，就认为多。

第四阶段：掌握邻数，形成数概念。通过教育与生活实践，随着年龄增长，五到六岁左右的幼儿，认识能力逐渐发展，已能从具体到抽象的分析和概括。于是幼儿进一步掌握了两个相邻数间的关系，不论是顺序的或是逆序的关系，能比较数的多少、大小，这就加深了对数的理解并形成了自然数序是一个一定的体系的概念，也就形成了数概念。④

第二部分：我们对幼儿数概念形成的试验和研究

一、促进幼儿形成数概念的重要性

通过南京九个幼儿园的观察与试验，证实了幼儿掌握数概念确实不像一般人所想的那样简单。数概念比日常生活中一般概念更加抽象，学习也更枯燥无味，对教与学都产生较大的困难。历年来各幼儿园总有少数儿童不能达到教学大纲的要求，这些儿童升入小学一、二年级经常因算术不及格而留班。

我们于 1960—1966 年和 1973—1979 年,两次在南师附小幼儿园和成贤街小学幼儿园,把我们所拟定的教学大纲与方法在小、中、大各班进行计算教学的实验,教学中注重启发,促进幼儿逐步形成数概念。这样做,使幼儿对学习计算的兴趣大,进步快,效果好。

1978 年夏测验了南京市九个幼儿园大班 10 以内加减法的成绩(这 9 个大班年龄基本相同,都采用同样大班计算教学大纲),结果以南师附小幼儿园和成贤街小学幼儿园的成绩最好,两园共 71 名幼儿,总平均 96 分,平均以 24 分钟算完 20 题。其他 7 个幼儿园共有 198 人,成绩总平均 84 分,时间 28 分钟。前者比后者总平均多 12 分,时间快 4.4 分钟。当然取得好成绩的因素很复杂,但在小班、中班是否按照数概念发展规律进行教学是有直接关系的。

例如其他七个幼儿园在小班与中班时有的取消了认识"一和许多",有的取消了数的形成,不少幼儿园还取消了邻数教学,还有的从小班就开始教加减法。由于小班幼儿没有掌握数的实际意义,学加减法,只能死记硬背,能记得"几+几=几",也是囫囵吞枣,计算的正确性和计算速度,就不如另外两班了。

总之,教学只有连贯的、系统的循序渐进,才能获得较好的成绩,幼儿园计算教学中任意删去某一阶段,跳过数概念形成,去学习加减法,成绩怎么会好呢?

二、怎样促进幼儿形成数概念

要促进幼儿形成数的概念,必须要有正确的教学大纲和方法,我们研究了我国建国以来幼儿园计算教学的内容及近年来国内外幼儿园计算教学的情况,并考虑到幼儿的年龄特征和数概念发展的规律,初步拟定了幼儿园各班计算教学大纲与内容,在幼儿园试验。现将小班、中班的大纲和内容分析如下:(参看附录一)

小班的主要大纲与内容:

1. 认识"1 个和许多"并了解它们之间的关系

我们根据小班幼儿不知多数东西范围的特点,在幼儿学习数数之前,必须教幼儿感知"多数",帮助幼儿形成"多数"的概念,使幼儿理解

"1个"与"许多"的关系,知道"许多"是由1个、1个……许多1个合起来的,1个是许多中的1个,这样幼儿可以知道整体与个别成分之间的关系。教学过程中注意将1个、1个的物体组成"许多个"的一个整体,再将这整体分为1个、1个的物体,组成和分解的过程要结合进行,不能割裂,在讲解时,语言要特别强调这两者的关系。通过许多次作业及在日常生活中练习,使幼儿理解并掌握这个概念:即任何的"许多"都是由一个一个所组成的,为以后学习计数时,理解"任何一个数都是由'1'所组成的"打下基础,并渗透对"集合"意义的理解,同时也初步培养了幼儿分析、综合的能力。(见附录第一、二节作业)

通过各种"分析器"来感知多数。儿童们在生活中经常接触到许多不同事物的"多数",如同一种物体的多数,同一种声音的多数,同一种动作的多数等等,这些不同特性的多数,只有通过各种分析器才能掌握,如听音、拍手等种种训练可使三岁幼儿的分析器之间建立联系。(见附录第三节作业)

感知许多物体的多、少或一样多。教幼儿学习比较数量多少之前,先让幼儿感知许多物体的多、少,进行比较,为学习计数与邻数打下基础。比较许多物体多少最简单的方法,是把许多物体一一对应地放在另外许多物体的上面(即重叠的方法)或放在旁边,一一对齐进行比较(即并放的方法),使幼儿能直接感知到两个多数物体之间的数量有多、有少或相同。(见附录第四节作业)

2. 学习数的形成与点数

先教数的形成:三、四岁幼儿能顺口溜地念"1、2、3、4……10",但没有真正认识数。他嘴里数的与手指着的东西结合不起来,即手口不一致,也不知数到最后一个数是代表东西的总数,数到最后,问他一共是多少,往往说不出来。这说明幼儿有数的行动,但尚未形成数的概念。毛泽东同志指出:"概念这种东西已经不是事物的现象,不是事物的各个片面,不是它们的外部联系,而是抓住了事物的本质,事物的全体,事物的内部联系了,概念同感觉,不但是数量上的差别,而且有了性质上的差别。"所以在培养幼儿建立数概念时必须善于从具体事物引向抽象概念,同时在认数教学中不仅要使幼儿认识一个数的本身,还应掌握这个数与其他数的关系。教幼儿认识10以内的数,不要幼儿死记硬背,要先教数的形成,再教数数。

还应该用比较的方法,对幼儿进行计数教学。教幼儿认识不同的数目时,主要在区别两个不相等的数目。要在幼儿的眼前,常常出现两组不同数目的物体。把它一一对应的放着,让儿童自己来对照比较,从而懂得"3"和"3"一样多,再添一个就是"4",数目的名称就通过数的形成引导出来,不要机械的记忆数词。例如1与1,1与2,2与2,2与3,3与3,3与4,4与4,……小班上学期计算应限制在3以内的数目,先把基础打好。

在学习数的形成基础上,教幼儿点数:用右手食指对准某物体一个一个点数,点时从左到右,手口一致。数的实质是把这个集合的每一个元素和自然数集的元素依次一个一个地对应起来。数到最后一个数,声音可提高些,说出一共是多少(表示总数),并说出正确的单位名称或量词如1,2,3,一共三棵青菜,一共四头猪等等。

以后可用多种多样教具和方法认识10以内的数,如每人一套点子卡片、扣子、圆片等,或每人一个十珠一档的小算盘,以两档珠子比较,幼儿通过实践,懂得为什么添了一个就成为另外一个数了。边拨珠,边口头轻轻地念:"5添1是6,6去1是5"。我们的经验认为算盘的效果非常好,因为脑、眼、口、手同时活动,练习的机会多,幼儿喜欢,积极性高。(见附录第五—十节作业)

中班主要的大纲与内容:

1. 认识10以内的序数

序数是指某数在自然数序中的位置,用"第几"来表示,使幼儿了解每一个数占有一定的位置。要求幼儿能懂得问"多少"、"第几"是什么意思。当我们问"有多少"的问题时是想知道东西的总数;当我们问"第几"的问题时,是想知道这东西在哪一个位置上。在幼儿练习时,老师要提出不同的问题,如"小黄旗排在第几?这一排彩旗有多少?第三面小旗是什么颜色?"幼儿就这样学习分辨不同问题的意义并正确地回答。在要求幼儿指出某一物体在一排中所处的位置时,都要自左向右,如果自右向左数,物品的位置就要改变,但游戏时也可自右向左,由上向下,由下向上数,以培养幼儿思维的灵活性,如小动物爬山比赛,由上向下数,狐狸第一、猴子第二、……、大象第十,若由下向上数,大象是第一、……、猴子第九,狐狸第十。序数比较容易掌握,日常生活中接触也较多,在学完数的形成后,就学1—10的序数,不必一个数一个数地学习。(见附录第十一节作业)

2. 认识各种大小、颜色、形状及排列形式不同物体的数

由于幼儿的思维是具体、形象的,经常因物体的大小和排列形式不同而影响数的认识,如认为排在一起的八个小皮球少,排得较稀的八个大皮球多。教师要经常用大小不同、形状不同、颜色不同、排列不同的教具,培养幼儿进行目测能力,使他们在认数时逐渐不受其他因素的影响,知道物体不论大小、颜色不同、排列不同,只要数一数就知多少,从而保持数的守恒。(见第十一—十二节作业)

3. 学习邻数

在比较数量多少的基础上,教幼儿知道2—10数中的每个数比前一个数多1,比后一个数少1,幼儿学会了邻数就掌握了数的实际意义,也可为学习口算加减法做好准备。邻数是形成数概念的核心与关键,但幼儿学习比较困难,所以邻数是中班教学的难点与重点。

用实物(两排)教学教数,先教他们明确相等或不相等,例如学2的邻数,先教幼儿掌握一样多,出现一个小朋友和一个小朋友一样多(上下对齐),在下面再添一个,是两个小朋友,使他明确2个比1个多一个。下面又来了两个小朋友(第三排),2与2一样多,又来了一个,就是3个小朋友,2比3少一个。这样在实物比较的基础上理解数目之间的关系,幼儿就容易用语言表达数的关系,老师指着三排小朋友,幼儿集体说:"2比1多1,2比3少1。"我们的经验是先说多,再说少,幼儿容易掌握邻数规律,若先说少,后说多,或不注意"多"、"少"的顺序,效果就差。以后再用贴绒及点子、数字卡片等玩游戏,在熟练地掌握"2"的邻数以后再学"3"的邻数,"5"以内的邻数进度要慢。学完"5"

以内邻数后,可用其他教具(摆成阶梯形)进行复习,使幼儿能牢固地掌握5以内邻数关系,大多数幼儿已掌握规律了以后,教学进度可加快,如可以一次感知、学习2～3个数的邻数关系。在教学中可运用听听、拍拍、摸摸表达邻数,如听老师拍6下手,每人举起5及7的点子卡片。(见附录第十二节作业)

幼儿认识邻数的过程就是由感性认识到理性认识的过程,这需要通过两个步骤:第一要积累十分丰富的感性材料,第二要对这些感性材料加以整理和改造。有了丰富的感性材料并不等于已经飞跃到理性认识,正象工厂生产,有了原料并不等于有了产品一样,幼儿有丰富的感性材料——各种实物、玩具、图片等直观教具,必须经过思维过程即经过分析、综合、比较、抽象概括的过程,促使由感性认识到理性认识的飞跃,从而初步形成幼儿的抽象的数概念。小班幼儿不能离开实物认数,随着年龄增长,幼儿能离开实物认数,这时认识上发生了本质的变化,数也就成为一个真正的概念了。

幼儿逻辑思维的发展决定于幼儿语言的掌握情况以及实际解决具体任务的经验。用以下一些教学方法,对形成数概念效果较好。

1. 用直观教具进行比较。毛泽东同志指出:"有比较才有鉴别",用语言启发突出数而不受教具的形状与颜色等等的影响。如在小班里对比1和许多以及比较多和少,学习数的形成,在中班学习邻数都用直观的比较。

2. 通过实践活动。每人有一套教具或用自己手指,有条件的每人一把十栏算盘。正如皮亚杰所说:"知道一个客体,或知道一件事,不单单是注视着它,造成一个心理的复本,要知道一个客体就得动之以手"。

3. 通过游戏。幼儿最喜欢游戏,由于计算作业比较单调,枯燥无味,通过丰富多彩的各种教学游戏,可引起幼儿的学习兴趣,使它们喜欢计算,注意集中,积极性高,开动脑筋,去思考问题和解决问题。

按以上的大纲和方法进行计算教学,经过小班、中班两年的教育,大多数幼儿基本形成了数的概念，到大班时再进行加减运算，这样分阶段的教学，效果较好。

三、幼儿形成数概念的指标与成熟期问题

1978年起，我国儿童开始6岁入学，幼儿园原定计算教学大纲亦应提早一年完成（即在中班5岁左右学完邻数）。我们在南京四个幼儿园进行测验（二幼、代代红、南师附小、汉口路幼儿园，共116名儿童，其中110人基本掌握邻数，占94.9%），成绩优良的幼儿都能说："9的邻数是8和10，因为9比8多1，9比10少1。"成绩最优秀的能说出正反两面的关系如9的邻数是8和10，因为9比8多1，8比9少1，9比10少1，10比9多1，少数幼儿虽知道9的邻数是8和10，但在回答为什么时，多少概念不清，只有6人成绩不及格，占5.1%。这说明大多数幼儿在5岁左右已能运用抽象思维进行分析、综合、抽象概括了。

皮亚杰强调儿童思维的形象性，却低估了儿童抽象思维能力，事实说明经过教育和训练，儿童会有一定的抽象概括能力。前苏联列乌申娜亦认为将近6岁的幼儿才能掌握邻数，形成数的概念，学习过早或过迟都不适当。我们认为在中班后期（5岁左右）学习邻数，比较合适。

幼儿虽已掌握邻数概念，是否就能掌握数的守恒呢？我们对以上116名幼儿进行测验，即将8块积木放成一排，问这是多少积木？然后要求幼儿在下面亦放八块，幼儿都能一一对应放好，然后让他看着老师把下面八块积木分散摆开，再问他上面的积木多还是下面的积木多？为什么？

在116名幼儿中有86人能保持数的守恒，占74.1%，他们能回答：上下两排积木一样多，因为都是8块，8和8一样多。或者说，下面的一排空的大，分开了，还是8块。有76名幼儿，占66%测验邻数与守恒的答案全部正确。有的邻数对，而守恒错，有的相反。这说明有的幼儿虽掌握了邻数，不一定掌握数的守恒，有的则相反。我们认为幼儿掌握数概念，必须掌握邻数和守恒。亦就是说掌握邻数与数的

守恒,就是幼儿数概念的指标。

根据小学算术教学法的理论,关于数概念的形成有三个指标:(1)说出数目名称,(2)知道某数在自然序数中的位置,(3)知道这个数的组成。亦就是说儿童如果掌握了"3"这个概念,那么儿童不仅能说出"3"这个数字,还应该知道3比2多1,3比4少1,或3在2之后,3在4之前,3中有三个1,有一个"1"和一个"2"等等。

我们认为幼儿学习数的组成(一个数分成两部分)可以加深对数概念的领会,并为学习加减法做准备,但不是形成数概念的核心或关键,组成与邻数不同,幼儿掌握了组成而不掌握邻数就不能理解数与数之间的关系,就不可能理解与掌握自然序数的体系,就不能真正形成数概念。

我们的结论是:幼儿形成数概念的指标是两项,即掌握邻数及数的守恒,学习这两项内容的成熟期是5岁左右,即不小于4岁8个月,不大于5岁半。

由于我们的研究不够广泛,不够深入,体会比较肤浅,这个看法对不对,还有待于今后进一步研究。

注

① 皮亚杰, *Children and Numbers*, Constance Romis and RheRa Denlnes,1976年自美国出版。
② 皮亚杰著,杭大段铮选译自《美国科学的现代心理学》,1971。
③ 译自《幼儿教育学全集》《言语与数》,日文版1977。
④ 译自《幼儿园计数教学法》作者:列乌申娜俄文版1959

附录一:幼儿园计算教学大纲

小班

一、认识"一个"和"许多",并了解它们之间的关系。

1. 要求幼儿掌握由相同的个别物体组成"许多",并把"许多"分成一个一个的物体。

2. 掌握由不同颜色、形状、大小的个别物体组成"许多",并把"许多"分成一个一个的物体。

3. 学会在布置好的教具中,找出"一个"和"许多"东西来。

4. 教幼儿用右手从左到右一个一个地把许多物品放成一排。

5. 通过听觉、触觉、运动觉来感知多数。

二、感知许多物体有多、少或一样多。

6. 学习重叠的方法:用右手从左到右地将许多物体一个一个地放在已排好的物体上面。比较多、少或一样多。

7. 学习并放的方法:用右手从左到右将物体摆成两排,上下一一对齐,比较多、少或一样多。

三、学习词汇:"一个","许多","没有了","一个一个的","多少","一样多"。

四、认识数目"2—5"。

8. 认识数目"2—5"的形成,如由1个添上1个就变成两个,两个去掉一个就是一个,同时学习1与1,2与2,3与3是一样多。

9. 用右手食指自左到右对着物体点三以内的数,并说出总数、常见物体的量词,如一棵、两棵、三棵,一共三棵青菜等。

10. 从许多物体中拿出5以内数量的物体。

11. 按照老师拿出的实物或点子卡片的多少,表达五以内的数,如老师拿出三只小鸡,要求幼儿拿出三个圆片,或拍三下手,或拨三个算珠。

12. 学习不因物体大小、颜色、排列形式、空间距离不同,而影响五以内数的认识。

13. 运用听觉、触觉和运动觉确定五以内的数。

14. 比较五以内数的多、少、一样多,如三个比一个多,一个比三个少,三个比两个多,两个比三个少。学习用右手从左到右地摆放五以内的物体,并进行比较。

15. 认识"上面,下面"、"大,小"、"圆形、正方形、三角形"。

16. 学习1—10数数。

中班(上学期)

一、认识数目"6—8"。

内容和小班大纲四认识数目 2—5 相同,即小班大纲的(8—14条)。

8. 学会8以内数的倒数。

9. 学习目测8以内数群。

10. 学习6是6个1组成的,学习7、8,用同样方法。

11. 学习分类:摆出四、五种东西,把其中相同的东西进行分类整理,如糖果、蔬菜都是吃的,娃娃、皮球,都是玩的,帽子、围巾,都是用的。

12. 学习8以内相等数,将种类不同,数目相等的物体放在一起进行比较,如五个娃娃,五棵小树,五把铲子,引导幼儿了解它们都是5。

二、学习非正式的测量,以手、臂、脚或冰棒棍等量量纸条,书本,桌椅的长短,谁离老师近些、远些。

三、学会10—30的数数。

四、认识长方形、梯形、五角形、六角形、半圆形、中间、两边、长短、远近。

中班(下学期)

一、认识数目"9、10"

内容与认识"6—8"数目相同。

二、认识10以内序数。

要求幼儿能区分序数词"第几"和数量词"多少个"(或几个)的不同。

用不同物体、不同颜色排列认识序数
用相同物体、不同颜色排列认识序数
用相同物体、相同颜色排列认识序数

拿走某物体要求幼儿说出"第几"不见了。物体次序变换,要求幼儿说出"第几"和"第几"换了。由看见老师更换说出到不看老师更换说出来。

三、认识1—10数目字,要求幼儿了解每个数目字所代表的数量。

四、学习10以内邻数,如5比4多一个,5比6少一个。

五、认识菱形、八角形、椭圆形、前、后、左、右、高、矮、粗、细、星期几。

六、学会50以内数数,学会从任何数数起。学习2个2个数,从2—20,逢单数1—9,5个5个数5—50。

七、有条件的幼儿掌握以上大纲要求后,可学4以内数的分、合。如3可以分成1和2,1和2合起来就是3。4以内加减法(口头应用题),不出现横式。

大班(上学期)

一、目测10以内数群,学会100以内数数,学会5个5个数50—100,10个10个数10—100,知道100是由几个10组成的及几个10组成100,学会3个3个数3—30。

二、通过初步的测量,学习宽窄、厚薄、深浅、轻重、大于>、小于<。

三、学会7以内数的分与合,学会将一个数分成两部分,并将两部分合成一个数。

四、学会7以内加减法(口算)。

大班(下学期)

一、认识几月几日,时钟上的正点,半点,分数$\frac{1}{2}$,$\frac{1}{4}$。

二、学习10以内数的分合时,结合加减法,要求准确、迅速,并会自编应用题。(注意思想性与真实性)

三、学会按笔顺正确写出1—10数目字,要求字写得规范,坐的姿势和握笔姿势正确。

四、认识人民币元、角、分和斤、两。

五、幼儿已熟练掌握以上大纲要求后,可学习20以内不进位,不退位的加减法。

数的分、合、加减法表:

一、 2/1\1	1+1	2−1	1−1
二、 3/1\2	① 2+1 ② 1+2	3−1 3−2	3−3
三、1) 4/1\3	① 3+1 ② 1+3	4−1 4−3	4−4
2) 4/2\2	2+2	4−2	
四、1) 5/1\4	① 4+1 ② 1+4	5−1 5−4	
2) 5/3\2	① 3+2 ② 2+3	5−2 5−3	
五、1) 6/1\5	① 5+1 ② 1+5	6−1 6−5	
2) 6/2\4	① 4+2 ② 2+4	6−2 6−4	
3) 6/3\3	3+3	6−3	
六、1) 7/1\6	① 6+1 ② 1+6	7−1 7−6	

幼儿数概念形成的研究

2) 7 = 2, 5   ① 5+2   7−2
              ② 2+5   7−5
3) 7 = 3, 4   ① 4+3   7−3
              ② 3+4   7−4

七、1) 8 = 1, 7   ① 7+1   8−1
                ② 1+7   8−1
   2) 8 = 2, 6   ① 6+2   8−2
                ② 2+6   8−6
   3) 8 = 3, 5   ① 5+3   8−3
                ② 3+5   8−5
   4) 8 = 4, 4   4+4   8−4

八、1) 9 = 1, 9   ① 8+1   9−1
                ② 1+8   9−8
   2) 9 = 2, 7   ① 7+2   9−2
                ② 2+7   9−7
   3) 9 = 3, 6   ① 6+3   9−3
                ② 3+6   9−6
   4) 9 = 4, 5   ① 5+4   9−4
                ② 4+5   9−5

九、1) 10 = 1, 9   ① 9+1   10−1
                 ② 1+9   10−9
   2) 10 = 2, 8   ① 8+2   10−2
                 ② 2+8   10−8
   3) 10 = 3, 7   ① 7+3   10−3
                 ② 3+7   10−7
   4) 10 = 4, 6   ① 6+4   10−4
                 ② 4+6   10−6

5) 10
　／＼
　5　5　　　5＋5　　10－5

附录二、教材教法举例

第一节

大纲：区别"一个和许多"，掌握由同类物体组成许多，并把许多分成一个一个物体。

学习词像"一个"、"许多"、"一个也没有了"。

教具：准备与儿童人数相等的苹果或萝卜等（也可用硬纸制成），物体要注意单位名称为"个"的，使幼儿容易掌握。

进行：1. 老师拿出许多苹果（放在脸盆内）问大家：脸盆里有什么？有多少苹果？（许多苹果）老师一边把苹果一个一个放进另一脸盆，一边说："一个苹果"，请儿童也跟着练习说："一个苹果"，放完后问大家："脸盆里有多少苹果？"（许多苹果）要求集体或个别儿童回答。老师小结：老师把一个一个苹果放进脸盆里，脸盆里就有许多苹果。

2. 请每个幼儿上来从许多苹果中拿一个苹果（儿童拿苹果时，可以问："你拿了几个苹果？"）幼儿拿完后，老师问大家："你拿了多少个苹果？"（一个苹果）老师小结：老师把一个一个苹果放在一起就有许多苹果，现在小朋友们从许多苹果里一个一个拿走，脸盆里还有苹果吗？（没有了，一个也没有了，请全体或个别幼儿说这句话）念儿歌《大苹果》。

3. "大苹果送给谁呢？（华主席）对了，我们乘火车到北京去，"请幼儿排好队，每人手拿苹果跟随老师绕椅子走一圈（老师当火车头，小朋友跟在后面走），然后把苹果放在脸盆里，各人坐到自己的位子上。老师问幼儿："现在脸盆里有多少苹果？"（许多苹果）老师小结："小朋友把手里的苹果一个一个放在脸盆里，脸盆里就有许多苹果。"小朋友把一个一个苹果送给华主席，华主席真高兴，华主席最爱小朋友,他将苹果递给小朋友吃,大家说:"谢谢华主席。"

附儿歌:大苹果

  大苹果,有许多,   盆里一个苹果也没有了,
  小朋友,分苹果,   一个一个合起来,
  你一个,我一个,   盆里苹果有许多。
  一个一个分完了,

第二节

大纲:掌握由不同的颜色的个别物体组成许多,并把许多分成一个一个物体。

学习词汇"辆",复习"许多","一辆也没有了"。

教具:红、黄、绿、蓝、黑各种颜色汽车,共5辆。用积木搭工厂大门。

进行:1. 汽车厂有许多辆汽车,"嘀!嘀!"开来一辆汽车,"嘀,嘀,又开来了汽车……"然后老师引导幼儿一起说:"一辆汽车,一辆汽车……"(有时可问幼儿:几辆汽车开来了?)最后启发幼儿说:"有许多辆汽车。"(只突出一辆一辆汽车,不说颜色)

2. "每天早上司机叔叔都要开汽车送叔叔、阿姨去上班,一辆汽车开走了,一辆汽车开走了……"(边说边开走一辆)老师启发幼儿说:工厂里一辆汽车也没有了。集体和个别幼儿回答。

3. "晚上司机叔叔又把汽车开回工厂,请小朋友上来当司机",并启发幼儿说:"我开来一辆汽车……"然后老师问大家:"现在汽车厂里有多少辆汽车?"(许多辆汽车)如尚有时间还可请幼儿将一辆一辆汽车开出来,让更多幼儿参加活动。最后老师小结:一辆一辆汽车开来就有许多辆汽车,一辆一辆开走了,就没有汽车了。

第三节

大纲:通过触觉、运动觉掌握"一和许多"。

教具：纽扣板两块（用硬纸制成，一块上面钉一粒纽扣，另一块上钉六粒纽扣）。如 ▭ ○ ▭○○○○○○▭

进行：1. 老师将纸板给儿童看，问儿童：纸板上有什么？（纽扣）这块板上有几粒？（一粒）这块板上有几粒（许多）现有请小朋友玩"摸摸有几粒"的游戏。老师将纽扣朝向全体小朋友，请一个小朋友上来站在纽扣板后面，用手摸摸上面有几粒纽扣，并告诉大家："我摸到一粒纽扣"，或"我摸到了许多纽扣"。

2. 下面的小朋友看到上面的小朋友摸到一粒纽扣时，跟随老师拍一下手，上面的小朋友摸到许多纽扣，大家就跟随老师拍许多下手，老师说"预备"时，大家把两只小手放在胸前，老师说"拍"，大家跟随老师一起拍手。

游戏可进行几次。

根据班级情况，可再玩听听、拍拍游戏，老师敲铃，小朋友告诉老师是敲了一下还是许多下，然后请幼儿听老师的铃声拍手。

第四节

大纲：1. 学习重叠的方法比较多、少、一样多。

2. 学习并放的方法：上下一一对应，比较多、少、一样多。

3. 学习词汇：多、少、一样多。

教具：娃娃、小椅子、小盘子、圆片各6个，白绒布一块，上面贴好一面红旗作标记的长纸条。

准备与儿童人数相等的图片（每人6个，放在盘子里），每人一条纸条（纸条长约25公分，宽约8公分，上面贴好红旗，中间画好一条红线▭—）

进行：1. "今天，我们班上来了许多小客人，"老师边说边将娃娃一个一个放在桌上（从左到右放好），请6个幼儿将小客人坐到椅子上，老师指着娃娃和椅子问大家："小客人有多少，小椅子有多少?"（许多小客人，许多椅子），再问："客人和椅子哪个多，哪个少？还是一样多?"请集体或个别幼儿说：小客人和椅子一样多。

2. "现在我们请小客人吃饼干。"请一个幼儿分别给每个娃娃一个盘子，再请一个幼儿在每个盘子里放一个圆片（作饼干），要求幼儿用右手从左到右摆放，和娃娃一一对应，放整齐，放好后，请幼儿比较小客人和盘子哪个多，哪个少，还是一样多？（客人和盘子一样多）

"有几个小客人先吃好了，"（老师边说边拿走5个盘子）问大家："现在小客人和盘子哪个多，哪个少？"请集体或个别幼儿回答：小客人多，盘子少。

3. 请每个小朋友给小客人吃饼干，要求幼儿在纸条的红线上面摆放圆片（用手从左到右摆放）。

请幼儿看老师怎样摆放，大家手放好，眼睛看老师，老师在绒布上进行示范，并作讲解："我将圆片从有红旗这边摆起，放在红线的上面，一个一个放整齐。"放好后问大家："老师放了多少圆片？"（许多圆片）。

4. 幼儿跟随老师的示范一个一个摆放圆片，同时说：一个、一个……要求幼儿用手拿起从有红旗的这边放起，一个一个放整齐。摆好后问大家："你们放了多少圆片？"（许多圆片）

要求幼儿按老师的示范一个一个慢慢地从有红旗的那边（从左到右）将圆片收回放进盘子里。

如有时间，再摆放一遍，下次作业可用6个圆片，6个纽扣重叠积摆两排。

第五节

大纲：1. 学习5的形成。2. 复习1—20的数数。

教具：红卡车四辆，黄卡车5辆，小沙袋9个，计算器。

进行：1. 学习5的形成

（1）工人叔叔开卡车给公社送肥料，看看有几辆红卡车（一辆一辆出现，共4辆红卡车），看看有几辆黄卡车（同上），请儿童说出一共有 4 辆卡车(并用手点数)。4 辆黄卡车和 4 辆红卡车哪个多?(一样多)怎么知道一样多?(都是 4,4 和 4 一样多)

(2) 后来又开来了一辆黄卡车,4 辆添上一辆是几辆卡车?儿童回答后,让小朋友用手指数数看。

(3) 有个司机叔叔说:"我先开走。"5 辆开走了一辆还有几辆?

(4) 那个司机叔叔把肥料送到公社,又回来了。4 辆添上 1 辆就是几辆卡车?

(5) 总结 4 添上 1 就是 5,5 去掉 1 就是 4,要求儿童个别或集体回答。

2. 复习 1—20 数数

(1) 老师拨计算器。

(2) 集体数,个别数。

(3) 一个小朋友数到某一个数,另一个小朋友接上数。

(4) 个别小朋友上来拨珠,并手口一致的数数。

第六节

大纲:复习 5 的形成,学习从许多物体中拿出 5 个来。

教具:几种不同的玩具,每种 8—10 个,每档十珠算盘每人一把(可用钮扣、软木瓶塞……自制)。

进行:1. 全盘练习

(1) 用左拇指和食指扶住算盘框。

(2) 全盘练习第一套:边用右手拇指拨珠,边集体轻轻地念:"拨上一,拨上一……"拨完一档再拨第二档,第三档……全盘各档都拨上后,再用右手食指往下拨,各档拨完为止。然后练习每次拨上两个珠,全盘拨全,接着练每次拨下二个珠,这样练到拨上五个珠,拨下五个珠为止。练完后如有时间,可练第二套,即将拨上和拨下一起练,集体念:"拨上一,拨下一,拨上二,拨下二……"

(3) 全盘练习 5 的形成:每档先拨上 4,再拨上 1,同时念 4 添 1 是 5,拨完五档,再练 5 去 1 是 4。

2. 我们有这样多的玩具,现在玩一个游戏,老师当售货员阿姨,请小朋友帮忙摆玩具。请个别幼儿上来从许多玩具中拿出 5 个或 4 个,再问他添一个或拿走一个是几个?把玩具摆好后,要求幼儿用语言表达:"我摆了几个××。"老师问全体或个别幼儿,××小朋友摆得好吗?说得对吗?你怎么知道是对的?可多玩几次。

第七节

大纲:复习 5 的形成,学习比较多、少、一样多。

教具:贴绒母鸡 5 只,小鸡 5 只,幼儿每人 15 个圆片或豆子、石子。

进行:1."公社里养了许多母鸡,看看几只母鸡出来吃虫?"先出现 4 只母鸡排成一排,幼儿点数。"后来又有一只母鸡赶来了,4 只母鸡又来一只,一共几只母鸡?"集体回答:"4 只又添一只,一共 5 只母鸡。""有一只母鸡去找小鸡了,5 只母鸡走了一只还有几只母鸡?"(5 只走了一只还有 4 只母鸡)。"看看,有几只小鸡来找鸡妈妈了?"出现 4 只小鸡,在每只大鸡前放一只。"小鸡多还是大鸡多?"(一样多)"为什么一样多?"(因为都是 4 只,4 和 4 一样多)"这只大鸡又回来了,现在有几只大鸡?大鸡多还是小鸡多?为什么?"(大鸡比小鸡多,因为有 5 只大鸡,4 只小鸡,5 比 4 多,4 比 5 少)集体说:"5 比 4 多,4 比 5 少。""又来了一只小鸡,4 只小鸡又添了一只是几只小鸡?"(4 添 1 是 5)。"你们看小鸡多还是大鸡多?为什么?"(一样多,因为 5 只大鸡,5 只小鸡,5 和 5 一样多)集体或个别再说"5 和 5 一样多,5 比 4 多,4 比 5 少。"

2. 请幼儿用圆片从左到右排列 1—5 的阶梯,按老师打小鼓的声音排,老师敲一下,就排一个,敲两下,排两个……

排好5个后,集体或个别点数并比多少。

第八节

大纲：通过触觉、运动觉复习5以内的数。

教具：一个口袋或书包袋里面有许多小瓶盖,杏核,野果,豆子等。

进行：1. "今天学新本领,大家拍手,要拍得齐,拍的对。"先示范,再告诉幼儿："老师说拍5下,先不拍,等老师说:'准备'大家都把两手拿出来(示范放在胸前)准备好,老师说'拍',大家自己轻轻地在心中数,拍5下,不能多,不能少。"全体及分组练习几次。拍得好,可加深,听老师敲几下小铃就拍几下。

2. "我们玩一个游戏——看谁摸得对。"老师弹琴或打鼓,幼儿依顺序传口袋,琴声停止,口袋传到谁手里,谁就按老师要求,摸几粒蚕豆。老师交代摸的方法,边讲边示范摸,两手放进袋中,一个手抓好蚕豆,一个一个放到另一手中,数好后,拿出来,并告诉大家："老师叫我摸5粒蚕豆,我摸出来5粒。"这样再继续玩几次。

第九节

大纲：复习6的形成,学习测量,比较长短。

教具：玩具12个,每人两根长短颜色不一样的纸条和一根冰棒棍。

进行：1. 复习6的形成：

(1) "幼儿园里买了许多新玩具,分给小朋友玩,我们把它放在玩具架上(分两层,每层放上5样玩具)小朋友看看上面一层放了几样玩具？下面一层放了几样玩具？哪个多？哪个少？"(一样多)"为什么？"(因为都是5个,5和5一样多)

(2) "5样玩具又添上一样,是几样玩具？"(5样又添上一样就是6样玩具)集体说："5添1是6。"

(3)"大班要向我借一样玩具,6样借走一样还有几样玩具?"大家说:"6去掉1还有5。"

(4)"大班又把玩具还给我了,5样又添上一样就是几样玩具?"个别或集体回答。

(5)总结:5添上1是6,6去掉1就是5。然后请全体、分组、个别幼儿说一遍。

2. 学习测量,比较长短。

(1)示范:"绒布上贴有红绿两根纸条,小朋友看看哪根长,哪根短?""怎么知道红纸条长,绿纸条短?用什么方法?"(量量看)用冰棒棍当尺,来量量看:红纸条有4根冰棒棍那么长(贴出"4"),绿纸条有两根冰棒棍那么长(贴出"2"),"4和2哪个多?"所以红纸条长。

(2)小朋友练习:

小朋友每人也有2根红绿纸条,一根冰棒棍,请小朋友学习量量看,哪根长?(再示范量的方法)小朋友拿冰棒棍先量红纸条,有几根冰棒棍长?再量绿纸条,问哪根长?哪根短?为什么红纸条长?(红纸条是5,绿纸条是3,5比3多)

第十节

大纲:1. 复习6、7、8,比多少。

2. 学习目测8以内的数(用大小不同物体,排列成稀密不同来目测)。

教具:贴绒教具,大树8棵,小树8棵,水桶16只,点子卡片1—8。

1. 目测:"绿化队叔叔送来许多树,有大树也有小树,给我们绿化校园,小朋友不数出声音,用眼睛看看是大树多呢?还是小树多呢?"(一样多或大树多)"为什么你说大树多?为什么你说一样多?"肯定一样多是对的,并点数后证实一样多,并说明道理。

2. 6、7、8比多少:"小学里的哥哥来种树,五年级的大哥哥种大树,种了几棵? 三年级的小哥哥种小树,种了几棵?"(一样多都是6棵)"大哥哥又种了1棵,6棵添1棵是几棵? 大哥哥种的多还是小哥哥种的多呢?"(6棵添1棵是7棵,7多,6少)"小哥哥也种了1棵,"(6添1是7)"大树多还是小树多呢?"(一样多)直到8棵和8棵一样多。

3. 目测:"哥哥们种好树要浇水,这儿有许多桶(分成两排,排的稀密不同)小朋友用眼睛看看上面的一排桶多?还是下面一排的桶多呢?""为什么?"肯定8和8一样多,浇完水,整理桶,小朋友帮忙数数。(排列不整齐)请一个小朋友说出每一堆是几只,教师肯定正确的。

4. 目测与自己相同的数:发点子卡片(1—8),每人一张拿在手中。老师排桶请小朋友闭上眼睛,等睁开眼一看自己的点子卡片与桶是一样多的就举起来,不是的就不举,示范一次,再玩3—4次结束。

第十一节

大纲:学习序数,要求幼儿能区别回答:有多少和第几个。

教具:玩具共十个。

进行:1. "小朋友看看老师带来了什么东西?"先把玩具摆成一排请幼儿数数一共多少(有十个)。"我们看看每样东西排在第几?"集体说:"第一是茶杯,第二是皮球,第三是娃娃……"

2. "我们玩一个游戏:第几个东西不见了?"请幼儿闭上眼睛,老师任意拿走一件东西,问个别幼儿第几个东西不见了。可玩3—4次,再集体回答。

3. 请上来十个幼儿,排好队走向老师桌前,问:"上来多少小朋友,谁排在第几?"或问:"排在第几的是谁?"请个别幼儿回答。再从相反的方向数起,谁排在第几。

第十二节

大纲：学习4的邻数，复习3的邻数，从1—40的数数。

教具：红色图纸片15个，皮球1个，粉笔50枝，圆点卡片或数字卡片(2—5)每人一张。

1. 数数："数数这儿有几枝粉笔。"(1—40)集体数，个别数，从19、29等往下数。"今天来了多少小朋友？"个别数。请个别幼儿上来拍皮球，大家数。

2. 老师在绒板上从左到右地贴上4个红图片，问幼儿："这是什么，是几个？"(4个红的皮球)"小朋友和4个皮球一样多的是几个？"(4个)"比4个皮球多一个是几个？"(比4个皮球多一个是5个)老师边引导幼儿回答，边贴图片。"比4个皮球少一个是几个？"(3个)教师贴上三个图片⋮⋮引导幼儿比较，4比3多一个，4比5少一个，集体说，个别说："4比3多1，4比5少1。"最后请幼儿说"4的朋友是3和5，因为4的前面是3，4的后面是5"。

3. 发给幼儿每人一张卡片，复习4和3的邻数。老师说："我们玩一个找朋友的游戏。"老师举出"4"的卡片，凡是"4"的朋友——拿"3"和"5"卡片的人都站起来，拿"3"的人先说"我是'3'，我是'4'的朋友，4比3多1。"然后拿"5"的人说："我是'5'，我是'4'的朋友，4比5少1。"玩几次后，老师再举"3"的卡片，2和4站出来同上。

第十三节

大纲：学习8的形成，学习不因物体大小及空间距离而影响认识7以内的数。

教具：纸制贴绒娃娃、皮球各8个，贴绒碗、小鸭、手榴弹、树叶各14个。

进行：1. "今天天气很好，老师带娃娃到运动场上去玩皮球，他们一个一个地走出来。"老师贴娃娃，小朋友数数(1个、2个⋯⋯一共7个娃娃)。"老师要给他们每人一个皮球，应该给他们几个皮球?"(7个皮球)"为什么?"(因为娃娃7个,皮球也应该7个)老师再贴皮球,儿童数数,启发讲7个娃娃,7个皮球一样多。"后来又有一个娃娃来玩,7个娃娃添上1个是几个娃娃?"(7个娃娃添1个是8个娃娃)"7个皮球再添几个皮球才是8个皮球?"(7个再添1个是8个皮球)再分别拿走一个娃娃,一个皮球,即8去1是7。

2. 老师作业前将教具排列在绒布上,如下图:逐条揭开绒布,请幼儿仔细看看。

问个别儿童:"大碗多还是小碗多? 为什么?""这边鸭子多还是那边鸭子多? 你怎么知道的?"(因为都是7个)手榴弹、树叶用同样方法进行。最后小结,不论东西的大小,排列怎样,我们只要数数看就知道哪个多哪个少。

第十四节

大纲:1. 学习从许多物品中同时拿出两个不同数目的物品来,并与颜色联系起来(7—10)。

2. 学习8—10的相等数。

教具:贴绒红、黄、绿、蓝衣服裤子各12件,娃娃、漱口杯、牙刷各10,绒布板1块,桌子1张。

进行:1. 学习从许多物品中同时拿两个不同数目。

"服装店叔叔阿姨做了许多漂亮衣服,他们要把衣服、裤子拿出来给大家看"。请一个小朋友从桌子上拿7件红衣服、8条蓝裤子贴在绒布板的上面和下面,然后再请另一位小朋友拿9与10数目的衣裤来,拿后要请小朋友用语言表达:"我拿了×件什么颜色的衣服,×条什么颜色的裤子贴在绒布板的上面。"

2. 学习8—10的相等数。

"小朋友爱清洁,每天早上起来刷牙",贴出8个娃娃,启发儿童讲8个娃娃需要几把牙刷刷牙,并问"为什么?"然后启发拿几个漱口杯等,再添两个娃娃,启发儿童添牙刷和杯子。"为什么要添 2 把牙刷,2 个杯子?"儿童讲:10 个娃娃,10 把牙刷,10 个杯子,一样多。"为什么一样多?"(因为娃娃 10 个,牙刷 10 把,杯子 10 只,它们都是 10)

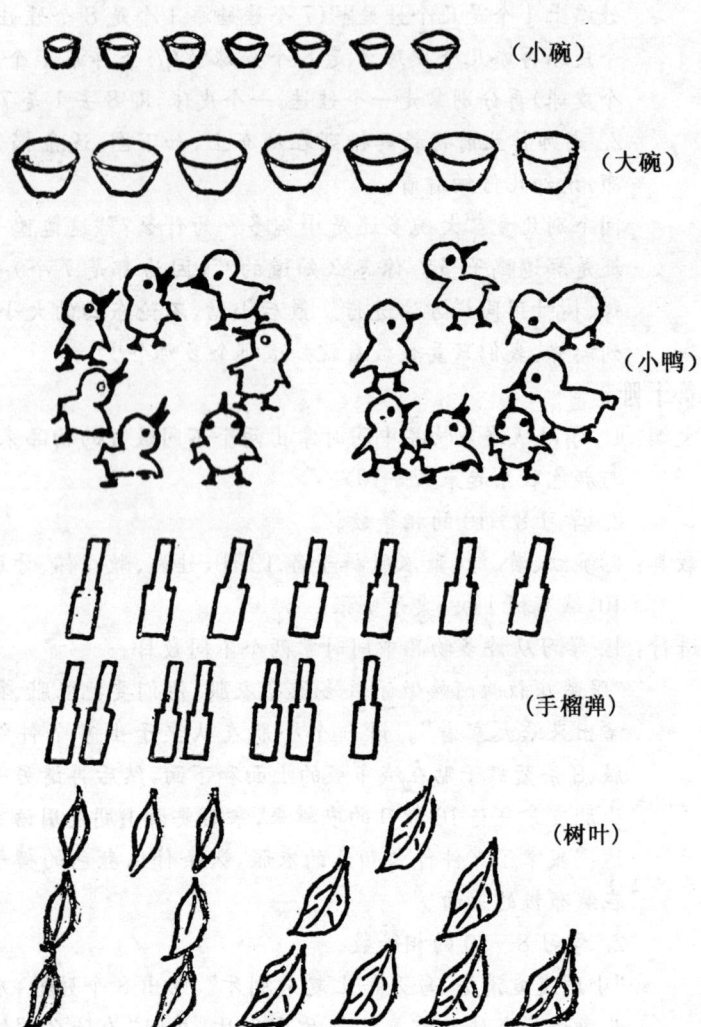

漫谈游戏治疗[1]

《游戏治疗》一书系美国阿克斯莱因博士所著。1947年第1次出版,1983年出第19版。该书运用心理学和教育学的观点阐述了游戏治疗的理论和方法,并摘录了各类"问题儿童"的案例。1990年我将此书介绍到中国来。1948年我在美国读完研究院后就在一家儿童教养院将书中的理论付之实践,效果不错。前几年在南京第二幼儿园和实验幼儿园做过实验,效果较明显。

什么是游戏治疗?游戏治疗是以游戏活动为媒介,让儿童有机会很自然地表达自己的感情,暴露问题,并从中自我解除精神困扰的一种教育方法。

在日常生活中,我们常看到这样一些孩子:有的爱打架、骂人;有的性格孤僻、自私;有的学习时注意力不集中,成绩很差,等等。一句话,他们不能适应现实生活环境,成了"问题儿童"。

怎样理解适应与不适应呢?游戏治疗的理论认为每个人都有一些基本的需要,人总是在不断地努力去满足这些需要,当这些需要可以直接得到满足时,他就是一个能适应的人;当这种需要不能满足,即受到阻碍,要通过不适当的途径,所谓走斜路、歪路来满足时,他就是一个不能适应的人。儿童也是如此,当个人有充分的自信,能够有意识、有目的地评价、选择自己的行为,以实现自我时,他就是一个能适应的人;当个人缺乏信心去指导自己的行为,而以其他方法(如做坏事、调皮捣蛋、胆怯退缩等)去满足需要,找不到有建设性、有意义的行为实现自我,那么他就是一个不能适应的人。这些孩子的自我实现不

---

[1] 发表于1997年《学前教育研究》第5期(总第65期)

能以适当的途径达到,主要是因为成人的忽视、虐待、过多的溺爱、指责、管教或这些孩子在现实中遭到挫折,如家庭不和睦、父母离异,使其只能走向斜路、歪路来满足自己。

游戏治疗在实质上可分为两种,即指导的与不指导的。这里仅谈不指导的即非指导性游戏治疗。这种治疗是建立在这种假设的基础上:个人自身不仅有能力令人满意地解决他自己的问题,而且也有一种使自己日趋成熟的需要,非指导性游戏治疗给予儿童一个机会,儿童通过游戏这个媒介表达出他积累的紧张、不安全、担忧、混乱等,把这些内心深处的感情带到表面上来,并学会控制它们,放弃它们。通过游戏治疗,孩子感到感情上的放松,唤起了自身的力量,从而成为一个有自主权的人,能独立做出决定的人,一个心理上更加成熟的人。

下面谈谈非指导性游戏治疗的8项原则:

1. 治疗者应与儿童建立融洽的关系。由于游戏治疗要使儿童真正的放松,能毫无拘束地、自由地表达自己的情感,从而需要治疗者与儿童保持高度的融洽。治疗者首次与儿童见面,必须面带笑容,满怀热情地欢迎儿童。例如治疗者走到5岁的小玲面前,微笑着说:"小玲玲早上好,我很高兴见到你,你喜欢那边桌上的米老鼠吗?"按照一般情况,小玲应该笑着回答:"是的,它很好玩。"但是小玲是问题儿童,她很可能别过脸去,不理睬治疗者。此时治疗者不可轻易失去信心。"你愿意和我一起到那边游戏室去看看其它的好玩具吗?""不!""小玲玲,你来看,有大娃娃,有颜色泥,你喜欢大娃娃,对吗?""不,我不想来。"这时治疗者应该暂时停下来,想想用什么方法才能与小玲建立融洽的关系,同时不该忘了这样一个情况:治疗者没有按小玲目前的情况接受她,没有反馈她的感情。后来小玲说:"我要回家去。"这时治疗者不必勉强她到游戏室里去。看见小玲背过身去,治疗者说:"你好像不愿意和我说话,你不认识我。"治疗者要注意讲话时的语调,不要听起来像是在责备。治疗者反馈孩子的感情时说:"你不想和我玩,你想回家,那么,游戏室就在那边,你是不是到里面去看看,再回家去。"治疗者带路,妈妈跟在后面,小玲勉强跟在后面。这时治疗者灵机一动,对妈妈说:"你不是约好了要和张先生谈话吗?"妈妈说:"对。"治疗者说:"要是小玲不想和我呆在游戏室里玩,她可以在外面接待室等你。"妈妈说:"好。小玲,你愿意在接待室等我吗?大约我要去1小时。"小玲眼泪汪汪地说:"我要和你一起去。"治疗者说:"小玲,你不能一起去,妈妈要单独和张先生谈公事,你愿意在游戏室里玩还是在接待室等,由你自己决定。"小玲只能慢慢地走进游戏室。

2. 治疗者要完全接受儿童的现实表现。治疗者是否完全接受儿童,主要表现在他的态度上。他要有耐心,不厌其烦地和儿童保持平静、稳定和友好的关系,他在语言上不应有任何批评和责备的口气,也不要对其某些言行进行表扬。儿童非常敏感,治疗者微小的表示,他都能体会到是接受还是拒绝。治疗者完全接受儿童,是治疗成功的关键。如果儿童没有得到治疗者的完全接受,他怎么能有勇气去表达自己的真实情感呢?

例如小花是个7岁的小女孩,她在家里不尊敬妈妈,对任何事都有对抗情绪,在班上与全班同学都不来往。现在她进入了游戏室,仍表现出反抗情绪。治疗者对她说:"小花,这里有许多玩具,你可以随便玩,你要怎么玩,就怎么玩。"但是小花仍然坐在那里,一声不吭。现在很明显,她不想玩,也不想说话,为什么不接受她,允许她默默地坐在那里呢?治疗者接受了这儿童,就要跟着她。如果这时是沉默,就应该沉默。如果治疗者感到想做些事的话,她可以做笔记,但她应很敏锐地反馈小花表达的任何感情。这时小花叹了一口气,渴望地望着窗外,治疗者温和地说:"你和我坐在这里很厌烦,或许你要到外面去。"小花听了这话,心情可能会好一些。如果她坚持不动,治疗者同样应该接受她。只要治疗者不容许儿童自己做出决定,就是不接受儿童。即使儿童表现出狂暴的攻击性感情,治疗者也必须敏感地接受那种感情。总之,治疗者的声音、语调、表情、一举一动都会影响接受的效果。

3. 治疗者在与儿童建立起的这种关系中,要让儿童有许可的感觉,能自由表达他的全部感情。在治疗室中,儿童表达感情的深度取决于治疗者的许可态度,尤其取决于治疗者的口头表达。例如,儿童和治疗者一起进入治疗室时,治疗者说:"这些玩具你可随便玩,可以玩1个小时。"胆小的儿童,可能不知道怎么办,因此有的治疗者认为,儿童初步进游戏室时,最好花点时间指点和讲解使用这些材料的方法。"桌上的颜料可用来画画,这里有纸。这个罐里有泥,你喜欢做什么东西都可以用它做;这些木偶,你可套在手指上表演,你要它说什么话,你就说什么;这里是娃娃家,有爸爸、妈妈、小毛娃,你可以随便玩。"

儿童在第一次接受治疗时,常常会仔细观察这些材料,体会治疗者的态度。因此治疗者不仅要用语言表达,还要在表情、声音、语调和行为等方面表示容许的态度。例如,有的儿童玩的时候,有意乱泼水,如果治疗者立刻把它擦掉,这一行动多少会抵消语言表示的许可。如果治疗者认为儿童的主要问题是家庭关系,因而启发他(或她)玩娃娃家,"你看见这个娃娃家吗?你不喜欢玩这些娃娃吗?"这样做就是不允许儿童自己作出选择。经常会出现这种情况,儿童进了游戏室,但胆怯地坐着或站在那里,不说话也不活动,这时治疗者不必急于推荐他玩什么,即不作任何建议,而只表示许可,对治疗会更有利。如果儿童不想玩,那就让他不玩,儿童更会感到治疗者的说话是算数的。儿童就会真正按照自己的意愿去做。儿童也会认识到自己选择玩什么是他的责任,在自己做人,自己开辟行动的道路。这里没有人告诉他做什么,在这种关系中会有安全感。当然这也需要有一定的时间才能使儿童自己感受到自信的力量。从第一次开始,就要让儿童知道治疗者相信他自己有作决定的能力。

4。治疗者要迅速地承认并反馈儿童表达的感情,使他能洞察自己的言行。承认感情和解释感情是截然不同,但两者之间又难于绝对区分。儿童的游戏是他的感情的象征,无论何时,治疗者只要试图把象征性的行为翻译成语言,她就要解释,用语言解释要谨慎。例如,一个6岁男孩,由于胆小,有过分恐惧和忧虑的心情。他玩娃娃家时,拿出一个男孩娃娃,对治疗者说:"他妈妈把这男孩送到这里来,这里有沙滩,他害怕,不愿意去,他妈妈一定要他去。他哭了。"这时治疗者就反馈说:"这个男娃害怕,他不愿意去,他妈妈一定要他去,他哭了。"而不应解释说:"你害怕,不愿去……"因为这个孩子还没有思想准备说自己。治疗者就应跟着他说娃娃害怕。治疗者领会和反馈儿童表达的感情时,这儿童就会继续前进,治疗者就能看到这儿童逐渐获得了自知力。反馈感情,非常重要,也是较难的技能技巧。

5。治疗者要始终相信儿童自己有解决问题的能力,应该让儿童负有自己选择和改变情况的责任。要使儿童的行为改变具有持久的价值。必须使他内心获得自知力。治疗者把改变或不改变的责任交给儿童时,她就正在把治疗集中在儿童身上。要儿童学会自己承担责任需要从小的事情开始,并贯穿在整个治疗过程。要让儿童有机会获得自己心理的平衡,让他渐渐树立自尊心。要他认识到时间是他的,可以由他自由支配。要玩什么,完全由他自己选择。无论儿童玩什么,如打娃娃,把娃娃衣服都脱下来或在地下打滚,治疗者都不要反对。又如儿童学着婴儿吸奶瓶(放开水)说"我是小宝宝",治疗者就反馈说:"你现在是个小宝宝。"这样不干涉他,儿童就会逐渐放松,逐渐敢于表达真实的感情。

6。治疗者不要企图以任何方式指导儿童的言行,要让儿童领路,治疗者跟从。治疗者应始终坚持非指导方针,不要提探索性问题,不说表扬的话,儿童就不会装出样子想得到更多的表扬;不批评儿童所做的事情,他就不会感到泄气和不适应。如果儿童要求帮助,就应该帮助,如果儿童要求指导怎样使用玩具,治疗者就给予指导。

治疗者不必提出任何建议,应让儿童随意使用游戏室的玩具,一切由自己决定。治疗期间实际上是儿童自己在做试验,所以应由儿童自己支配时间。总之,儿童想做这个东西,治疗者就不要指定他做别的东西,也不要预先布置好某些玩具材料放在中间等儿童去玩。

治疗者的有意提示也同样有害无益。例如,治疗者对儿童说:"他们在玩奶瓶,你不要试试吗?"这明显是想指导儿童的活动。儿童对这种提示有时会绷着脸不高兴。

治疗时间不只是另外的娱乐时间,不只是社交时间或其它活动时间,它还是儿童自己的时间。治疗者不是游戏伙伴,不是老师,也不是母亲代理人。她在儿童的眼中完全是一种特殊的人。通过她当传声器,儿童试验自己的人格。治疗者像是一面镜子,儿童能看见自己的形象。治疗者在治疗时不发表自己的意见,不表露自己的感情和不做指导。我们慢慢想想,儿童在游戏室能逐渐了解自己,就会认识到不需要治疗者的意见和要求。治疗者干扰了儿童的游戏,会使儿童停止活动。所以治疗者自己不要介入,要由儿童领路,治疗者跟着儿童走。

7. 治疗者应该承认治疗是一个渐进的过程,不能企图加快治疗进程。简言之,治疗者不能急于求成。儿童若准备好要在治疗者面前表达感情时,他是会这样做的。治疗者如果催促或强迫,只会使他退却。治疗过程中,儿童好像在平平淡淡渡过游戏时间,其实这段时间是要求治疗者耐心观察,了解儿童的。有些儿童在治疗时不活跃,其实他可能正在为表达自己做准备。如果治疗者不干涉,让儿童从容不迫地活动,反而会因治疗者的耐心而获得成功。

8. 限制儿童的某些行为。在非指导游戏治疗中,必要时对物质方面的东西要加以限制,如限制儿童有意破坏游戏材料,破坏游戏室和攻击治疗者。此外,还要规定一般性保护儿童的限制。如限制儿童从很高的窗口把头伸出去或做有危险的活动,这样才能进行成功的治疗。

游戏治疗的时间也应规定,如每次40分钟至1小时,每星期2至3次,共进行8个星期,有必要时再延长。

游戏治疗在形式上分为个别治疗与集体治疗两种。个别治疗即只有治疗者和个别儿童。在集体治疗中,可有2至5人,治疗者不仅要反馈某一个儿童的情感,也要反馈其他儿童的情感。在集体治疗中,儿童相互之间的反馈并相互影响很大。可先用个别治疗再用集体治疗或二者交替使用。

以上基本原则,对教育工作者也有深远意义,教师友好、热情的态度可以和儿童建立融洽的关系。虽然班上有几十个儿童,教师仍然必须了解每个儿童并进行个别工作,才能达到教育目的,教师要允许儿童是他们自己,了解他们,按儿童现在的情况接受他们,承认他们的感情,帮助儿童保持他的自尊心,儿童有了自知力,就能逐渐成长和转变。例如,学校里经常有攻击性行为很强的孩子,该怎么处理呢?如有一个6岁的男孩,因家庭关系一直不好,使他没有安全感,没有成功的信心,所以他常常有攻击性行为。他大喊大叫:"我恨学校!我恨你!我恨每个人!"教师这时应接受他是一个活生生的人,他正在反抗恶劣的环境。可以对他说:"你恨我们大家,恨学校,恨我,是吗?"而避免用权威反对他的合理的反抗,如说:"你不要再说了!你没有礼貌,今天放了学把你留下来!"

师生关系中,教师要能建立许可的感情,儿童就会感到可以自由表达他的感情,感到是他自己。然而在教室的情境中,则需要限制充分表达感情,以免影响其他儿童。进步的教师认识到了某些表达形式在释放儿童感情方面的价值——绘画、泥工、木偶、讲故事、自由表演,所有这些媒介都能用来发泄儿童的感情。发泄感情在游戏治疗中占很重要的位置,孩子把压抑的、不平衡的感情发泄出来后,心情愉快,就能恢复正常。

教师把非指导性治疗的基本原则用于这种自由表达时,一定要注意,自由表达就其本身不足以实现儿童的自知能力。教师能敏锐地承认儿童表达出来的感情并反馈给他,这样,儿童才能深入了解他自己的行为。

游戏治疗中有许多生动的实例,现摘录两例:

陈真是南京第二幼儿园小班幼儿,在班上最调皮捣乱,不是欺负别的孩子,就是破坏别人的游戏。没有孩子和他玩。陈真和祖父母同住,父母另住,祖父母宠爱他,娇惯他,他与祖父下棋,只能赢……他到了幼儿园,就无法适应集体生活。

我们对他进行了8次游戏治疗,每星期2次,每次1小时。刚开始采用个别治疗,第4次开始用集体治疗,由陈真自己挑选一个男孩名叫杨凡,一个女孩名叫袁红。开始个别治疗时,陈真比较紧张,在集体治疗时陈真有了明显的改变。杨凡能力强,动作快。杨凡每拿一件玩具,陈真都要抢过去玩,杨凡不给,两人就打闹。治疗者对此进行了反馈,说:"杨凡玩什么,陈真就要什么。陈真抢了杨凡的玩具。"杨凡很难受。有一次两人为一支手枪互相追逐着抢夺。杨凡拼命反抗,就是不让。最后两人滚到地板上,陈真抢到了,杨凡很气愤,说:"谁都知道,你是我们班上最捣蛋的,老师说过,你不是好孩子。"陈真听了不自在,治疗者反馈了杨凡的话。于是陈真主动提出把枪还给杨凡,条件是不要说他。这次事件使陈真认识到除他之外,有另一个人的存在,他作出了妥协,在以后和杨凡发生的争执中,陈真改变了过去那种不顾一切、霸占一切的行为。有一次他学着杨凡踢老虎,表现出明显的发泄行为,结果把老虎尾巴踢掉了。治疗者并没有责备他,但陈真自己表示很可惜,想用橡皮膏来粘上,并说以后不再踢了。陈真在发泄后,恢复了平静,达到一种心理的平衡。

　　8次治疗后,班上两位老师反映,陈真有了明显的变化,进步较大,不再主动欺负别人、霸占他人的玩具,并能与其他儿童共同游戏。但有时还不肯把玩具主动让给别人,有时还抑制不住自己,等等。可见游戏治疗收到了一定的疗效,至于完全转变一个孩子,还需要一个长期的教育过程。

　　潘为以为实验幼儿园小班的幼儿。好活动,1分钟也不能安静,经常抢别人的玩具,打人,没有小朋友跟他玩。他母亲反映他小时候在马路上哭,被一个神经病患者吓坏了,胆子特小,在幼儿园,他不敢上二楼,晚上家里老鼠叫,他也害怕得不得了。但他聪明,动作快,很会说话。

　　我们对潘为以进行了15次治疗,每周1次,共3个月。开始时他进步缓慢,后来还是有了转变。第1次进行个别治疗时,他一个人玩得很高兴,尤其喜欢用木郎头拼命地敲打来发泄感情。后来进行集体治疗,让两个小朋友参加进来。在起初的6次治疗中,他经常抢别人的玩具,动作很快,总是一下就把玩具抢过来了,治疗者反馈他抢了虞明的汽车,虞明很不高兴。潘为以只管自己来来回回地推汽车玩,接着在地上打滚。他经常喜欢这样发泄感情。有时别的孩子先玩汽车,他抢不过来,就骂人家坏蛋、臭小子,然后两人对打。幼儿园有一辆带油桶的汽车,他也不许别的孩子玩,他不玩了,请治疗者给他拿着,不许给别的孩子玩。治疗者反馈说:"潘为以想这辆汽车是他自己的,其实这是幼儿园的,别的小朋友也喜欢这辆汽车,别的孩子也可以玩。"以后他就开始与别的孩子轮流玩,以前他总是独自一个人玩或发泄,第7次才开始参加别人的游戏,与别的孩子共同玩。玩"娃娃家"时,一个女孩叫他哥哥,他表现出像个大哥哥的样子,很爱护这女孩。当大家一同做饭时,他能与别人商量,我做爸爸好吗?我来做汤。随着治疗次数的增加,他抢玩具的次数减少了,也学会了说:"请你给我玩一会儿,好吗?"经过游戏治疗,潘为以能够和班上的小朋友共同相处了。

怎样教幼儿学数

译者的话

作者康斯坦斯·凯米依对皮亚杰的理论与科学实验很有研究,并用他的理论在幼儿园进行了多年实践。她和里塔·德费瑞斯写出了《皮亚杰·儿童与数》。此书问世后,她又征求了哈佛大学、日内瓦大学等几位教授的意见,于一九八二年又写了《怎样教幼儿学数》。她在书中纠正了《皮亚杰·儿童与数》中的错误,并增添了较多内容。

瑞士心理学家皮亚杰先后出版著作五十多种。他的基本理论和实验研究在欧美和日本等国的现代心理学界都享有很高的声誉,具有广泛的影响。

凯米依用皮亚杰的理论,阐明了数的性质、"教"数的目的、教学原则,以及怎样利用学校的各种情境培养儿童认识数。

根据皮亚杰的理论,儿童只有在各种情境中思考包括数量在内的各种事物,才能建立起数的概念,"数"是教不会的。我们认为,根据我国目前幼儿园的实际情况,除了要有计划、有目的地上好计算课外,还必须充分利用学校的各种情境及日常的生活实践,来补充数的教学。

尤其是书中提到的作为教育目的的"自律",即通过数的教学,培养儿童的"智力自律"和"道德自律",这对儿童今后的学习和成长将会打下良好的基础,对培养创造性和开拓性的人才亦会有极大作用。

广大幼儿教师及小学一、二年级教师从本书中将能进一步理解数的概念,以及怎样教数等基础知识,从而提高计算教学的效果。

译文若有不妥之处,敬请读者批评指正。

译　者

1985年6月20日

概　论

一般四岁儿童就能像老师一样把八个塑料片摆成一排。但是如把他们排的塑料片距离拉开,那他们都会认为自己排的塑料片比老师排的多。

教育工作者听到这种不能守恒的现象时,一定怀疑,对这些儿童教数究竟有什么效果? 也有人认为,对不知守恒的儿童是可以教会他们掌握守恒的。例如,范坦里建议教师提醒儿童在每一个对应物上用小棍一对一对联接起来(如图1)。我认为,根据皮亚杰的理论,这样直接教数的守恒是错误的。我这样说,或许教师又会提出疑问:"那么你怎样教数呢?""教学中怎样运用皮亚杰的理论呢?"

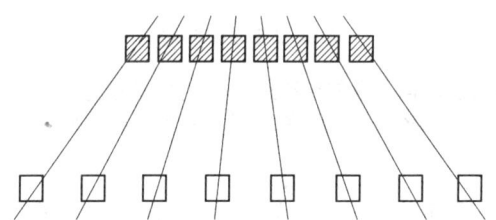

图1:试图教儿童保持数的守恒,一对一对联起来,
　　　表示一一对应

皮亚杰的研究及其理论对教师的课堂教学确实是很有价值的,尤其是在如何教儿童基数时是很有帮助的。那么,教师将怎样把这种理论付诸实践呢? 本书的目的就是要回答这些问题。现在主要讨论以下四个问题:

(1) 数的性质
(2) "教"数的目的
(3) 教学原则
(4) 学校中教师能用来"教"数的各种情境

读者可能不熟悉基数守恒,这里先简单举例说明。

A. 方法

教具:二十个红色塑料片,二十个蓝色塑料片

步　骤:

(1) 相等试验:主试者用八个左右(至少七个)蓝色塑料片摆成一排,然后叫一个儿童用红色塑料片摆出同样多的一排。主试者说:"把这些红色塑料片摆成一排,要和我摆的蓝色塑料片一样多……(完全相等,正好一样多,不多,不少)。"

(2) 守恒试验:主试者当着儿童的面把其中的一排塑料片距离拉开,或是靠拢(如图2)。接着问他们:"这里蓝色和红色塑料片正好一样多吗?""这里是蓝的多还是红的多呢?""你是怎么知道的呢?"

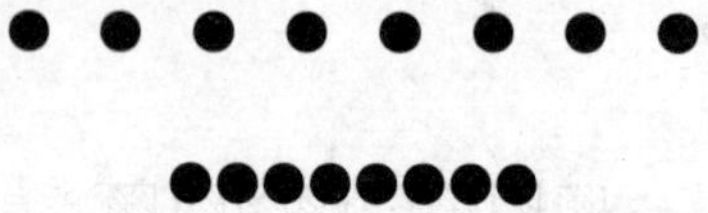

● ● ● ● ● ● ● ●

● ● ● ● ● ● ● ●

图 2:问儿童蓝色和红色一样多,是蓝色的多,
还是红色的多时,把塑料片这样排列

(3) 反问试验:

a. 如果儿童得出了一个正确的守恒答案,主试者可以反问:"看,这一排多么长呀。有的小朋友说这一排塑料片多,因为这一排长。谁说得对,你还是他?"

b. 如果儿童的守恒回答错了,主试者应提醒他:"你忘了,原先我们在每一个蓝的下面放了一个红的,两排塑料片是相等的。还有儿童说红的和蓝的数量一样多,你想谁对,你还是他?"

(4) 数量试验:主试者要儿童数蓝色塑料片,他数完后,主试者把红色塑料片遮起来问:"你想想红的有多少?不数你能猜得出来吗?

你怎么知道的呢?"

B. 水平

  表1概括了发展水平的顺序。第一种水平的儿童不会做相等的集合。当然不能掌握两个集合数量的守恒,有的儿童就乱七八糟地把全部红色塑料片摆出来,如图3(a)所示,直到把塑料片摆完。图3(b)表示第一种水平较好的儿童,他们虽不能摆相同数量,但是他们能用两排首尾对应作界限,认为这就是两排塑料片数量"相同"的标准。……儿童还没有初步形成数的智力结构时,如图3(b)所示,就是儿童自己认为最好的标准,即两个集合首尾的空间界限。

  第二种水平,四至五岁的儿童中,有的儿童能做相同数的集合(能排出相同的数量),但不能保持相等的守恒。若问他"红色的和蓝色的一样多吗?"他会说:"红的多,因为蓝色的都挤在一起了。"

表1:基数守恒中发展水平的分级顺序

	相 等	守 恒
第一种水平	−	−
第二种水平	+	−
第三种水平	+	+

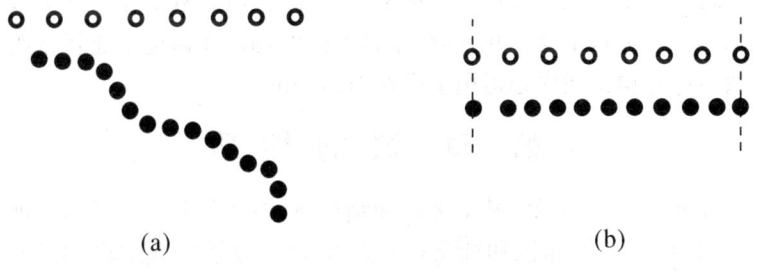

(a)   (b)

图3:第一种水平的两种典型

第三种水平的儿童掌握了守恒,能正确回答所有问题,不受主试者反问的影响。而且还能举出几条理由来说明为什么这两排数量相等。例如:

(a)"蓝塑料片和红塑料片排的时候是一样多,我们没有拿走一个,只是蓝色的一排靠得紧些。"(等同理由)

(b)"我们可以像蓝色的一排一样,把红色塑料片靠拢摆,这样蓝的和红的还是一样多。"(可逆理由)

(c)"红的一排长些,因为它们之间有间隔,所以还是一样多。"(补偿理由)

不能很快掌握守恒,而且在第二种水平和第三种水平之间存在一种中间水平。中间水平的儿童只能正确回答其中的一些问题。一排长些,另一排又长些。或者他们不能肯定,并(或)不断改变他们的想法,"蓝的多,……不,红的……他们是一样多……"即使他们能回答,也不能充分证明他们是正确的。

这些数量问题说明了语言和思维之间的关系是复杂的。有些第二种水平的儿童能正确回答("蓝的八个,所以我认为红的也是八个"),但也可能认为这排比另一排多些。这说明中间水平的儿童对数量问题的回答总是正确的。

教育工作者开始发现了上述三种水平,就常常认为他们的任务是使儿童过渡到下一个发展水平。第一章数的性质中,将力求说明这是错误地运用了皮亚杰的理论。根据皮亚杰的理论,数是每个儿童自己从物体各种关系中建立起来的,是思维的产物。在讨论中还将阐明直接教数的守恒是错误地运用了皮亚杰的理论。

第一章 数 的 性 质

皮亚杰按照知识的基本来源和结构方式,把知识分为三种:即物质知识、数理逻辑知识和社会(一般)知识。数是数理逻辑知识的范例。这里我们将讨论数的数理逻辑性质,先把它和物质知识对比,然后再与社会(一般)知识进行比较。

数理逻辑知识和物质知识

皮亚杰把知识概括为两类：物质知识和数理逻辑知识。物质知识是客观存在的一切物体和现象的知识。例如圆片的颜色与重量是物体的物理性质，它存在于客观事物本身，只要观察就可知。我们把圆片在空中放开时，就会落下来，这同样是物质知识的例子。

但是，我们同时看见一个红圆片和一个蓝圆片，就知道它们是不同的。这种"不同"就是数理逻辑知识的实例。圆片固然可以目睹，但是它们之间的区别却是看不见的。这种区别是各个人从心理上把这两个物体联系起来形成的一种关系。这种区别既不存在于这个圆片，也不存在于那个圆片，如果人们没有把这两个物体形成关系，他就不会认识到这种区别。

两个圆片之间还能形成其它的关系，如相像、重量相等和二。所以，无论说红圆片和蓝圆片相同，还是说它们不相同，都是正确的，因为两个物体联系起来的关系是由各个人来决定的。从这种观点看，可以认为圆片不相同；但从另一种观点看，又可认为是相同的。如果这个人想比较两个圆片的重量，他很可能会说这两个物体是相同的（因为重量相等）。如果他从数量上来看，他就会说有"两个"。这两个圆片是看得见的，但"2"是看不见的。所以数是在人们心理上形成的一种关系。

儿童的数理逻辑知识是逐渐建立起来的。数理逻辑知识包含着各种关系，在建立数理逻辑知识的过程中，先要形成物体之间的简单关系。例如，通过形成"相同"、"不同"和"更多些"的关系，儿童才能推断出世界上珠子总比红珠子多，动物比牛多。同样，只要"2"和"2"之间的关系形成了，就能逐渐推断出 $2+2=4, 2\times 2=4$。

因而，皮亚杰认为知识来源于外界和内部，人们的物质知识（和社会知识一样）部分来自外界，而数理逻辑知识都是来源于人的内部。为了阐明这一点，下面将讨论儿童在建立物质知识和数理逻辑知识时的两种抽象。

数理逻辑知识和物质知识要通过
经验抽象和反射抽象来建立

皮亚杰关于数的数理逻辑性质的观点和数学教师的观点截然不同。有本典型的现代算术教科书《邓肯和其他人》说:"数是集合的性质,与物体其它性质如颜色、大小以及形状的意义相同。"根据这种理论,给儿童四枝铅笔、四朵花、四个气球和五枝铅笔的集合,并要求他们找相同的"数的集合"。在这种练习中能发现一种假设,即儿童学习数概念,是从不同的集合中抽象出"数的性质",这和从物体中抽象出颜色与其它物质特性是相同的。

但是,皮亚杰认为,从物体中抽象出颜色,这种性质与数的抽象是完全不同的,其实二者已用不同的名称区别开了。物体特征的抽象,皮亚杰用"经验(或简单)抽象"这个术语,数的抽象用的则是"反射抽象"这个术语。

进行经验抽象时,儿童只注意物体的某种物质特性,而不注意其它方面。例如,儿童抽象出物体的颜色时,他就不会去注意其它特性,如重量和制造物体的材料(是塑料、木头、还是金属)。

然而,"反射抽象"却包含了物体之间关系的建立。如前所述,这些关系在客观现实中是不存在的。它只存在于能够形成物体之间关系的人的大脑中。所以用"建设抽象"比用"反射抽象"更容易理解,它表示这种抽象的建立是通过大脑,而不是只凭物体表面那些特性。

区别了经验抽象和反射抽象后,皮亚杰接着说,根据幼儿心理的实际,经验抽象和反射抽象两者是互相依赖的,各以对方的存在为前提。例如,如果儿童观察不到物体不同的特性,他就不可能建立"不同"这种关系。同样,如果儿童不知道物体也像若干滴水,可能结合起来变成一滴,那么"2"这种关系也就不可能建立起来。反之,如果儿童没有数理逻辑结构,也不能把所观察到的事物和已具有的知识联系起来,那他就不能建立物质知识。例如,为了表明某种鱼是红的,儿童用分类法把红色与其它颜色区别开来,还要用分类法把鱼从他所知道的其它物体中区分出来。因而数理逻辑结构(由反射抽象建立)是经验抽象所需要的。因为,如果儿童对每个事物只有一点孤立的知识,与他已建立的有系统的知识毫无关系的话,就不可能从外部现实中去"辨认"事物。

在感觉和前运算时期内,反射抽象不能离开经验抽象而独立进行,到了反射抽象建立后才可能独立进行。例如,一旦儿童建立起了数的关系(通过反射抽象),他就能进行数的运算,算出 5+5 和 5×2 (通过反射抽象)。因而,儿童要建立数的关系,他必须把生活中各种事物与活动形成各种关系。

儿童学习小数,如 10 以内的数时,这两种抽象的区别似乎是微小的。但学到大数,如 999 与 1 000,甚至到无穷大时,显然就不能凭经验从物体或图画的集合中去抽象了。所以,数不是凭经验抽象,即从现存的集合中学习,儿童要凭反射抽象建立起关系,才能学会数。因为这些关系是通过大脑建立的,只有这样才可能去想如 1 000 002 这样的大数,虽然我们从未见过或数过一个集合中有 1 000 002 件东西。

数的形成:顺序性和类包含性的综合

按照皮亚杰的说法,数是儿童凭反射抽象在物体之间建立的两种关系的综合。一种关系是顺序性,另一种关系是类包含性。

皮亚杰所指的顺序性是什么意思?教师都知道儿童数东西时有时会跳过某些东西不数,或者是重复数一样东西。例如,拿八个东西给儿童,他能按照"1、2、3、4……"一点不错数到 10,末了会说有 10 个东西,如图 4(a)所示。这种倾向表明,儿童并没有觉得需要把东西有逻辑性地按顺序排好,才能在数数时不跳过任何一个东西,也不会把同一个东西重数一次。为了保证不漏数或重数,唯一的方法是把东西排整齐。但并不是一定要儿童把物体逐个排成有顺序的关系,重要的是要使儿童能在心理上把物体排好顺序,如图 4(b)所示。

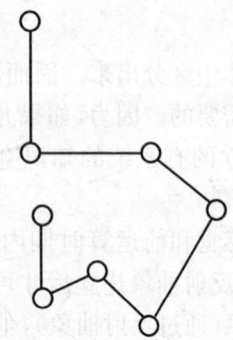

图 4(a)：许多四岁儿童　　　　图 4(b)：图 4(a)中所示物体
　　　　数数的方法　　　　　　　　　　在心理上的顺序

即使物体的顺序性是心理上的唯一活动，也不能说这些物体已用数量表示了，因为儿童一会儿认为是一个，一会儿又认为是一组有许多个。例如，按顺序关系排列，数了八个物体后，如图5(a)所示，儿童通常说有八个。如果我们再要他把八个指给我们看，有时他会指着最后一个（第八个物体）。这种情况表明，对这个儿童来说，八就是一、二、三等一连串各组成部分的名称，如约翰、玛丽、苏丝……皮特。当问他们有多少人时，他们只是说皮特。皮特这个名字代表这一连串中的最后一个，而不是代表总数。要表示数量，应该把几个物体看成整体，必须形成类包含关系。这种关系如图5(b)所示。表明儿童在思维中把"一"包含在"二"内，"二"在"三"内，等等。因而，给儿童八个物体，只有当他能将八个物体形成一个综合性的顺序和类包含关系时，他才能用数量来表示这个集合。

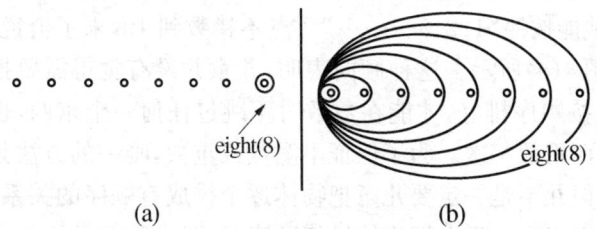

图5："八"这个词只指最后一个东西，与类包含
　　　结构所用的同一词正好相反

儿童对类包含工作的反应，使我们看到建立类结构是多么困难。例如，给儿童六只小狗和两只小猫，问他："你看到了什么？"这样主试者就能继续了解儿童到底能说出什么词来。然后用儿童的语言（如狗狗）叫他把"所有的动物"，"所有的狗"或"所有的猫"拿出来。只有确信儿童理解了这些话后，才能问他类包含的问题，"狗多还是动物多？"

四岁儿童一般回答"狗多"。由于儿童听到的问题与大人问的不同，主试者问的是"狗多呢还是动物多？"儿童听做"狗多呢还是猫多？"在儿童思想上把整体（动物）分成了（猫和狗）两部分，他们所能想到的也只有这两部分。"整体"对这时的儿童来说是不存在的，他们能想到整体，但不是在这一刹那。要使儿童把整体和一部分加以比较，必须使他们在心理上同时进行两个相反的活动：把整体分成两部分，再把两部分合成一个整体。根据皮亚杰的理论，这是四岁儿童所做不到的。

七、八岁时儿童思维的变化，多数达到了可逆性。可逆性指的是在心理上能同时进行相反活动的能力，即把整体分成两部分，又把这两部分合成整体。在物质的具体活动中，不可能同时表现出两种相反的活动。而在人们头脑中，当思维活动的灵活性达到可逆性时，这就是可能的。因此，只要当部分能在脑中再合成整体时，儿童就能"知道"动物比狗多。

皮亚杰以儿童思维灵活性的增加，来说明类包含等级结构的建立，这就是儿童把生活中各种事物与其活动形成各种关系的重要性所在。一旦儿童将各种事物形成了关系后，他们的思维就更加易变。这种变动性的结果之一就是数的数理逻辑结构的形成[如图5(b)所示]。

数理逻辑知识和社会（一般）知识

皮亚杰的数理论也与一般设想不同，一般的观点认为数就如社会（一般）知识一样，可以通过社会传递，尤其是通过教儿童数数，使他们掌握数概念。社会知识如圣诞节是十二月二十五日，树就叫"树"，在某些场合人们握手，在一定的场合不能站在桌上。社会知识的基本来源是人们制定的种种风俗习惯。社会知识的基本特点主要是随意性。实际上有些人庆祝圣诞节,而另一些人不庆祝,这就是社会知识随意性的一个例证。选择十二月二十五日与一年中其它日子有什么不同,并没有任何物质或逻辑上的理由。树叫"树"也是完全随意的。在其它语言中,同样的东西可以用不同的名称。因为物体及其名称之间不存在物质和逻辑关系。由此可见,儿童获得社会知识,主要是靠人们的传递。

但并不是说儿童获得社会知识只凭成人传递。社会知识也像物质知识一样,需要数理逻辑结构来吸收和组织它的内容。正如儿童需要数理逻辑结构来认识红鱼(物质知识)一样,他也需要这样的数理逻辑结构来认识脏话(社会知识)。为了识别脏话,儿童要把哪些是脏话哪些不是区分开来。同时还要区别"词"和"其它东西"。所以,儿童是用同样的数理逻辑结构来建立物质知识和社会知识的。

如果人们相信凭社会传递可以学习数概念,那么就不能认识数理逻辑与社会知识之间的根本区别。在数理逻辑知识中,知识的主要来源是儿童自己本身,在这领域中不存在随意性。如 $2+3$ 在各种不同文化中都可得到相同的答案。事实上,各种文化建立的任何数学,最后都是相同的,因为数学是一种互相关联的体系,其中绝无任何随意性。数理逻辑知识性质的普遍性也不是随意的,如,任何文化都是"动物比牛多"。

"一、二、三、四"这些词是社会知识,各种语言都有各自不同的数词,但是数的基础属于数理逻辑知识,这是共同的。

总之,皮亚杰的观点与那种相信有一个"数的世界"的看法是截然不同的,后者认为儿童进入这个世界就社会化了。毫无疑问,$2+3$ 的和是 5 这是一致的。但在社会化世界,既没有数也没有加法,而是通过人们的传递而获得的。我们可以教儿童正确回答 $2+3$ 是多少,但这只有在儿童自己脑中建立了两数相加的关系时才能学会。同样,即使是两岁儿童也能看出三块积木一堆与十块积木一堆间的不同。但这并不是说数是在物质领域"外面"能凭经验抽象所能学会的。

教育工作者运用守恒工作的重要性

对教育者来说,守恒工作的重要性主要在于认识论。认识论研究的主要是诸如"什么是数的性质"以及"人类是怎样逐渐认识数的"这类问题。皮亚杰认为要用守恒工作来回答这类问题,运用守恒工作可以证明,数并非天生能凭直觉认识的,也不是凭观察所得的经验能够认识的。事实上,五岁以下的儿童虽然知道一一对应的(如图2)两个集合具有相同的数量,但儿童在五岁前还不能使数保持守恒,这说明数不是生来就能认识的。通过守恒工作,皮亚杰还证实了数的概念也不是通过语言能获得的。如果是这样的话,那儿童就不会说"每排都是八",同时又说"长的一排要多些"了。

皮亚杰和同事做了许多工作证明只有各个人自己创造和协调了各种关系才能建立数。前面我们已经提到,在第一种水平里,儿童甚至还不能做相同数的集合,在第二种水平里,能做这种集合了,因为他已开始建立数的数理逻辑(心理)结构,如图5(b)所示。但是形成的结构还不牢固,因此,他对两个集合的数量还不能守恒。在第三种水平,他已建立起数量结构,而且很牢固,他能从数量上而不是从空间上来观察物体。

如果儿童不具有第一种和第二种水平的数(心理)结构,他的判断只能建立在空间或界限的感性认识上。如图3(b)所示,在第一种水平,儿童用两排的界限构成一个具有"相同数量"的集合。在第二种水平,如图2中一排超出另一排的界限时,儿童就断定这一排"多些"。这说明没有建立数(心理)结构的儿童,是用他们能想起的最好办法(即空间)来做数量判断的。如果他们建立了数结构,那么,物体所占的空间就无关系了,因为儿童已能依据物体的数量结构进行数量判断了。

用守恒工作回答认识论的问题时,也可以用它回答儿童发展顺序时心理上的问题。但是,若教师要求儿童对守恒作出较高水平的回答,这是不合理的。因为完成守恒工作是一回事,而发展基础心理结构〔如图 5(b)所示〕又是一回事。所以教师应注意促进这种心理结构的发展,而不要力图教儿童对守恒工作做表面上正确的回答。

这里将简要讨论一九六二年莫尔弗和皮亚杰合作研究的所谓"连接关系"工作的要点。尽管大多数五到六岁的儿童已形成了基数守恒的心理结构,但在七岁半前,还不知道所有数的顺序都是通过"+1"连接起来的。在连接关系工作中,莫尔弗给儿童九个小方积木放在 A 组〔2 立方公分大,如图 6(a)所示〕,另外,再拿一些积木一块一块摆在直线 B 上(每次拿一块)。在肯定儿童能理解直线 B 上的数量会逐渐增加后,再问儿童:"如果一块一块连续放积木,直线 B 上的积木会和 A 组的积木一样多吗?"七岁半的儿童认为这答案十分清楚,提出这个问题很可笑。但是七岁半以前的儿童就不能作出这样的肯定。

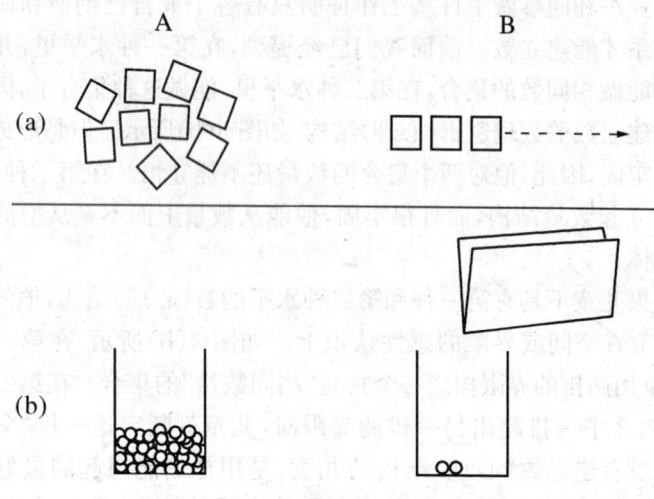

图 6:进行连接关系工作用的材料

如果我们每次放一块积木,即每次增加一块积木后,问儿童:"现在这两组积木的数量相等吗?"很多儿童会坚持说"不相等",直到他们突然发现"B 组太多了"时,再问他们:"是否有一个时候两组数量完全一样多?"他们的回答是:"没有,因为 B 组长时间数量不足。但突然间又太多了。"这主要是因为这些儿童还没有理解"完全相同的数",所以,从"不够"直接到"太多"是完全可能的。另外,还有一些儿童认为,两组的数量不能相比,因为 A 组是一堆,而 B 组是一条直线。还有儿童说要把两组积木都数一数才能知道,虽然这是相当老练的回答,但是仍然掩盖不了缺乏逻辑必然性。莫尔弗问儿童:"数数是知道两数相等的唯一方法吗?"这个问题时,发现儿童经常是用实际操作来回答的,因为他们不会进行逻辑推理。而对于建立了数量逻辑结构的儿童来说,数数操作就显然是多余的了。这项工作在用许多小玻璃珠(直径三毫米)做时,就显得更困难了。莫尔弗给儿童一个里面有 50—70 个这种小珠子的大酒杯,然后用一张对折的纸,每次把一个小珠子放入另一个酒杯里[如图 6(b)所示]。七岁半到八岁的儿童在没做以前,就能清楚地知道两个杯子里的小珠数量只有一次是完全相等的。

儿童形成了数理逻辑结构,就能进行推理,推断出从"太少"到"太多"之间还要经过"相同数"才符合逻辑。如果他已牢固地建立了数理逻辑结构,那么,在各种各样比"守恒"更难的作业中,也能进行逻辑推理。反之,如果只是教他正确回答守恒作业,就不能指望他进行更高一级的数学推理。

"数的逻辑结构并不是立刻形成起来的,而是一部分一部分逐渐形成起来的。第一部分大约在七岁形成,第二部分在八至十五岁,第三部分是在十五至三十岁才能形成。"(《皮亚杰和茨米斯卡》1941 年第三版序言)。儿童对八个物体能守恒,并不意味着他对三十个物体也一定能守恒。只有在这种顺序结构的基础上才能总结出教学原则:建立大数的逻辑结构,也要同建立小数的逻辑结构一样,能促进儿童认识过程的发展。如果儿童建立小基数时,能把各种事物与各种关系联系起来,那么,他们就会积极地去从事同样的思维,去建立一系列其余部分的数理逻辑结构。

最后要说的是,教师不可能把数理逻辑结构直接教给儿童,而要由儿童自己去建立起来。但我们也不能得出这样的结论:老师只能坐着等待,恰恰相反,老师应当积极鼓励儿童思维(把各种事物都联系起来),从而促进这种心理结构的发展。这些将在教学目的和教学原则中进一步讨论。

第二章 "教"数的目的

前面讨论的教学法不把皮亚杰的理论作为一个整体来研究是错误的。皮亚杰认为教育的目的应是发展儿童的自律。这种自律与社会、道德和智力三者是不可分割的。因此,教算术和教其它课程一样,必须在这个基本目的的范围内进行。

自律就是儿童能自己控制自己,反之,不自律就是受别人控制。哥白尼是"智力自律"极典型的人。一五四三年他创造了地动说,当时人们都相信"太阳绕着地球转",因此,一些科学家嘲笑他,甚至要把他轰下台。但他很自信,坚持按照自己的观察结果阐述了这条真理。我的侄女就是智力自律的一个最普通的例子。她过去一直很相信圣诞老人,六岁时,她却提出了一个使她母亲惊奇的问题:"圣诞老人用的包装纸怎么和我们用的一样呢?"她母亲的解释使她得到了片刻满足,但接着她又提出了另一个问题:"圣诞老人写的字怎么和爸爸写的一样呢?"这就是智力自律的例子。尽管父母强制她信仰圣诞老人,但她却不受别人的支配。有些一年级学生确实相信$5+5=10$,但也有些人只会背这些数,因为老师教他们这样背的。自律作为教育的目的,就不应该叫儿童说他们还没有真正相信的东西。

图7表明了把自律作为教育的目的与学习成绩之间的关系。学校的传统方法是教儿童"服从"以作出"正确答案",因此,就很注意对儿童的管理,这样无形中就阻碍了儿童自律能力的发展。学校经常用奖赏和惩罚来管儿童。如用分数、金星、奖品和留校(站办公室)等方式来评定儿童的好坏,并希望以此促使学生进步。图7右边表示学习成绩,学生的"学习成绩"是教师通过多次考试记录下来的分数,由于学生受着分数的支配,因而他们就只好死记硬背,根本就不去理解学习内容的意义了。

图7左边部分表示自律能力,即独立地、批判地进行思维的能力。图7中间重叠的部分表示自律与学习成绩的关系。麦金农和伦纳

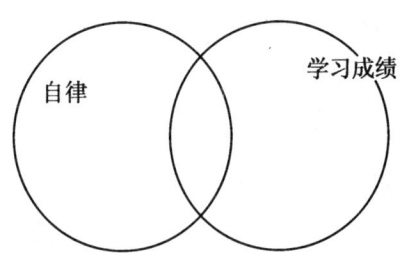

图 7：自律作为教育目的与学习成绩之间的关系

(1971)以及施韦布(1975)的研究,证明大学一年级学生还不能进行逻辑思维,即不会批判地思考问题,缺乏自律能力。他们研究的大学生是"一批优秀生",都是以优异成绩进入大学的。麦金农和伦纳发现这些学生中只有 25% 具备有效的逻辑思维能力,而施韦布的研究发现只有 20%。

麦金农和伦纳发现这样的研究结果后,就问这些大学生在中学究竟受的是什么教育,他们认为,在中学没有教学生进行逻辑思维,中学教师不重视逻辑思维,而中学教师是由大学教授培养出来的,就是说,各级学校对培养学生批判地、智力自律地思维都强调得不够。

图 7 中两个圆之间的重叠部分是我们在学校学会的有助于发展自律的知识:读、写、算、看图和图表,以及确定历史事件发生的年代和地点的能力。是学生在学校学到的有用知识,这些知识有助于他们适应环境。一旦把自律作为教育目的后,教育者就要尽力扩大两圆之间的重叠面积。

下一章将要讨论的第一条教学原则中,举了社会、道德和智力自律不可分割的例子。这条原则中记述了幼儿园一个男孩把满满一盘色拉菜掉到地上的事。因为自律作为教育目的在附录中要详细说明,这里就不多谈了。这里要特别指出的是,皮亚杰的理论并不包含另外一种教计算的方法,而只是目的根本不同于图 7 所示的那样,它的根本不同就在于,无论是教计算,还是其它任何科目,都必须努力发展儿童的自律能力。

在把自律作为教育总目的的这个范围内,在学前班和幼儿园就把形成数概念作为教计算的主要目的。书中其它章节提了很多有关物质定量的建议,而更重要的是阐明了数的结构和物质定量之间的差别。前者[如图5(b)中所示的心理结构]存在(或将存在)于儿童的头脑中,因而是观察不到的。但是物质定量中有一部分是观察得到的。安德烈亚给她同桌的每个儿童拿一个杯子,这就是一个物质定量的例子,这一定量的局部是可以在她的行为中观察到的,但在她头脑中进行的思维却是观察不到的。

我为什么要提议儿童去学习确定物体数量呢？主要是以这种思想为前提的,即如果儿童建立数的概念具有了相当高的水平,那么在他试图确定物体数量的思维过程中,必是有助于他建立数概念。智力只有在思考中才能发展。例如,如果一个年龄较大的儿童还不知道怎样数钱,我们决不能以此为理由而阻止他去买面包,因为买东西是儿童学会数钱的最好机会。同样,只有通过谈话,儿童才能开始学会怎样讲话。尽管心理结构能使儿童确定物体的数量,但是,假如他具有相当高的建立这种结构的水平,那么,确定物体数量的思维也有助于儿童心理结构的形成。

教师在要求儿童确定物体数量时,必须记住真正的任务绝不是去观察他们在确定物体数量时所表现出来的行为,而应把注意力集中在儿童的思维上。即当儿童在给同桌人每人一个杯子或两片橘子时,他头脑中是怎样想的。换言之,只有通过思维,儿童才能建立心理结构,如图5(b)所示。

根据各种社会、文化、经济状况的差别,以及城乡差别的研究,给人们以这样的启示,即教师可以用间接的方法去促进儿童数结构的形成,同时,表明环境能加速也能延缓数理逻辑知识的发展。工业发达地区的儿童一般要比工业落后地区的儿童发展快些。即使在同一个国家里,处于中上等经济水平的家庭里比处在经济贫困环境中的儿童发展要快。生活在城市的儿童比农村的儿童发展要快些。

上述研究也证明数理逻辑知识的各个方面是同步发展的。例如,数守恒形成较早的儿童,其它数量守恒和类包含形成也就较早。因此,儿童的数概念绝不可能在脱离其它数理逻辑知识的情况下孤立地形成。既然数理逻辑知识是各种物体在儿童心理上形成了各种关系后建立起来的,那么,儿童在建立一种物体关系时同时也建立了其它多种物体关系,就不足为奇了。

儿童到底是怎样建立数概念的,好像还是个谜,正如儿童学习语言像是个谜一样。但是有足够的理论和经验证明,数的来源(roots)就其性质来说,并不怎样神秘。儿童数概念的出现既然是由于他将各种事物形成各种关系,那么教学的第一个原则就是要重视鼓励儿童灵活地将各种事件、物体以及活动建立起各种关系(见第三章)。

数概念的表示

一旦儿童建立了"7"或"8"的数理逻辑知识,他就具有用记号或符号表示各种概念的可能性。在皮亚杰的理论体系中,记号和符号是两个不同的概念。因为记号是物体存在的象征,并且是儿童自己创造的。例如:"......"或"||||||||"是一种记号。口头上的8与写出的"8"就不是记号,而是符号。符号是按习惯规定的,而且与它所要表示的物体无任何相同之处。也许有人会认为符号是属于社会知识范畴的。

早期儿童教育中过分强调用符号来表示,是不恰当的。教师常常教儿童数数、认数和写数,他们以为这就是在教数概念。儿童学习数数、认数和写数是好的,但更重要的目的是要儿童建立数的心理结构。如果儿童已建立了数的心理结构,他就轻而易举地把符号同化到已建立的结构中去;但如果儿童还没有建立这种结构,那么所有数数、认数和写数都只能是死记硬背。

虽然我认为不要强调教符号,但是,如果儿童确实对学习符号有兴趣,教符号也是有益的。如果儿童对认数有兴趣,那就应该为他提供认数的环境。无论什么年龄,一旦他们对认数产生了兴趣,那最好能满足他们的好奇心,以及获得新知识的自豪感。数数对大多数学前班和幼儿园的儿童来说是一种乐意做的事。因而,如果儿童想学数数,就没有理由拒绝教他数数。但是教师必须知道机械数数和理解数量意义的数数两者之间是有区别的。数量意义只能来自儿童头脑中建立起来的数理逻辑结构。世界上所有讲出来的和写出来的符号都只是表面知识。为了使儿童能对数字符号产生兴趣,那在他们的周围环境中就一定要有口头讲的和用文字写的数,而要理解数只能依靠儿童大脑中已建立起来的心理结构。

总之,"教"数的目的就是要促使儿童形成数的心理结构,既然这种结构不能向儿童直接灌输,那么教师就必须促进儿童在各种情境中积极、自觉地进行思维。一个儿童能积极地按照自己的思路去想包括数量在内的各种物质及事件,那就一定能形成数概念。教师的任务是促进儿童按照自己的思路去思考,当然这是很困难的,因为我们大多数教师都习惯于要儿童机械地做出"正确"的回答。有关这方面的教学原则将在第三章中讨论。

第三章 教 学 原 则

前面已经说过,数概念是不能直接教会的,但是我还是要用"教数"这个术语,因为周围环境能以间接的方式起很多作用,就像前面所说的,环境能促进数理逻辑知识的发展。"教"这个术语,实际上指的就是间接教。间接教能促进儿童把各种事物联系起来以形成各种关系,如要他拿出与同桌人数相同的盘子。

六条教学原则用下面三个标题来表示不同的观点:
(1) 各种关系的形成:
鼓励儿童灵活地把各种事物与活动联系起来,以形成各种关系。
(2) 确定物体的数量:
 a. 当数概念和物质的定量对儿童有一定意义的时候,就要鼓励他们去确定这些物体的数量。
 b. 鼓励儿童有逻辑地去确定物体的数量及比较集合的大小(而不鼓励他去数)。

c. 鼓励儿童用可移动的东西去做集合。
(3) 与同伴和教师的社会交往：
a. 鼓励儿童和他的同伴交换思想。
b. 猜测儿童在想什么，并据此对他们进行因势利导的教育。

鼓励儿童灵活地把各种事物与活动联系起来，以形成各种关系

教师领会了皮亚杰的数理论，就会去考虑如何在数的领域中运用他的理论。我开始也是这样想的，在《皮亚杰·儿童与数》一书中就反映了这种狭隘的观点。在我重新全面理解了皮亚杰的理论后，就进一步认识了建立和协调各种关系的重要性。皮亚杰曾研究过空间，时间，原因，物质数量，数，逻辑，心理想象，道德发展，泛神论和人工说等问题。开始我认为每一个问题都是独立的，后来我才逐渐认识到，他的很多具体工作实际上是在许多领域同时进行的。皮亚杰及其合作者写了许多不同主题的书，只是因为他们不可能在一本书里同时讨论各方面的问题。而各种发展是不可决然分开的，所以教育者最主要的任务是促使儿童把各种事物与活动联系起来，以形成各种关系。

现实生活中能同时形成很多种关系的例子很多，如有一天幼儿园吃中饭时，我看见一个六岁男孩突然在椅子上转过来，不小心把桌上的一盘生菜碰到了地上。我问他要不要我帮他打扫，他坚定地回答："不要。"他站起来，去找了一把大扫帚。他要扫时，我说这样做不好，生菜调味汁会把扫帚弄脏，以后扫帚就不能再用了。我告诉他用擦手纸或餐巾擦更好些，并再次提出要帮助他。他说："不要，我要自己把它擦干净。"他用了很多纸把地板擦得干干净净。然后把用过的纸搓成一个个小球，在桌上摆成一排，又拿来一个垃圾桶，很认真地一面数（五个球），一面把球扔进桶里。

这个过程包含了很多关系，涉及到许多知识，如人与人之间的关系，道德判断等。这个六岁儿童的自律能力给我留下了极其深刻的印象。首先，通过这件事，儿童把自己的身体和桌上的东西建立了空间

关系。显然这个儿童根本不知道生菜调味汁会搞脏扫帚,教师的指点使他懂得了用某些物体(如吸水纸)来擦净某种脏东西比较好些(物质知识和社会知识)。而他数了五个纸球,把其余没有用过的纸放回去,这又涉及到了确定数量的知识。

能积极思维的儿童,在这样的日常生活中会同时想到很多事。消极的、不能自律的儿童可能会不管自己碰翻的生菜而继续在那里吃东西。我注意到这个儿童自己进行了各种思维,从而自己在内部建立了各种关系,这些关系虽然不是从外部经他人的传授而建立起来的,但在创造这种促进儿童自觉思维的社会和物质环境的过程中,老师却起着决定性作用。

读者可能还记得前面谈到的我侄女和圣诞老人的轶事。她爱动脑筋,不仅能把包装纸、写的字和圣诞老人联系起来,而且还能把她收到的礼物数量与弟弟收到的礼物数量联系起来。她每天要数几次礼物,并说昨天只有六件,今天是八件,因为今天又有某某人给了她两件。她也数了弟弟的礼物,每次都说弟弟的礼物和她的一样多。

值得说明的是,并没有人叫她把各种包装纸和礼物的数量联系起来,当她注意到两件礼物是用同样的纸包着的,而其它六件礼物的包装纸各不相同时,她却进行了料想不到的推理。这里要指出的是,环境气氛是很重要的,如果成人创造的环境气氛间接促进了儿童的思维,他们会突然提出许多有关的问题,使我们感到惊奇。

矛盾的情境能促进儿童把事物联系起来。日托幼儿园里一个儿童,一天下午问老师,为什么"午睡后不让她到外面去玩"。这是因为老师没料到午睡时天会下雨,而他们也知道下雨是不能到外面去玩的。这个儿童抱怨的原因,是她把老师原来的诺言和后来的决定这两件不同的事情联系起来了。按理,在有些情况下作的诺言,由于情况变化,是可以不遵守的,"午睡后"和"下雨时"这两种情况巧合了,因而教师就不能履行原来的诺言了。这样的情况日常生活中是常有的,在这种情况下,如果老师能鼓励儿童去讨论,让他们自己去作出符合客观情况的判断,就能促进儿童的道德判断力和逻辑思维能力的发展。

协商解决冲突的情境,特别有助于儿童理解各种事件之间的相互关系,同时也有助于儿童思维灵活性和一致性的发展。儿童为了得到一种彼此都能接受的办法,他们就必须考虑别人是怎么想的。如果儿童的家长是武断型的,平时只有服从权利,根本没有机会去说服别人,那么,他们的逻辑推理能力也就没有机会得到发展。

两个儿童在争一个玩具,老师势必要干预,这种干预对儿童思维的发展可能起促进作用,也可能起妨碍作用。如果老师说:"你们俩要争吵,我就把玩具拿走,不给你们玩。"这一争端或许很快就能解决,但这是在强制的情况下执行的,而不是儿童自觉思考的结果,这就有损于儿童思维能力的发展。如果老师说:"我建议把玩具放在玩具架上,等你们商量好了,再拿下来玩好吗?你们决定了,就告诉我,我就给你们拿下来。"这就鼓励儿童去动脑筋,从而促进他们思维的发展。他们可能决定都不要玩具了,在这种情况下,这种解决办法与老师强加的办法虽然一样,但从发展儿童自律的观点来看,则是截然不同的,这是他们在受到鼓励后为自己做出的决定。这种自律与社会、道德和智力等各方面都有关系。也可能是一个儿童先玩,另一个儿童后玩。传统的"数学概念"中的第一第二,先后和一一对应等关系,都是儿童在日常生活中受到鼓励而进行独立思考后建立起来的。

当数概念和物质的定量对儿童有一定意义的时候,就要鼓励他们去确定这些物体的数量

如果把自律作为教育的目的,那么,儿童就应积极地在心理方面建立数概念,而老师要做的就是要鼓励他们做出自己的选择,相信自己的力量,而不是驯服或服从。所以,我不提倡每天都安排时间让儿童去确定物体的数量。我认为,与其由老师指定学数的时间,强制他们去学,还不如在儿童感到有需要和有兴趣时,鼓励他们去想数量。四至六岁的儿童几乎都对数物体和比较数量有兴趣。如第一条原则中提到的,他们出自本能数他自己搓的纸球,收到的礼物,以及蛋糕上

插的蜡烛。或者他们争论谁的积木多,他们在做保龄球游戏、打弹子、掷骰子、玩纸牌时,都需要数数或做加法。因此,我们相信,数的思维能自然发展,而不需要安排固定时间由老师来教。

鼓励儿童有逻辑地去确定物体的数量以及比较集合的大小(而不鼓励他去数)

老师要一个儿童给同一张桌上的每个人拿一只杯子来时,她可以说,"请你拿六只杯子来",也可以说"请你为每个人拿一只杯子来"。后者要求儿童按照逻辑去确定数量,这样的要求较好,因为这可让儿童自己去选择最好的方法来完成这项任务。如果我们要儿童拿六只杯子来,这就等于明确地把要做的事情交给他了,这样他就不需要再动脑筋了。让我们来看一个皮亚杰的长期合作者格雷科引用的一个例子,这个例子说明了让儿童自己选择最佳方法的重要性。

一位母亲要她五岁的孩子每天吃饭时给每人的盘子里放一条餐巾。家里经常是四个人吃饭,琼·皮埃尔能够数到30,甚至更多一些,但是,在他完成这一任务时,还是先到碗橱里拿来第一条餐巾,放在一个盘子里,然后再回到碗橱拿来第二条餐巾,放在第二个盘子里……拿四条餐巾就来回走了四次。他到五岁三个月零十六天的时候,才第一次想到要数盘子和从碗橱里拿来的餐巾,数好后才把餐巾分发到每个人的盘子里,他这样做共持续了六天。

到了第七天,来了一个客人,比平时多了一个盘子。琼·皮埃尔仍像往常一样拿出四条餐巾来分发,但是当他看到有一个盘子空着时,没有再去拿一条餐巾来,而是把已经放在盘子里的四条餐巾收起来,放回到碗橱里,然后又一次一次地去拿,走了五次才完成任务。

第二天,没有客人了,琼·皮埃尔仍旧走了四次,这样做了五六天,他才发现要数盘子和餐巾。十天后的一天,母亲告诉皮埃尔来了一个客人,他仍像往常一样分发四条餐巾。但是当看见有一个空盘子时,只是再去拿了一条餐巾。第二天,只有四个人了,他先数了一下盘子的数量,然后再去拿来相同数量的餐巾。此后,家中再有客人来,他也能应付自如了。

上述事例使我们看到,让儿童机械数数与儿童为了解决实际问题而主动数数之间的差别。知道怎样数数和在遇到多了一个盘子时应该怎么办,这是完全不同的两码事。如果事先有人告诉琼·皮埃尔要数盘子和餐巾,那么,他的学习就成为一种只有在别人指点下才能进行的活动。如果没有得到精确的指点,那么,他就有机会发展自己的智力、自律和自信。

我们说要让儿童自己去获得知识,并不是说教师就可以把儿童弃之一旁,完全不管了,而应像琼·破埃尔的母亲那样,为儿童创造环境,让他自己决定怎样去完成自己所乐意接受的任务。下面举一些要求比较集合大小,诸如正好一样多方面的例子:

你的卡片和我的卡片一样多吗?

我们的杯子太多了吗?

我们用多一点,还是少一点,还是一样多的椅子来玩音乐椅游戏呢?

博比比你的少,你看该怎么办?

谁最多?

教师不一定要他做出正确的回答,这类问题应当因势利导,如果儿童有兴趣,就鼓励他们用数去思考。如在玩卡片游戏时,教师如要问每个人的卡片数量是否相同,如果儿童对此没有兴趣,就不要再问了。在这种情况下,如果教师把自己的想法强加给儿童,这同把功课强加给儿童一样,都是不可取的。

数数并非不重要,儿童要掌握加法,就必须学会数数。但研究表明,说出数字的能力与使用数的能力是完全不同的两码事。现在我们可以用研究成果来说明,为什么培养儿童数理逻辑思维能力比数数能力的训练更重要。格雷科和梅尔杰克的第一项研究表明,虽然儿童在七岁以前就知道怎样数数,但在要求他摆出和研究者数目相同的东西时,他用的就不一定是数数的方法。梅尔杰克的第二项研究表明,年龄小的儿童是不用数数作为一种手段的,儿童到了六岁,数数才能成为一种完全可靠的手段。

格雷科摆出九个圆片,如图8(a)所示,要求四至八岁儿童摆出数目相同的圆片。尽管他们都知道怎样数数,但他们中一部分人只能数到10,而另一部分人却能数到30多。统计结果(如表2)揭示了四种水平。

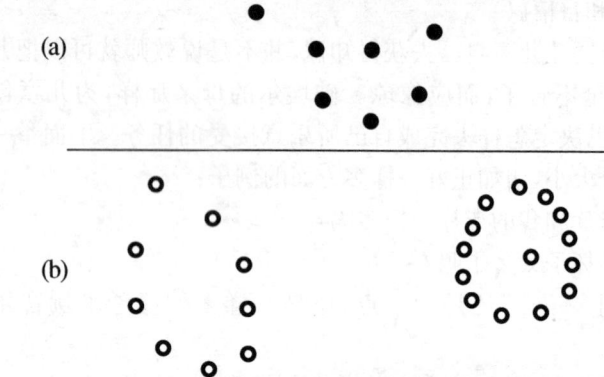

图8:摆出和示范(a)相同数量的两种尝试(b)

表2:格雷科(1962)所记录的在认识数量时所表现出来的年龄与水平之间的关系

年龄组	儿童数	水平			
		○	Ⅰ	Ⅱ	Ⅲ
4;6—5	10	6	4		
5—5;6	10		8	2	
5;6—6	10	1	2	4	3(30%)

续 表

年龄组	儿童数	水平			
		O	I	II	III
6—6;6	15		2	9	4(26%)
6;6—7	10		4	4	2(20%)
7—7;6	10		1		9(90%)
7;6—8	10			4	6(60%)
8—8;6	10				10(100%)
总　合	85	7	21	23	34

表3：梅尔杰克(1979)所记录的有关认识数量时
所表现出来的年龄与水平之间的关系

年龄组	儿童数	水平			
		O	I	II	III
4—4;6	20	3	13	4	
5—5;6	22	4	8	4	6(27%)
6—6;6	32	2	5	10	15(47%)
7	11			5	6(55%)
总　合	85	9	26	23	27

表中，最后一种水平是数数，这种水平通常只有七岁儿童才能达到。这四种水平是：

第O种水平：还不能理解成人所提的要求。

第I种水平：凭着目测进行粗略的估计或模仿空间的形状。大约在五岁半时，会出现两种典型情况：一种是粗略的感性估计；另一种是用大致相同的数量模仿形状。如图 8(b)所示的两种情况。

第Ⅱ种水平：学会了一一对应的方法：

在第 0 种水平上，儿童摆圆片时很少看示范圆片。第Ⅰ种水平上，他们能一边看示范，一边进行模仿，到最后甚至每次都用手指指着对应的圆片。

第Ⅲ种水平：数数。

儿童先数示范中的数量，然后再数出同样多的数量。

这一研究进一步证实了在讨论琼·皮埃尔时提出的观点，即儿童能知道怎样按正确的顺序背诵数字，却不一定能把它作为一种可靠的手段。儿童建立了数的心理结构后，并能把数字同化到这种结构中去时，数数才能成为一种可靠的手段。但是在七岁前，一一对应，模仿空间形状或者粗略估计等方法，是他们选用的较为可靠的方法。在重做这一研究时，梅尔杰克发现其结果与表 3 基本相同。

梅尔杰克的第二项研究证明，儿童不用数数的方法，是有充分理由的。测验时，她要儿童数卡片上的九个圆圈，发现能数对的只有六岁的儿童，如表 4 所示。六岁前，儿童数排列成行的物体时，有时手指指得快，有时指得慢。如果物体不排成行，他们就会跳过一个或几个物体，或者同一个物体反复数几遍[如图 4(a)]。

表 4：表示各种年龄的儿童能正确数九个物体的比例

年　　龄	比　　例
4	0%
4;6	40(?)*
5	54
5;6	60
6(幼儿园)	100

续 表

年　　龄	比　　例
6（小学）	90
6；6	100
7	100

* 这些儿童不一定数得正确。

以上实验研究说明，儿童数数能力的发展要经历三个阶段：
1. 按正确顺序说出这些数字的能力。
2. 数物体的能力（即在数字和物体之间建立一一对应）。
3. 把数数作为最理想的工具。

教师在没有掌握皮亚杰的理论之前，常在儿童说出一个数字时，就叫儿童去摸一个物体，这仅仅是表面行为的教学。儿童必须像图 5(b)所表示的那样把数字同化到他们的心理结构中去，如果这种结构尚未形成，那么，儿童就不具备必要的条件去同化数字。顺口溜式的表面行为只能使儿童更加驯服，失去自觉性。而让儿童自己决定什么时候用数数，就可以避免强迫性，而且为今后的学习打下更牢固的基础。

鼓励儿童用可移动的东西去做集合

当我们要求儿童把注意力只集中在一个集合的物体上时，我们就会局限于这些问题，如"这里有多少？"、"你能给我八个吗？"正如前面第二条原则中所说，要儿童去数数，不是帮助他们认识物体数量的好方法，比较好的方法还是让儿童去比较两个集合。

让儿童比较两个集合有两种方法：一是让他们判断已做好的两个集合是否相等；二是让他们做一个集合。第二种方法较好，理由有二：其一，当我们要儿童对两个已做好的集合做出判断时，他比较这两个集合,只是为了回答老师的问题。其二,比较现存的集合是一种被动活动,儿童的回答可能限于以下三种:这两个集合一样多,一个多些,或另一个多些。

但是,要儿童自己做一个集合,就像要他给同一桌上每个人发一个杯子一样,要从零开始。拿一个,再拿一个,再拿一个,等等,直到他自己决定不再拿了为止。这种决定更有教育意义,因为儿童必须从零开始,还要准确决定什么时候停止再加一个的行为。

为了使儿童做集合更有意义,要注意用适合教基数的教具。图9所示练习本中的图画和扣生奈尔棍就不适合做教具。

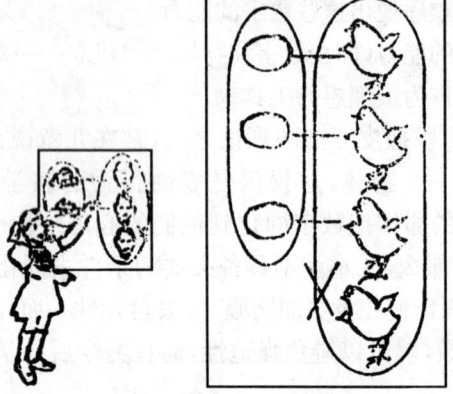

图9:在典型练习本中的一个例子

图9所示的练习之所以不合要求,是因为儿童不能自己移动物体做集合。这种练习容易得出正确答案,而推理却是错误的。如问他们怎样知道图9的正确答案,很多儿童会解释说:"图中画了线,×是打在没有画线的东西上。"这些,儿童可能有,也可能没有"哪个集合多些的概念。"如果他们有这种概念,说明他们已具有确定数量的能力。如果没有,那么这种练习就没有用处,因为儿童不可能通过在纸上画线学习判断数量。用纸牌玩《打仗》游戏,可以让儿童比较现成集合,比用这种练习好得多。

儿童既不能通过图画学到数概念,也不能从摆弄物体中学到数概念。只有通过他们面对物体思索,进行反射抽象,才能建立数概念。如,当琼·皮埃尔拿餐巾时,重要的不是摆弄物体,而是思索,即怎样处理餐巾、盘子与人的关系。一旦儿童建立了一一对应的逻辑关系,凭着反射抽象,那就根本不需要像练习本上(图9所示)的那种图形了。

教师必须知道,儿童在每个盘子里放一条餐巾和考虑餐巾的数量与盘子数量之间的关系,这中间是有着非常大的差别。前者可观察到的只是空间位置——在每个盘子里放一条餐巾,儿童知道的只是每个盘子里有一条餐巾。这种个别物体之间的关系与物体集合之间的关系是完全不同的两码事。要他们每个盘子里放一条餐巾,儿童知道的只是每个盘子里要有一条餐巾。而当琼·皮埃尔决定数盘子时,他就在想盘子的集合和餐巾的集合了。儿童自己想通过数盘子,然后再确定拿多少条餐巾,这与别人告诉他后才这样做是完全不同的。后者是机械地遵循别人指点的一种方法,前者则是把数作为中项从而进行推理的一种方法。如,$P=n, N=n$,则 $P=N$。(这里 P 代表盘子,N 代表餐巾,n 代表一个数量。)

在下面一条原则中,我们将进一步指出练习本图画中的缺点。这里先回顾一下扣生奈尔用棍子教数的方法。对扣生奈尔来说,一厘米长的棍子代表"一",五厘米长的棍子代表"五",十厘米长的棍子就代表"十"。但是对幼儿来说,每一根棍子只能是"一",因为每一根棍子都是个别的单独的物体。数所涉及的是个别物体的定量,长短是一个连续的量,所以不能通过物体的长短来学习数。把这种已做好的"2"、"3"、"4"等不同长度的棍子给儿童,通常会把分开数和连续数混淆起来,这比给他们已做好的集合图形更糟(如图9)。

蒙台梭利、斯特恩和其他人也曾根据扣生奈尔棍的比例原则做了一套棍子。其原则是:第二根棍的长度是第一根棍的两倍,第三根棍的长度是第一根棍的三倍,等等。主张用这样的棍教数的人认为,通过数按顺序排列的棍子,儿童就能学会数的顺序。即"一"包含在"二"里,"二"包含在"三"里,等等。皮亚杰及其合作者的研究证明,儿童排列这些棍子,实际上是从最长到最短,或相反。他们学习的是怎样用阶梯形来判断其排列是否正确。这种形状是能观察到的空间排列,可以作为儿童外部反馈的信号。但是,在数理逻辑知识方面,反馈只能来自儿童自己建立的内部非常协调的逻辑系统,这个系统是观察不到的。它是儿童通过协调差异建立起来的,因而是看不见的。根据形状反馈,反复试探排列物体的能力,与协调物体之间差别的逻辑思维的能力是截然不同的。

现在讨论第三条原则:儿童与同伴及成人的社会交往。

鼓励儿童和他的同伴交换思想

前面已讲到,算术不像社会知识那样可以一代一代传下去。因为数理逻辑知识的建立是以儿童协调各种关系为基础的,而不是任意的,所以,只要儿童经过相当长时间的争论,数理逻辑知识不用老师教或纠正错误,也是迟早会被他们掌握的。例如,玩卡片游戏时,一个儿童说 $2+4=5$。如果参加游戏的其他人不同意,争论了很长时间,最后他们会发现什么才是对的。

因而,教数理逻辑知识的基本原则是:教师既不要强调正确答案,也不要纠正错误答案,而要鼓励儿童彼此交换意见。如果一个儿童说 $2+4=5$,教师最好说"大家同意吗?"如果没有人提出不同意见,最好不要再问了。因为大家不做声,就意味着大家都认为这个问题太难了。儿童拿出"数量恰好够的麦秆吸管"时,老师最好不要直接做出反馈,儿童的做法不正确时,也不要马上纠正错误。因为在某儿童分发完了麦秆吸管后,他自己或别的儿童会看到这个结果。当其他儿童与他的意见有了分歧时,他就会重新思考这个问题,或改变想法,或动脑筋辩论。

我们教数和算术时,似乎认为成人是正确反馈的唯一来源,这就无形中使儿童错误地认为真理只能来自教师,于是,儿童就学会了由教师的脸色来确认对或不对,这样儿童逐渐养成一种顺从感,凡事总是去迎合成人的想法。这样,他们的数知识、自律及数学能力就得不到发展。皮亚杰强烈反对这种教学法,坚信因情绪关系而阻碍儿童在数学方面的发展而造成的影响是完全可以避免的。

前面讲过,数理逻辑知识的反馈来源是儿童建立起来的逻辑系统的内部一致性。虽然反馈的基本来源是儿童本身(内部),但与其他儿童意见的不一致也会促使他重新考虑自己的意见。例如,他争论说2+4=5,如果要使别人信服,他就要设法去修正自己的想法。因此,儿童之间的社会矛盾对数理逻辑知识的发展是必不可少的。

佩雷特和克拉蒙特一九八〇年论证了社会相互影响的重要性。在每次三人一组的实验中,他发现,出现意见不一致并努力在十分钟内解决这个分歧,可以促进前运算阶段的儿童去建立新的关系和推理,比在控制组的要高一级(他们没有这种机会)。在数理逻辑领域里,两种对立的错误意见,可能会形成一种意见,这种意见比前两种意见更符合逻辑些。例如,一个儿童认为2+4=5,而另一个认为2+4=4,他们为了要对方相信自己是正确的,就要不断地去修正自己的推理。

本书和其它书讨论的集体游戏,是儿童互相交换意见的理想场所。集体游戏能激发儿童去检查别人的数数和加法是否正确,还能激发他们去对付欺骗或做错了的人。在集体游戏中,通过自己纠正或由同伴来纠正,所学到的知识要比从练习册上的图画中学到的多得多。儿童在练习册上做记号时,他们只是自己做自己的事,并不去检查别人的思维,而且做完一页后,他们就交给老师去评定答案是否正确,这种依赖老师做评定的方法对发展儿童的自律和推理是非常有害的。集体游戏中,儿童的智力活动能更活跃,并且有主动性和判断性,还能自己去评定推理是否正确。

猜测儿童在想什么,并据此对他们因势利导

儿童做错事,常常是因为他们用自己的智慧按照自己的方法去做的。既然每个错误都是儿童思想的反映,那么,教师的工作就不能是去纠正答案,而应该是去弄清错误产生的原因。根据这种观点,教师有时就可以纠正儿童思维过程中的错误,这比纠正答案要高明得多。

例如,一个幼儿少拿了一只杯子,原因可能是他没有把自己算进去,因为前运算阶段的幼儿既要把自己作为数数的人,又要把自己作为被数的人,是非常困难的,因此,他们在数别人时,常常不数自己。在分发杯子时,他发现少了一个,这时如果老师问:"你数别人时,数了你自己吗?"这样可能对他有帮助。

正如有许多想法能导致错误答案一样,也有许多想法能得到正确答案,这一结论是皮亚杰和茨米斯卡的研究成果。儿童怎样把十八个圆片分给两个人,他们发现获得正确答案有三种不同的方法(水平),只有最后一种方法是以逻辑推理为基础的。这三种方法(水平)如下:

1. 笼统(直觉)方法

儿童用一种随便的、笼统的方法分圆片,偶尔能分给每人九个,获得正确的答案(这是碰巧)。如果将空间排列改变一下〔如图 10(a)〕,那他最后可能还是说,有一堆多些。

2. 空间方法

儿童用一一对应的方法把图片分开排列起来,如图 10(b)所示。如果改变一个组的排列形式〔如图 10(c)〕,他往往会认为这一组比较多。

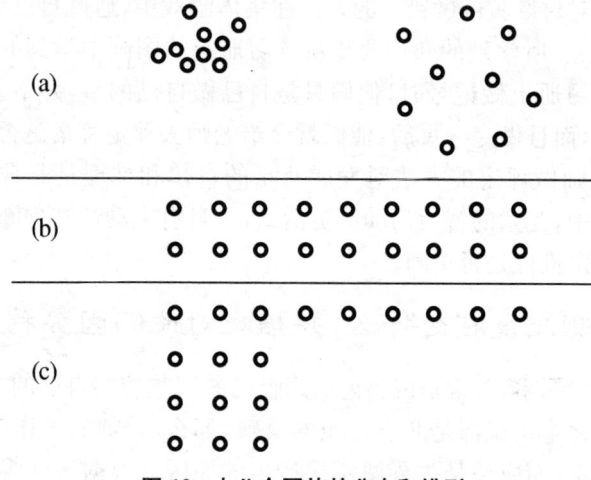

图 10:十八个圆片的分布和排列

3. 逻辑方法

儿童轮流分给每人一个(或者多些)，直到十八个圆片全部分完。当儿童的逻辑思维发展到这种程度时，就不再需要空间对应了。因而，如用的方法符合逻辑思维，儿童闭着眼也能完成任务。把40张纸牌分发给两个玩牌的人后，这些儿童完全相信自己的方法，他们不用数牌就确信两个人所得的牌数相同。

机灵的老师只要观察了儿童的举止，就能判断出这个儿童是用直觉的、空间的还是逻辑的方法在解决问题。在不断观察的基础上，教师就可以介入并影响儿童的思维过程，从而代替纠正他的答案。

在一个刚入学的一年级教室里，一个老师注意到一个儿童用直觉法分牌，玩"打仗"游戏。她把一副牌的一半给自己，其余的给对方，然后比较两堆牌哪一堆高，来确定她分的牌是否令人满意。这里老师并没有纠正这个儿童的方法，因为纠正只会挫伤她的创造性。此外，她知道这个儿童很快就会想出一种比较好的方法，如果勉强要她用正确的方法分牌，那只会导致她表面上的服从。而这对儿童来说是毫无关系的，儿童根本不会去关心他们有多少牌，他们关心的只是能早点玩起来。

分牌时，我未见到第二种水平，即空间一一对应。儿童通常是把牌一张一张分给每个玩牌的人，这是一种模仿动作，他们很容易分散注意力，有时会跳过一个儿童，或者连续分两张牌给同一个人。这些行为表明他们还缺乏严密的逻辑顺序感觉。

老师除了掌握上述三种方法外，还有第四种方法——数数。有个四岁儿童负责管点心，要给她同一张桌上的每个人一只杯子和一条餐巾，还要分给每人相同数量的饼干。老师不必参与这一过程，而要注意是否有人能发现饼干数量不相等。若没有人能发现错误，老师也就不要去纠正。

在五至六岁儿童的活动室里，我观察到了分葡萄干的情况。老师按儿童所想的路子去做，她把一堆葡萄干放在大碗里，还有干酪做点心。当大家都坐下来准备吃时，一个儿童问老师："我们每个人可以吃多少葡萄干?"老师回答:"我想你们自己可以决定每人该吃多少。"儿童提的第二个问题是:"我们能吃六个吗?"老师回答:"你觉得这个办法行得通吗?""我不知道,要看看。"于是,每个人都吃了六个,吃完后还剩下很多。有人提议再吃三个,每人吃了三个,碗里仍然还有不少。

这时本来在盥洗室的一个儿童进来了,"我该吃多少个?"她问。她的朋友告诉她:"先吃六个,再吃三个。"老师利用这谈话的机会问:"那么一共要吃多少呢?"这个问题把他们问住了。

这个教师很明智,她没有继续问下去。因为,儿童对这个问题显然是不感兴趣的,而且,加法对这些儿童来说,确实也太难了。接着有人提出:"现在每人还能吃十个。"当时有两个儿童反对,因剩下的已不够每人吃十个了。教师鼓励大家交换想法,后来大家决定先吃十个试试看。在三个儿童每人吃了十个后,碗里几乎没有了。这时老师说:"我看这个主意不好。"提出这意见的儿童假装没听见,而其他儿童好像对葡萄干不太感兴趣了。儿童常常对吃东西比分东西更感兴趣,但是,有时即使是吃的东西,他们也不会产生兴趣。

现在我们讨论的是一般教学原则,下面将要讨论具体的课堂教学环境,课堂教学环境特别有助于"教"数。

第四章 学校中教师能用来"教"数的各种情境

在讨论教师能用于促进儿童数量思维的具体情境前,再次提醒读者,儿童从早到晚都不进行思维活动,那是很难建立数概念的。因而教师应经常鼓励儿童把各种事物及事件联系起来,而不能只注意确定数量。

下面介绍两种有助于确定数量的情境:日常生活和集体游戏。希望读者能通过每个例子明白原则 2(a)所表述的内容,当数和确定物体的数量对儿童有意义时,就应该鼓励他们去考虑这些问题。

一、日常生活

确定数量是日常生活中不可缺少的组成部分。如纸杯和餐巾的分发,游戏中玩的棋子不能丢失等,这些责任常常由老师承担下来了,他们认为叫四至六岁的儿童做这些工作太困难了。但我认为教师可以让儿童自己做一部分工作,而且还可以创造一些情境,在这种情境中,"教"数才能进行得自然,而且有意义。如我们下面要讨论的分配材料,分发东西,收集东西,写记录,收拾东西和举手表决等活动情境。

(1) 分配材料

在原则2(b)和2(c)中,我曾举了这样一个例子,要儿童"给同一张桌上的每个人拿一只杯子来"。如果儿童数不清班上的总人数,教师可以将大组分成小组,每组人数少了,儿童就能数清有多少人。如果分配的物体(如剪刀)总数恰好与全班儿童的人数相同,就让他为同一张桌上的每人拿一把来,这就更有意义。

就像原则3(b)提到的,儿童在某种情况下能数数,但有时却不能分好东西,因为他总忘记把自己计算在内,会计数的儿童能清楚地看出拿来的东西够不够分。不论哪种情况,教师一定要像原则3(a)所说的那样,及时从正面去鼓励儿童和同伴交换意见。

(2) 分发东西

吃点心时,如分葡萄干、苹果和其它食品时,常会出现如何分得平均的问题,如原则3(b)中所述,儿童在分配一定数量的东西时,有时虽然预先已知道应该分给每人多少,但分发的时候却不知道应该给每人多少。遇到这种情况,与其从一大堆中去分给每个儿童一小堆,倒不如让儿童把一大堆按人数平均分成若干小堆,再分给每人一小堆,这就比较容易了。

再说,让一个儿童给全班所有儿童分东西是比较困难的。教师可以把东西交给两个(或三个或四个)儿童,让他们共同负责去分。如果有人提出别人分得太多时,教师可根据原则3(a)和3(b),鼓励儿童交换意见,自己去解决这个纠纷,他们提出的办法,可能符合也可能不符合老师的观点。例如,一个儿童说:"我来给你几个。"他却从另一个儿童的一份中去拿,这一份从空间排列上看好像数量多些,其实是一样多的。像这样的情况,如果儿童都满意了,教师最好不要把自己的观点强加给他们。因为对儿童来说,即使强加的办法是正确的,他们也还是理解不了的。这只能把儿童培养成唯命是从的奴仆。

(3) 收集东西

收集东西,例如郊游前,全班在收集各个父母允许参加的回条时,就很自然地提供了教加法的机会。大家集合的时候,教师可以问:"到了多少人,要不要打电话给汽车公司作最后安排。"也可以给儿童提出以下问题:

"我们是否收回了全部回条?"

"我们还需要收回多少?"

"昨天有多少小朋友拿纸条回家了?"

"今天有多少小朋友把回条带回来了?"

"昨天谁缺席?一共有多少人缺席?"

一般来说,把全班分成几个小组更好,这样,一方面便于管理,另一方面,还可以为更多的儿童提供当组长的机会,以便共同负责。

教师把纸条给儿童带回家去时,可以说:"今天我把分发的纸条数量写在黑板上,这样,明天我们就知道一共要收回多少纸条了。"也可以把缺席儿童的名字写在黑板上,这也是教儿童识字与写字的好机会。

收牛奶费这件事比较困难,但是,儿童至少可以帮助我们数已经交钱的人数,从而他们也就知道要发多少奶卡。

(4) 写记录

图11,是给幼小的儿童练习掌握出席记录的。如果涉及的人数很少,幼小的儿童也能写出他们的出席和缺席人数时,这种图表就能激发儿童去认识伙伴的名字,产生识字的兴趣。

亚 当		
博 比		
凯 缓		
大 卫		
埃弗林		
总 数		5
出 席		
缺 席		

图 11：出席表

教师也可以用这张图表和儿童一起计算出还有多少家长的回条或图书没有收回。在通常情况下，每张图表上的名字不要超过儿童能掌握的数量。

（5）收拾东西

在收拾东西时，有很多应用数量的机会。例如，可以在盒子上做标记，如图 12 所示，让儿童在收棋子前就知道这些盒子里可以放多少棋子。

大扫除时，教师可以要求每个儿童都收三样东西，或用一张图表来表示，谁负责打扫教室里的哪一个地方，由这个儿童决定要多少人帮助他，从那些没有任务的人中选助手。这样组织好了，就可以开始收东西。

（6）举手表决

许多事情老师都可以建议让大家

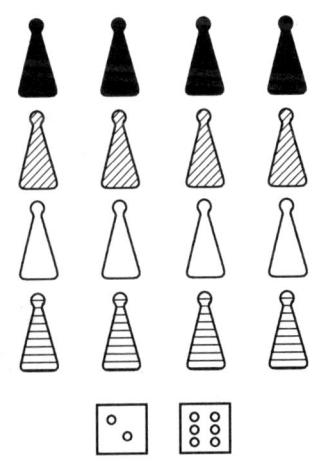

图 12：在收棋子前寻找物体的图

用投票的方式来决定,如举手表决就是一种。当大家对给一个小动物取的名字不一致时,或者对明天用哪种饼干作点心意见不一致时,就可以用举手的方法来决定。举手表决不仅对儿童学习比较数量有益,更重要的是,这样做给了儿童自主权,因而,有利于儿童自律能力的发展。

二、集体游戏

凯米依和德费瑞斯在一九八〇年曾指出:有许多集体游戏可以给儿童提供进行思考和比较数量的机会。如,瞄准游戏,隐藏游戏,赛跑和追逐游戏,猜谜游戏,纸牌游戏及骨牌游戏等。

(1) 瞄准游戏:

用打弹子和保龄球游戏进行数数和比较数量的教学,效果特别好。在玩这种游戏时,能刺激儿童去想自己打中了多少粒弹子,打倒了多少个瓶子。教师不必叫他们去比较各人的成绩,因为四岁大的儿童只对自己做的事感兴趣。要到五、六岁时,才有部分儿童对竞争产生兴趣。值得提醒的是,当一个四、五岁的儿童说:"我有七个,约翰有八个。"这并不是他要把两个集合做比较,而只是在通报数数的结果。

如果儿童对数量感到有用处或产生兴趣时,最好引导儿童把它写下来。这样做,无疑比教师命令儿童把答案记在作业本上好得多。如图13和14,是在做保龄球游戏时儿童留下来的记分纸。轮流玩保龄球,如果每个儿童不只玩一次,就需要记分。不记下成绩,就不易记住结果。这与打弹子游戏不同,玩这种游戏的人可以把他们打中的弹子保存起来,不需要记分。

下面是一位教师的几段记录摘抄,反映了卡普特、格勒尔和赫盖伊在一九七六年做的这样的成绩记录,从这里可以看到算术的发展与其它方面的发展是密不可分的。

一九七五年六月(大约五岁的儿童)

儿童把保龄球一个挨着一个,排成一行,他们认为这样排列"更容易把它们打倒"。

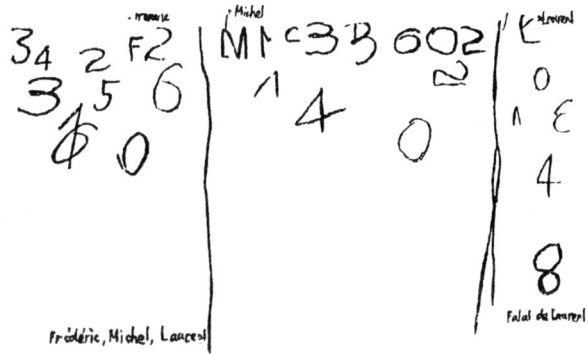

图 13：一张保龄球游戏的记分纸

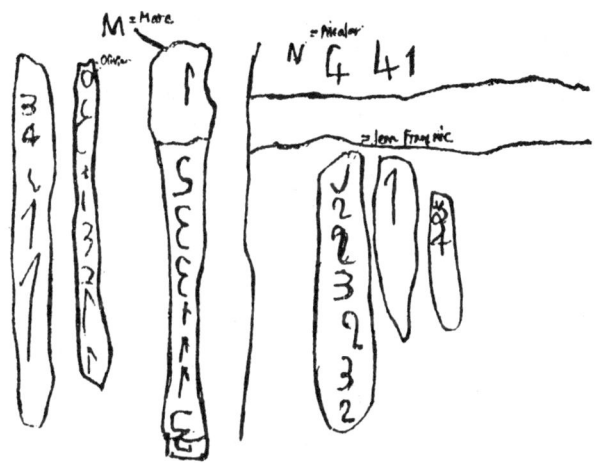

图 14：一张保龄球游戏的记分纸，其时间顺序是
以空间关系来表示的

  开始时，他们没有轮流，谁抓住球谁就投。后来，他们自己组织起来轮流玩。每投一次球，他们就数一次被击倒的瓶子的数量，但并不把它与前次投球所碰倒的瓶子数加在一起。

  他们玩球时，没有想到要站在固定的位置投球，有的站得离靶子远远的,有的离靶子很近,有的就站在旁边。后来,他们改变了瓶子的排列方式,把瓶子排列成直线、圆形或椭圆形,等等。

一九七五年九月

出现了另一种玩球的方法,儿童把瓶子排成一条直线,每打倒一个,就把它拿开。到最后只剩下一个瓶时,瞄准就变得困难了,他们就把这个瓶子移得越来越近。这样,这种游戏就形成了下面这样的规则:

1. 把瓶排成一条直线。
2. 拿走碰倒的瓶。
3. 把最后一个瓶移得近些。

一九七六年一月至二月(幼儿园大约六岁的儿童)

这个时候儿童已有这样一种需要,就是在瓶和人之间画一条线,滚球时,不能越过这条线,不过这时还没有开展竞赛。

他们所做的只是把碰倒的瓶子数目写在纸上,有些人还把自己的总分加起来。例如,劳伦特的栏里,写有 $0+1+3+4=8$(如图 13 所示)。其他儿童的栏里还没有成形,在这张纸上还看不清三人玩的次数是否相等,但是他们在自己的"栏"中都学着写上了数字。

这种游戏的另一种玩法是,努力把瓶全部打倒,最后计算出获得这一成绩的投球次数。

一九七六年五月

现在儿童已经能自己组织起来做游戏了,他们还确定了做游戏和记分的方法。图 14 是四个儿童做游戏时保留下来的记分例子,图中各栏之间的结构比图 13 要好得多,而且用空间间隔把打倒的瓶子数按照顺序表示了出来。这张纸上没有零(这上面的 0 是 Oliver 的开头字母)。

琼·费朗科依斯一个瓶也没有打倒,因而,他只得记上 0。

马克插话说:"不,你知道完全没有必要写 0。"

老师问:"你不把零写下来吗?"

马克解释说:"是的,因为零意味着什么也没有,所以,我们不需要写零。"

文森特表示同意:"对的,零就是什么也没有,所以我们不应该写零。"

在这种情况下,如果硬叫儿童写零,那是很不理智的,这样,只能使他们形成一种依从感。

(2) 隐藏游戏:

教师可以引导玩隐藏五个橘子的游戏,做游戏时可以把儿童分成两个小组,一组藏橘子,另一组找橘子,负责找橘子的人找到了三个橘子后,他们还得知道还有几个没有找到。游戏时把一个集合(五个)分成了两部分,这就联系到了加法和减法,在藏和找的过程中,儿童一定要算一算找到了几个,还有几个没找到。

另外,还可以用六块压舌板玩隐藏游戏,玩这个游戏时,老师先让儿童看清楚共有几块小木条,然后再用两手握住小木条藏在桌下。接着一只手拿出四块,问儿童:"你们想想看桌下我的手中有几块小木条?"如果这样玩显得太容易的话,老师可以随时变换花样,如把一块或两块小木条夹在自己的腿上。这类游戏给儿童提供了增强推理能力的好机会。

(3) 赛跑和追逐游戏:

① "音乐椅"游戏。一般按下述方法进行。椅子数比人数少一,把椅子背靠背排成一排。音乐开始,全体儿童围着椅子走,音乐停止,每个儿童都立即坐在一张椅子上,让没有椅子坐的儿童停止做游戏。每次出去一个儿童,就拿走一张椅子,坐到最后一张椅子的人就赢了。

像音乐椅、鸭子、鸭子、鹅这类游戏涉及到物体的数量与排列顺序的确定。"音乐椅"游戏可以鼓励儿童自己算算需要多少椅子,可以启发儿童在自由活动时自己做这种游戏,人数可多可少,不一定全班一起玩。为避免有人被排除在外,年龄小的儿童玩这种游戏时,可适当修改一些规则。有趣的是,四至五岁的儿童玩这种游戏时,常常喜欢椅子数和儿童相等。我们应该鼓励他们自己决定玩的方法——是让椅子和人相等呢,还是让椅子数略少一些(但不要把没有椅子坐的人排除在游戏外),总之,各种变化都应有助于确定物体数量。

"音乐椅"最有教育意义的部分是游戏的准备过程,如果教师代替儿童做好这种准备,那就是剥夺了儿童用脑的机会。

② "鸭子、鸭子、鹅"游戏。这不是数数游戏,但却有助于数概念的形成,因为玩这种游戏必须使玩游戏的人形成一种顺序关系。游戏时,大多数儿童围成一圈,圈外有一个儿童边走边拍站成圆圈的儿童的头,并说"鸭子",当他选中一个儿童,并叫他"鹅"时,这个"鹅"就走出圈子去追赶那个叫他"鹅"的儿童,就像丢手帕游戏一样绕着圈子追。要四岁儿童按顺序拍排成圆圈的每个游戏者的头是比较困难的,他们觉得根本没有必要去碰每个人的头,因而当他们说"鸭子"时,往往跳过一个或几个儿童,他们觉得这样做并没有违反规则。相反,年龄较大的儿童就非常仔细,他们决不会跳过任何人,如果漏拍了一个人,他也会返回去补拍一下他漏掉的那个儿童。

集体游戏给儿童提供了很多形成事物关系的机会。例如,在"鸭子、鸭子、鹅"这个游戏中,儿童有可能选自己的朋友或大家喜欢的儿童。这是一种想象中的情境,以至于在轮到拍头和没有轮到拍头的人之间形成了鲜明的对比。这时,老师应该机智地要求儿童尽量选拍那些没有轮到的儿童,而不能用强制或命令的手段让他们这样做。这样,只能使那些没有机会被选上的儿童对游戏失去兴趣,因为他们知道自己不会再有机会玩了,这样,他们的情绪和兴趣都会低落。

(4) 猜谜游戏:

玩这种游戏,要准备好十张卡片,每张卡片上分别写上从1—10中的一个数字。玩时,一个儿童拿出一张卡片,其余的人就猜卡片上是什么数字。拿卡片的儿童的回答只能是:"是";"不,多了"或"不,少了"。例如拿出的一张卡片是5,第一个人猜是10,回答就只能是"不,多了"。对于那些想把猜中的数字记下来的人来说,黑板是一种很有用的工具。有些聪明的儿童先把1,2,3,4,5,6,7,8,9,10写在黑板上,在玩的时候,把没猜中的数字一个个擦掉。有些儿童则写上1,2,3……把猜中的数字记下来!

（5）棋盘游戏：

"糖果地"、"滑板与阶梯"这些玩具在商店中是非常容易找到的，父母亲可以买来作为礼物送给孩子。玩这种游戏时，可用三种不同的方式来表示数：卡片、一个转陀及一个或几个骰子。做游戏的人有机会用卡片、转陀或骰子的数字来表示朝目的地走的步数。如果教师要想使游戏容易些，那就可以用三或四以内的小数字。他也可以用两个或三个骰子，使游戏变得更难些。

上述游戏中，卡片、转陀或骰子是用来表示走的步数的，而不是表示要拿走的物体数量。儿童把标记物在棋盘上移动一格，就表示走了一步，棋盘上的小方格是一个单元，连结起来就是连续的一条路。只要走了第一步，起始点就是空格，但数量并不很清楚。对那些数概念还模糊不清的儿童，教师可以根据原则2(c)另编一种游戏，鼓励儿童用可移动的物体做集合。图15(a)所示的游戏，用的是一张分成十二个方格的棋盘，棋子和骰子可放在方格中，做游戏时，看谁先用棋子把棋盘摆满，再按掷骰子所示的数量把棋盘上的棋子逐个拿完。

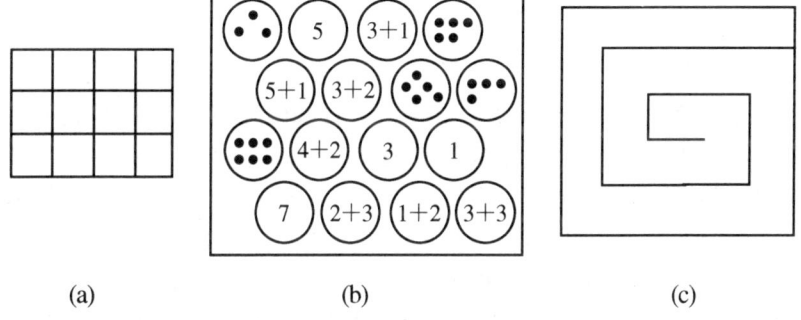

(a) (b) (c)

图15：老师提供的棋盘游戏板（儿童把详图加在 c 上面）

上述游戏，不需要儿童知道有多少方格，只让他摆满棋盘。这样做有时有益处，有时也没益处，在儿童还不能确定十二个物体的数量时，这样做是有益的，因为儿童只要设法把棋盘摆满，即使"十二"对儿童来说是一个很大的数，他们也照样能玩这种游戏。但是，如果儿童已能确定十二个物体的数量了,还只是让他们摆满棋盘,那他们就不能很好地利用这种情境了。为了弥补这个缺点,可以在这张纸上摆十二个(或更多)物体,然后按每次掷骰子所显示的数拿走物体。谁先把物体拿光,谁就是胜利了。

图 15(b)所示的游戏是用包装食品的塑料盘做成的。玩游戏时,儿童掷一个或几个骰子,争取第一个把所有空格放满。

在儿童玩了各种棋盘游戏后,教师就应提出游戏规则。然后提供给他们如图 15(c)这样的游戏板,并要求他们创造一种游戏。当然,也应该鼓励那些想在空白纸上做游戏的人,让他们自己创造一种游戏,而不要给他们任何帮助或限制。

(6) 纸牌游戏:

有助于儿童数理逻辑思维能力发展的纸牌游戏真是太多了,这里只能作一点选择,并举出三种不同的玩法:"集中"、"打仗"、"凑五"。"集中"游戏是最容易的一种,三岁儿童也能玩。"打仗"游戏就较难。(前面说过,加法已超过学龄前儿童的能力。但是,对个别智力发展好且对此特别有兴趣的儿童,应当给以积极的鼓励。)

"集中"游戏的玩法是,把纸牌面朝下一排排、一行行排好,玩牌人一次翻两张,目的是要找到两张同样的牌,在玩的过程中,儿童要尽力回忆他在哪里见过这样的牌。如果有人找到两张相同的牌,他就可以把牌留下来,继续再翻。如果没有找到,就必须把牌像以前一样翻过来,然后就让下一个人翻。最后谁手中的牌最多,谁就胜了。(年龄小的儿童只会数牌的张数,而不去数牌的对数。有的儿童是比较牌堆的高低,还有的对赢了多少牌根本不感兴趣。)

"打仗"游戏最简便的方法是两个儿童玩十位数以内的牌,牌分成两堆,各人一堆,面朝下,然后各自把牌堆顶上的一张翻开来比较,谁的数字大,这两张牌就归谁,直到两堆牌拿光为止。最后,谁得到的牌多,就是谁胜。

和玩"集中"游戏一样,有些儿童是通过比较牌堆的高低来决定胜负的,有些儿童对到底是谁赢了根本就不感兴趣。

两张牌翻开来,数字恰好一样时,各自把第二张牌放在第一张上面,面朝下,再翻第三张,看谁的数大,数字大的人就可以得这六张牌。为了简化游戏,可以修改规则,只比较第二张,不必翻第三张牌。

"凑五"涉及到集合五的划分。用数字在 1—4 以内的牌各八张（8×4＝32 张牌）(这些牌可以自己做,或从两副牌中抽),把这些牌分给两个、三个或四个儿童,让他们各自把牌面朝下放成一堆,轮到某人玩时,就翻开顶上一张,和别人的牌凑成 5。例如,第一个小朋友拿出的一张是 2,第二个小朋友翻出来的一张是 3,后者就把这两张牌拿下来,另放一堆。如果第二个小朋友翻的一张是 1,那他就要放弃自己那张牌,因为 2＋1≠5。最后,谁得到的牌最多,就是谁赢。

"集中"游戏既可用有图的牌玩,也可以用有数字的牌玩。有图的牌比有数字的牌更好:第一,有图的牌上面有彩色图画,更加有趣;第二,图画和数字不同,儿童可以用分类法进行记忆,在什么地方最后看到一张图画,比在什么地方最后看到一个数字更容易记住。例如,一只船或一朵花的位置比"7"或"4、5、6"的位置更容易记住。

读者可能会产生疑问,前面我曾表示不赞成用图画中现成的集合,如图 9 所示,为什么在这里我还要推荐"打仗"游戏呢?因为我认为这是两种有很大差异的活动。例如,当儿童决定 8 没有 9 大时,他必须自己做出判断,这就有着直接的社会影响。如果用有图画的作业纸,那么这种判断就通常是在教师批改后作出的。正如原则 3(a)所表述的那样,来自同伴直接的反馈比来自成人事后的反馈要好得多。

玩"集体"游戏时,还有一个经常遇到的问题,就是第一个游戏者的选举问题。大多数儿童都希望老师能让他担任这个享有特权的角色,教师要谨慎,决不要表现出自己是特权的给予者,老师最好的反馈应该是:"我不知道选谁好,你们自己能公正地决定吗?"

最常用的解决方法是,让一个儿童一边背诗,一边用手指那些围坐在一起的儿童,使诗的一个音节刚好落在一个儿童的身上,这段诗的最后一个音节落在哪个儿童身上,就可让他第一个做游戏。四岁大的儿童在玩这种游戏时,嘴里念得可能比手指的动作快,也可能手指的动作比嘴念得要快。这样,因为他们没有准确地做到一一对应,所以,就常常会指派到自己,别的儿童也可能不会发现在这过程中会有什么错误。而年龄大一点的儿童就会觉得有准确地做好一一对应的必要,他们预先会算好从哪一个人开始背诗,最后一个音节才能刚好落在自己身上,对有这种想法的儿童我们应给予积极鼓励,因为智力是在积极使用的过程中发展的。如果有人认为音节落错了人,那就应当由集体来处理这个问题。

如果儿童认为背诗不再有用了,教师就可以趁此机会提出其它方法。例如,把和儿童人数一样多的圆片放在一个袋子里,其中只有一个圆片的颜色不同,每人摸一个,谁摸到这个圆片,谁就第一个做游戏。还有一个方法是,在一张纸上划和孩子人数一样多的线条(如图16所示),其中有一条线端做记号"×",然后把纸折起来,遮盖住线条上的这个"×"和那些线条的顶端,每个儿童选一条线,在下端写上各自的姓名。把纸展开,谁的线条有"×"号,他就第一个做游戏。这些方法对发展儿童的自律和数的思维能力比成人进行权威性的教育效果要好得多。

在结束时,我想重提一下本书开头所提出的问题:"难道没有可能把守恒工作融会到教学工作中去吗?"我的回答是,把守恒工作作为引导数理论入门的方法,要比以前我们所用的任何方法都要好得多,并且它还可以作为进一步研究的桥梁。以上讨论,力求给教师展示如何促进事物之间种种关系形成的间接的和一般的方法。同时也力求展示如何根据皮亚杰的理论,去

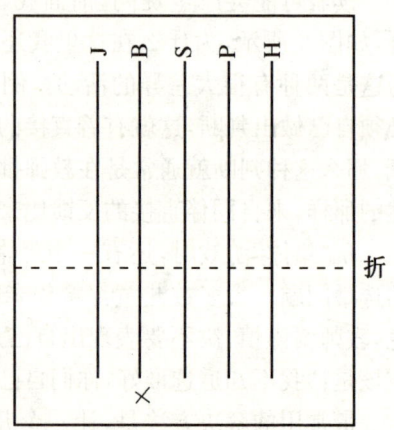

图16:选第一个做游戏人的方法

鼓励儿童确定物体数量的方法,这些方法比许多数学教育工作者规定

的功课和练习要好得多。不熟悉皮亚杰理论的教育工作者,可能会相信儿童操作物体的重要性,但问到儿童怎样通过操作物体学会数概念时,他们就答不上来了。也许会有许多人把这含糊不清地说成是经验抽象。皮亚杰数理论的最初和最基本的思想是反射抽象,儿童要通过反射抽象才能建立数的结构。①

---

〔1〕 由于篇幅限制,原书附录《自律作为教育的目的》省略。如有需要,请查找原书。

游戏治疗

巴兰坦书局出版前言

在一次游戏治疗过程中,一个7岁男孩情不自禁地呼喊:"啊,在每一个孩子的生活中,都应该有让他把自己的话说出来的机会,我们不要旁人威胁,'你还敢说吗?你还敢说吗!你还敢说吗!'"这就是作者当时对游戏治疗下的定义。

一个8岁女孩突然停止游戏,大声说:"在这里我能把心里话说出来。一句不留,全部说出来,我真高兴,我是自己了。"

在游戏治疗中,儿童有机会学习怎样处理自己与治疗者的关系。治疗者用各种方法给儿童以安全感,不仅给他机会探索游戏和玩具,而且他还可探索自己并处理好与治疗者的关系,他还有权对自己进行评价。在自我探索、处理自己和他人的关系、以及自我扩张和自我表现的过程中,他既学会了接受和尊重自己,而且学会了应该怎样对待别人。

儿童在游戏中能直爽、诚实、生动地表达他们自己。他们能迂回曲折地把感情、态度和思想展示出来,不再象以前那样尖锐和生硬了。

儿童学会了更好地理解自己和别人,并和所有的人建立友好感情。

儿童会一点一点、小心翼翼地把内在的思想感情自我表现得越来越坦率,甚至有时具有戏剧性的本领。儿童在游戏里和这个与众不同的成人在一起,他很快就能把自己的感情和冲动毫无拘束地流露出来。他也能用些简单的玩具创造自己想象的世界来充分表现自己。他可以认为自己是建筑师,在沙里造自己的城堡,他可以和他创造出来的人物生活在他的世界里。他可以挑选自己喜欢的人,也可以抛弃他们。他可以创造他们,也可以把他们毁灭。他能为自己造一座山,安全地爬到山顶,大声叫喊,让全世界的人都听见:"我能给自己造一座山,我也能把它压平。在这里我最大!"

他在寻找自己的过程中,学会了如何去理解更多的人。

V. M. 阿克斯莱因

序

孤独和被人忽视是儿童的敌人,他们不得不经常挣扎和反抗。组织和吸引儿童参加生动有趣的游戏,能够解除他们的精神束缚,所以游戏治疗对儿童来说是一种克敌的武器。

游戏治疗是给儿童一种良好的机会,让儿童在游玩时表现他们的恐惧、憎恨、孤独与失败沮丧等不适当的感情。

书中案例都是真实材料,是从阿克斯莱因博士做游戏治疗的许多案例中选出来的。这些案例中的儿童都是4—12岁。其中有各种适应不良的问题——怀有敌意、孤僻、依赖性强、身体有缺陷等。这本书有其实用价值,它具体说明了在游戏接触中怎样治疗,游戏室应有的玩具,儿童怎样成为游戏中的生动表演者。

《游戏治疗》这本书,主要提供心理学、精神病学和案例工作者参考,对于父母、教师和与儿童接触的任何人也是一本很重要的、值得一读的书。

"在这个领域中,这本书最好。"

新墨西哥大学
乔治·L.凯珀斯博士

绪 论

一、有这样一些儿童

(一)

"吵呀,闹呀,打呀——整天都是这样!"

老师很激动,急急忙忙向校长办公室走去。她走得很快,抢在汤姆前几步,汤姆很恼怒,绷着脸,跟在她后面。

"你在外面等着!"她训了汤姆一声,自己进了校长室,向校长诉苦。这个不服管教、有对抗情绪的 12 岁学生,使她气得快要发狂了。他经常闹得全班不安宁,还要顶撞老师,说她是"代课教师"。神气十足地夸口说"谁也管不了我"。

汤姆很聪明,成绩也不差。他高兴时就用心读书,但不做课外作业。他讨厌别人给他提意见,对伙伴有反感——抱怨别人"找他的岔子"。

事情是这样的,这个班下课不久,孩子们就打起架来了。汤姆说大家合伙整他,别人却说汤姆吐唾沫在美国国旗上。回到教室,汤姆就把被打的伤痕给大家看。老师训斥他们不该在操场上打架,孩子们讲了汤姆和旗子的事,都承认自己和汤姆打架是错的。只有汤姆却眼睛瞪着老师,气势汹汹地把自己的书哗啦一下推倒在地上,嚷着说:"我高兴怎么做就怎么做!他们惹我麻烦,合伙整我,我恨透他们了,我要报复,他们都该死!"他的眼睛射出怒火,声音也在颤抖,接着就哭了起来。这一下搞得全班都乱了,弄得教师紧张不安,浑身发抖,真受不了,她简直要哭出来了!

校长听了教师的汇报,把汤姆喊进一间小屋。

"布克老师说你又打架了。"

"嗯,他们合伙整我。"

"她说你不尊敬美国国旗。"

"我真没有向国旗吐口水,只是说说罢了。"

"你上课时把书扔到地上,还要骂人,是吗?"

"真冤枉人!"汤姆大叫起来,眼泪汪汪地说,"大伙都找我的岔子,还要造谣……"

"够了!你给我们的麻烦够多了!你每天都要被带到办公室来,每天都听到你干坏事。整天吵呀,闹呀,打呀。嗯,好话对你没有用,或许这下有用了!"校长拿起教鞭,疲惫地、绝望地晃动着,以为这样会对汤姆起点作用。

汤姆跟老师回教室去了,校长继续处理他的公事。下午,老师报告汤姆没上学,校长到汤姆家访问,他不在家,他母亲还以为他已上学去了。

汤姆一连三天没有回家,也没上学。大家对这事都很关心,但是感到棘手,想不出解决的办法。怎么办呢?学校总得要有秩序,有纪律,有管教,否则不就变成疯人院了吗?毫无疑问,像汤姆这样的儿童,是很难教育的问题儿童。

(二)

"你很聪明,还是回家去吧!"

儿童教养院的走廊里,一个保姆望着院子里站着的许多儿童。准备回家过夜的埃玛穿好衣服,手拿小提箱在门外等着。一些儿童在离她不远的地方向她做鬼脸。埃玛虽做鬼脸回敬他们,但显得很紧张,把手帕搓得像一条绳子,两只脚不时交替站着,冷冰冰的面孔,表现出不耐烦的样子。

"奥利,埃玛多神气,她以为自己就要走了。"有人嘲笑地大声说。

"住嘴,"埃玛反击道,"你是老臭猫,你的脸又厚又脏,下流坏!"

"不准你骂人!"

埃玛耸耸肩,冲着她说:"唷!我要吐唾沫在你脸上,你瞧!"她真的吐了他一口唾沫。他们就发生了冲突。

"孩子们!孩子们!"保姆大声喊。他们都走开了,只有埃玛蔑视地把头往后一扭,注视着马路,盼望车子快快来。她相信母亲一定会来接她,带她去度一个短短的假期。

房门开了,又出来一个保姆,她们俩谈了一会儿。原先那个保姆走向埃玛,拿起她的小提箱对她说:"埃玛,亲爱的,你的妈妈刚才来电话说,她不能来接你了。"

埃玛像触了电似的,立即恶狠狠地瞪着保姆,几乎要从她的绿眼睛里射出火来。

"埃玛,赶快,把好衣服脱下来。"

这时,儿童们都幸灾乐祸地尖叫起来。

"唷!唷!你很聪明,还是回家去吧!"

"孩子们!孩子们!别闹了!"两个保姆都这样叫喊着。

埃玛转过身,像一头小鹿飞快地穿过院子,跑到一个没有人的地方,猛扑在地上,埋着脸,气得一句话也不说。保姆好不容易把她劝回到屋里。这种事发生过多次,埃玛的母亲经常答应周末来接她回去,但从不遵守诺言,总是让孩子失望。

埃玛回到屋里,气得吃不下饭,睡不着觉,哭也哭不出来,病了,住进了医院。她身体恢复后,虽回到孩子中间来了,但心中却充满了愤恨、自卑,整天郁郁不乐。她是另一种情况的"问题儿童"。

(三)

"这孩子不需要吃药。"

蒂米和博比兄弟俩的父母分居后,他们的生活没法得到妥善安排,被送到别人家寄养了。

有一回蒂米的母亲要接他回家玩几天,他坚持不跟母亲去。这个8岁男孩离开父母以后,生活一直不正常,食欲不振,不想吃东西,好哭,不合群,常常和弟弟博比打架。经医生诊断,是患了神经症。

母亲在医院和医生谈蒂米的病情时,蒂米不停地咬指甲。有时沉默片刻忽然大哭大叫:"昨天我见到了爸爸,他到我这里来过。爸爸不爱妈妈,妈妈也不爱爸爸,他们离婚,不会住在一起了。妈妈不肯让爸爸把我和博比带走,我们很难再见到他了。"

"我看,你们当着孩子的面谈过这些事了,"医生问。

"嗯!我们迟早该让他们知道,现在孩子可能已经知道了,这也好。"

"博比和我现在住在李妈妈家里,我们喜欢在那里。"蒂米对医生大叫着说。

"你能给我一个药方,或给我点什么药?"蒂米的母亲对医生说,"他夜里睡不好,吃了东西要呕吐。据寄养的李妈妈说,蒂米紧张不安,行为非常粗野。"

"我可以给你开个方子,但是这孩子不需要吃药。"

医生把药方递给她时,又严肃地补充了一句:"他们需要的是父母和睦相爱的家庭,这胜过任何镇静药。"

蒂米回到寄母家时对博比说:"妈妈和爸爸要离婚,妈妈只要有办法,我们就不会给爸爸带去。"

蒂米和博比因此成了"问题儿童"。

汤姆、埃玛、蒂米和博比都是异乎寻常的"问题儿童",他们生活不愉快,情绪紧张,觉得日子很难熬,他们是非常可怜的孩子。对这样处境的儿童应该引起全社会的关注。那么,怎样才能让这些儿童自己解决问题呢?

方法是有的,这就是"游戏治疗"。它应用在汤姆、埃玛、蒂米和博比身上已获成功,运用于类似的其他问题儿童身上也已见成效。

二、什么是游戏治疗——帮助问题儿童自我解除精神困扰的方法

游戏治疗是以游戏活动为媒介,让儿童有机会很自然地表达自己的感情、暴露问题并从中得到解脱的一种教育方法。

游戏治疗从形式上看,有指导性和非指导性两种。"指导性"是由治疗者承担指导和解释任务;"非指导性"是治疗者让儿童自己在活动过程中起到指导自己的作用。这本书着重阐述非指导性游戏治疗的意义和作用。

应该指出,每个人都有潜在的能力,这个观点是人格结构理论的基础。关于个人基本人格结构的资料甚多,人们对此也很感兴趣,提出了不少有关人格理论,有的被否定,有的要重新审查、修改、试验研究。例如,人格"测试",人格特征的"预测",人格结构解释等等。这些课题虽然进行了公开讨论,但是,各种理论迄今都未令人满意地将有关个人内在动力的问题阐述清楚。

为了研究这个问题,这里将非指导性治疗过程中观察研究所得的结果,供研究人格结构理论者参考。

(一)作为非指导性游戏治疗依据的人格结构理论

每个人似乎都有一股内在的强大力量,为完善自我在继续不断地挣扎着,这种力量可以看作是趋向成熟、独立和自我指导的驱使力,它在坚持不懈地前进,直到完全实现。但它需要适于生长的土壤才能发展成平衡的结构,就像植物需要阳光、雨露和肥沃的土壤,才能茁壮成长一样。

成长是一种相对的、强有力的螺旋形发展变化过程,人的生活经验会使每个人的观点和兴趣逐渐改变,正如万物都在不断变化和发展一样。而发展变化快慢程度的关键,是根据每个人的态度、思想和感情不同的重新组合来决定的。

个人生命力的冲动,人的天性,以及人们之间的相互影响,导致每

个人的内部不断变化。就像事物之间的关系一样,由一种形式变成另一种重新组合。犹如在万花筒里看图案一样,透过一个小孔,看到由许多彩色玻璃片构成的美丽图案;转动一下管子,原来的图案散了又形成了另一种不同的花样。管子无论怎样转动,每一个图案都保持对称,花样的差别在于图案本身,有时紧凑,显得有力,有时分散,似乎单薄,但图案总是匀称协调的。

人格像活的万花筒。活的有机体内部构造好像"一些彩色玻璃片","人格的形成犹如"这些玻璃片"的构成。

生命的动力就是每个人的经历、态度和思想的不断变化,涉及到每个人的心理和周围环境的相互影响,以致昨天发生的事,今天就不具有与昨天相同的意义,这是由于生命力的冲动和个人环境间发生了相互影响。同样,明天总结的经验也和今天的不同。

这种变化的特征也符合行为的反应。每天完全相同的反应就叫做"习惯",当一个人不再需要这些习惯,或发现了一种更令人满意的行为时,旧习惯也会在稀薄的空气里突然消失。

就是这种可观察到的个人人格与行为的可塑性,打开了希望之门。从积极方面去观察每个人的表现,可以发现有三个阶段:首先,一个人逐渐知道自己有能力指导自己生活时,他就会承担一种责任感;其次,是这种责任感与他内在的自尊心相一致;最后,他才能看准自己行为的方向。

埃玛面对连续不断的失望和冷淡,为什么还怀着希望呢?每次美景破灭后,又是什么信念在支持着她呢?是她的"智慧"和经验的积累吗?是她逐渐认识到自己应付这种处境的能力?是她坚信自己能够经受得了这种失望?还是每次得到母亲的电话,对母亲继续建立一种信任的感情,从而使她去找母亲,并充满着对人类的信念呢?

儿童经常会很快原谅别人,忘记那些不愉快的经历。除非情况很坏,否则他会接受自己的命运,并接受和他一起生活的人。在各个方面,他表现出渴望、好奇,十分热爱生活,对最简单的生活也充满乐趣。一般说来,儿童喜欢自己快快长大,并不断为此而挣扎——有时由于渴望过于急迫,会感到既自豪又自卑,既勇敢又胆小,既要强又屈从,既好奇又满足,既渴望又冷淡。他有爱和恨,会争吵也会和好。他有时又高兴又快乐,有时又绝望又悲哀。为什么呢？有的心理学家可能把它解释为刺激反应。本书作者却宁可把它解释为儿童正在长——长——长——长的反应。他在增长经验,增长理解力,增长接受他自己和他周围世界的能力。这就叫"人格"。

每个人都有某些基本需要,有机体在不断挣扎,就是为了满足这些需要。这些需要能直接得到相当满足时,就是这个人的适应性好。当寻找满足所需要的力量受到阻碍时,就要通过曲折的道路去达到满足,这个人就表现适应不良。这只是很简单地解释了适应和适应不良。显然,这样来解释人类有机体复杂的功能是欠妥当的,但是对人的行为做这样简单的说明,并没有为"尊重个人"和"个人尊严是人生来就有的权利"而辩解。实际上,某些人倾向于羡慕"这种行为适应不良的人"。因为比起直接得到满足需要的人来说,似乎他们的行为更加复杂、机灵和有选择性。

人格不能以陈旧的概念来分类,不能把它一成不变地孤立起来看。一个人是坚强的,但在某种特殊情况下或对某个特殊的人表现"害怕",而在其它环境或其它关系中的反应却与此截然不同。一个人的行为似乎一直由一种驱使力驱使他去完成完全的自我实现。当这种驱使力受到外部的压力阻碍时,不但没有停止向此目的前进,而是以更强的力量挣扎着,这是由于挫折所引起的紧张情绪产生了力量。

一个人遇到阻力,难于完全达到自我实现,就会产生矛盾、对抗和压力。这种驱使力向着自我实现目标继续前进,他的行动表明他正在通过外表的斗争以满足内在的驱使力,从而形成他在现实世界中的自我意识；或是把驱使力埋藏在内心世界,从而减少斗争,也能得到满足,形成自我意识。驱使力越是内向,离现实世界越远就越危险,越难接受别人的帮助。

行为的表现形式,取决于所有过去和现在的经验、条件以及各种关系的综合。但是,只要生命存在,这种内在的驱使力就会继续前进。

适应良好的行为和适应不良的行为的区别可以这样解释：当一个人有了充分的自信心，就能把自我意识的阴暗世界引向光明，有意识、有目的地指导自己的行为，能够有评价和有选择地达到生活的最终目的——完全的自我实现，这就是适应良好。

相反，当一个人缺乏足够的自信心，不能公开表示自己行为的方向，不是直接地，甚至不想为这种驱使力开辟道路，做更多建设性和创造性的事，而只是谋求自我实现的满足，这就是适应不良。

适应不良的行为有多种表现形式，如：白日梦、退缩、代偿、自满、推托、蜕化、压抑，以及其它内在自我企图达到完全实现自我意识的行为。但是，这种实现是通过"隐蔽"的方式完成的。当个人的行为和他内在的自我意识不完全一致，而企图完成完全的自我实现时，行为和意识的差距越大，适应不良的程度就越严重。当行为和自我意识一致时，自我意识就在内部建立，也在外表适当表现出来，这样，就没有内部冲突，这也就是适应良好，不再有分裂的焦点。

例如，埃玛想成为一个受尊重的人。她希望自己是一个讨人喜欢的、值得注意的、有能力的人。但是她的周围环境使她陷入困境，她没有条件从外部表示内在的驱使力，实现她的个性或自觉的人格。因此，她竭力企图从别处获得满足，她说谎、打架或退缩到她的幻想世界中去，从而实现她的自我意识、汤姆、蒂米和博比看起来好像都有自尊感觉。这种感觉的产生，有时是由于儿童获得了爱、安全感及所属感。而且，这些因素似乎向儿童证明，他被接受为一个有价值的人，不只是为了爱而满足他的爱，为了安全满足他的安全感。本书所记录的儿童，其中多数是缺乏爱、安全感和所属关系的。但通过游戏治疗，他们获得了个人所必需的有价值的感情。这种感情使他感到能够自我指导，并逐渐了解到他们自己有能力站起来接受他们自己，为他们自觉的人格承担责任。这样就可以统一双重人格，也就是他的内心怎样想，他就怎样行动，他从外表反映出这种内在的自我。

(二) 什么是非指导性治疗

非指导性治疗是建立在这种假设的基础上的，即个人自身不仅具有满意地解决自己问题的能力,而且还有一种生长的冲动,它使成熟的行为促使未成熟的行为更加令人满意。

这种治疗,是以个人原有情况为基础,根据发展变化的现实情况来进行的。所以在治疗接触期间,既要注意进展速度,还要考虑到它的变化过程。进展速度取决于赖以实现自知力的个人所积累的经验、态度、思维及感情的重组,这是治疗成功的先决条件。

非指导性治疗允许他承认个人就是他自己,使他能完全接受那个"自我",没有任何评价或压力在促使他自身变化;非指导性治疗通过反馈儿童表达的一切,承认并澄清他所表示的具有感情色彩的态度。在这过程中,给儿童提供机会的是他自己,学会认识自己,光明正大地按照自己的行动方向前进。这就像转动万花筒一样,使他能为自己的生活构成更满意的图案。

不难看出汤姆、埃玛、蒂米和博比这些儿童正在形成怪僻的人格,迫切要求别人帮助他们理解自己,使他们充分认识到自己亦有强大的力量,可以继续不断地为生长、成熟和满足而挣扎,从而使他们自己从紧张、挫折中解脱出来。

(三)怎样进行非指导性游戏治疗

非指导性游戏治疗,是把游戏作为给儿童自我表达的自然媒介,让儿童有机会在玩的过程中发泄郁积起来的紧张、挫折、不安全、攻击性、恐惧、迷惑和混乱等感情。

儿童通过游戏发泄,暴露了自己郁积的感情,并由自己加以控制和扬弃。在情绪稳定安宁时,他会逐渐认识到自己内在的力量,凭他自身的能力成为一个有权利的人,能想自己的事,行使自己的意志,心理上变得更加成熟,从而实现自我完善。

游戏治疗室内要有安全气氛,儿童是室内的主人。他有权指挥他自己和这个环境,没有人会命令他该做什么,不要做什么,也没有人指责他怎样做对了,怎样做错了,更没有人唠唠叨叨地说这说那,催促他快点做,探视他在想什么。走进游戏室,使儿童感到有如小鸟出笼,能自由地展翅飞翔;好像对着镜子能看清自己,可以充分表现自己。使他感到,这是他自己的世界,他不再需要和其它力量对抗了。这里没有成人的权威,也没有同伴的竞争,他不再是父母闹矛盾的人质,更不是他人折磨和攻击的对象;在这里,他们感到自己有尊严、受尊敬,想说什么就能说什么,喜欢怎么玩就能怎么玩,喜欢什么玩具就能玩什么玩具;在这里,可以有他的恨、有他的爱、有他的淡漠;在这里,他可以像旋风一样飞舞,也可以像蜗牛一样缓慢;他既不受人约束,也没有人催促。他完全被接受了。

到游戏室里来的儿童,会突然发现成人的建议、命令、指责、约束、批评、不赞成、支持、干预都没有了,允许是他自己,他完全被接受了。

儿童第一次接触游戏室,可能会迷惑、怀疑并感到奇怪。因为在他以往的生活中总有人帮助他,甚至有专人安排他的生活。现在,这种被安排的生活没有了,他在阳光下,不再在他人的阴影笼罩下生活,唯一的阴影就是他自己。

这好像是一种挑战,儿童的内心会感到这是明显的挑战,他的反应是用他自己的生命力指出方向,觉得自己变得更加有目的、更坚定和更有个性了。

他开始小心谨慎地试探着,后来他感到在这里很自由,很安全,从而更大胆地探索自己安排的可能性,不再受外部力量的阻拦。他内部要求成长的驱使力没有受到任何障碍,以前所遇到的心理上的阻力也没有了。

在游戏室里,治疗者表示接受理解他的友好态度,给他安全感。由于限制极少,更增加了他的安全感和现实感。在治疗接触时,治疗者的参与也加强了儿童的安全感。治疗者要很敏感,对儿童的感觉和在游戏中表达的感情、语言都要密切注意,用热情的态度和语言把它反馈给儿童,帮助他更好地理解自己。要尊重儿童和他的独立能力,坚信他有机会成为更成熟、更有独立性的人。治疗者还要给儿童感受到自己非常理解他,任何时候都能接受他的言行,增加他的勇气,触动他的内心世界,使他把真正的自我完全暴露出来。

游戏治疗是激发儿童内在驱使力的挑战,使他的驱使力不断地为自我实现挣扎着。作者在和儿童相处的经历中,从未忽视这种驱使力。经验证明,游戏治疗进展的速度,是因人而异的。

对治疗者来说,游戏治疗是试验这种假设的机会,即儿童如果有了这种机会,就能变得更成熟,态度也更积极,表达这种内在驱使力也就更富于建设性。

作者认为,这种内在驱使力是能够向着自我实现、成熟、满足、独立的道路前进的。这样就不会产生那些适应不良的情况。例如,儿童一方面可以有攻击性表现,而另一方面也可以表现出对阻拦自己完全自我实现的强烈反抗。例如汤姆不能忍受父母、老师和朋友对他的蔑视态度和行为,即使他们要打他,但汤姆还是要坚决对抗。他会假装把唾液吐在国旗上,他会生气地和同伴打架,大胆地和任何人对抗。然而,他在冲突、反抗受到挫折时,会因绝望而哭泣。这种现象在其他问题儿童身上也大体如此。他们都在为争取成熟、自立、权利和自己的尊严而斗争。读者可在本书列举的实例中,看看儿童在治疗时间内究竟起了什么变化?答案是很明显的:儿童需要有机会使自己内在的力量进入具有建设性的、积极性的生活方式,他渴望抓住这个机会,要求自己解决自己的问题,作出自己的选择,在各方面都要由自己负起比以前更多的责任。

作者在叙述游戏治疗活动时,引用儿童自己的语言进行评论,比治疗者所说的任何语言更能表达游戏治疗对这些儿童所起的作用。

这里介绍三个 8 岁男孩做集体治疗的经过。治疗者第八次会见赫伯时,他突然问治疗者:"你必须做这事吗?""你喜欢做这事吗?"然后又自言自语地说:"我不知道怎么办才好?"另一个孩子龙尼说:"你是干什么的?你来玩吧。行了,你玩吧!"欧文接着龙尼说:"好!你就这么做吧!"赫伯辩解:"我是说不知道她怎么做事,也不知道她正在做什么,她什么也没有做。我倒自由了!我真的自由了!"(他挥动双臂)"我是赫伯,也是弗兰肯斯坦,也是托乔,也是魔鬼。"(他哈哈大笑,捶胸)"我是巨人,也是英雄;我是吃人的人,也是可怕的人;我是呆子,也很聪明;我打架,也杀人!"治疗者对赫伯说:"各种各样的人都是你。"

龙尼对赫伯说:"那么你有臭气。"赫伯两眼瞪着龙尼说:"我有臭气,我会把你弄脏,你也会有臭气。"治疗者继续对赫伯说:"在这里你可以当各种各样的人,你惊人、可怕,你的头脑糊涂,也很精明。"赫伯得意洋洋地打断治疗者的话说:"我是好人,又是坏人,可是我还是赫伯。我告诉你,我很了不起,想是什么人就能是什么人!"显然,在治疗阶段,赫伯能充分表达自己的态度和感情,这就是他人格的表现。他感到自己被接受了,他似乎认识到了自己内在的自导能力。

有一个12岁的男孩,参加第一次治疗时觉得很奇怪,他说:"这里什么都不一样,你让我想做什么就做什么,可又不告诉我可以做什么。如果我愿意的话,我要把那张图画弄脏,我也可以用泥捏个美术老师的头像,让鳄鱼把他吃掉。"他忽然笑着说:"我什么事都能做,我能成为我自己了。"

5岁的比利对自己说话常用第二人称或第三人称。例如,他想脱大衣,不说"我把大衣脱掉",而是说"你把大衣脱掉。""我想画画"说成"你想画画"。在治疗过程中,比利的"你"渐渐变成了"我"。第一疗程结束时,他说:"今天我发现这里很有趣。"第六次接触时,他走进沙箱,双手插进干干净净的白沙里,惊奇地说:"今天我坐到沙箱里去了,我是慢慢钻到沙里去的。"他几个星期不断接近沙箱,最后正如他自己所说的那样,"今天我坐到沙箱里去了。"

这就是儿童在治疗期间所发生的事情——摸索他们自己的道路,试验他们自己、逐渐表现他们的人格,为他们自己承担责任。

每次治疗都能证明:儿童获得了前进的勇气,变得更加成熟,成为独立的人。

完全"接受儿童"这一因素既然很重要,就要进一步研究。接受什么呢?简单的答案就是"接受儿童",坚定不移地相信儿童,相信他能自己决定一切,也就是要尊重儿童能力,相信他是一个能思维、能独立自主,有建设性的人。

所谓接受,就是理解儿童那种永不停止的驱使力,让他自我实现,让他完全实现自己的意念,在心理上得到自由,从而使他能最大限度地发挥自己的能力,成为能够适应环境的人。他在前进道路上不会感到有什么障碍,有机会得到自由和独立的权利。反之,适应不良的人,要通过某种方式的斗争才能获得权利。实验记录中的很多案例表明,那些适应不良的儿童,一般是被拒绝被抛弃;有时他是被过分溺爱,过分放纵,在他的意识和行为上形成了障碍。假若这些人不为实现个人的地位而奋斗,他们是不会表现出自己的行为症状的。他们奋斗的方法虽多种多样,但总的表现为反抗,反抗阻碍着他的成熟和自立。受控制的儿童表现为依赖他人,几乎也是用这种方法来解脱控制而实现其个性的独立。"娇惯的儿童"往往不肯学习,做事不认真,乍一看来,似乎他在反对自己的独立和成熟。也许有人以为这就是儿童发现了对付这种情境最有效的方法,因此他会感到满足。因为这也表明了他的能力,能指导自己,使自己具有个性。

许多例子证明儿童唯一的需要是不受束缚,要求自由,允许他发展成完全的自我。没有任何阻挠和控制,能够阻止他满足内在的驱使力。这并不是说让他变成以自我为中心,而否认世界上的一切存在。只是意味着获得了自由,很自然地满足了内在驱使力的发展,而不是要用所有的精力去开辟道路,冲破阻止他成熟的障碍,把个人的注意力转向内心。

这种内在驱使力的满足(因为只要有生命,生长就是一个连续不断的过程)是从人的内部反映出来的。一个人的生理成熟,与此同步也必然达到心理成熟。

有如人的体力日益增长,从而扩大了身体的活动范围一样,儿童因日益增长的心理上的成熟而扩大着他的智力活动范围。

能跑的儿童比只能爬的婴儿走得更远,会说话的儿童比只能呀呀学语的婴儿与人交往更加有效。因为成熟,他逐渐扩大着自己的社交世界。同样,内心世界得到自由的儿童,比那些遭受挫折把全部精力放在为得到个人的自由和权力而紧张斗争的儿童来说,具有更多的创造性和建设性态度。

儿童要成为一个人,如果不能通过合理的方式去实现他的意志,就会借助其它行为来发泄。因此,儿童会发脾气,生气,打架,爱捉弄别人,做白日梦,行动使人吃惊。教师对"爱炫耀自己的儿童",最好是让他有机会表演一番,例如,让他在表演中参加一个角色,在班级里给他做点事,也可以用其它类似的方法满足儿童的要求,承认他是一个有作用的人。在游戏治疗时,像这样的儿童也要给他机会以认识自己的内在能力,让他实现自我。

玩具在游戏中可以发挥作用,它可以成为儿童表达自己的媒介。玩具应该是属于儿童的,儿童在游戏时可以表达他的想象,对玩具发号施令。所以,非指导性治疗者不要以任何方式加以指导,只要把玩具交给儿童,让他自由自在地玩,表现他的人格。他的游戏正是反映了他的独立思考和独立行动,也是表达他自己急于发泄的各种感情和态度的机会。

儿童进行游戏之前,不必让他知道自己有什么问题。许多儿童经过游戏治疗,态度和行为明显表现出比较成熟,但是自己还以为在愉快地自由地玩耍呢。反之,治疗者企图训诫儿童:"你有问题,你要改正!"儿童就会表现出积极或消极的反抗情绪,对抗改造,努力争取自己做主。这说明儿童不信任别人为他安排行为模式,治疗者就不值得在这方面花时间和力气了。

前面列举的治疗案例,都以信任人的能力这一积极理论为基础。治疗者从儿童的实际情况出发,不限制个人的任何发展,治疗前既不作诊断性会见,也不管他过去有过什么行为及症状,只要按儿童现时情况接受他。因为生活的动力在不断变化,与环境的相互关系也在不断改变,即过去的经历在不断变化。任何企图束缚个人发展的措施都会成为阻力,所以治疗时重提儿童过去的历史,就可能抵消治疗的效果。所以,没有探索过去事情的必要。儿童准备完成一件事,他必然选择他认为非常重要的行动。对非指导性治疗者来说,治疗应以病儿为中心,重视他本身的活动能力,就是指导他自己成长的内部源泉。

儿童生活在自己的世界中,成人很少能真正理解他。在现代生活中,人们的生活节奏很快,常常处于压力之下,以致儿童和成人难以建立亲密、体贴的关系。然而要使儿童吐露自己心底的秘密,就必须有这种关系。

有时儿童对某些简单的事情由于好奇也会专心致志,感到很有趣。但成人常常会取笑他,甚至看不起他。当他带着抖动的声音大声喊叫时,好像他真的有所发现:"嗨,这沙子又小又硬又细!什么味道也没有。没有味道的东西就像这个吗?""这个手指画颜料流出来了,流出来了,像红稀泥、绿稀泥,流,流稀泥了。"看见人们下班回家,他就叫,"下班回家,下班回家。他们下班回家向东走,去吃晚饭。明天他们又来,他们又来。他们向西边走,早晨向西边走,回来上班。"一个5岁儿童迪普斯在窗口望着附近的大教堂,嚷道:"那里有个大教堂,这个大教堂伸到天上去了。教堂在奏音乐,教堂敲了一、二、三、四响,四点钟了。这个教堂周围长着冬青树,人们都到那里去了。"停了一会,他又说:"还有天!这么多的天,天上有一只鸟,有飞机,还有烟。"又停了一会,他接着又说:"还有迪普斯站在小窗旁,向外看着这个大东西。"

治疗者很温和地对他说:"从这里望出去,你感到它像一个很大很大的世界吧!"

他柔声地回答:"对,大,就是很大。"

"每个东西都非常,非常大吗?"治疗者说。

迪普斯离开窗口,叹口气说:"那不是迪普斯,迪普斯没有教堂那么大。"

他在观察中,富于诗意,眼光敏锐。但成人经常是匆匆忙忙,没有时间欣赏它。这个5岁儿童3个月前在治疗时,看到这些东西,只是"感到很新奇,他在慢慢欣赏,但不能和别人交谈。"

父母常会使儿童形成依赖习惯,而他们的内心世界却在不断增强独立性。一旦儿童对治疗者建立了信任感,儿童接受治疗者,像他接受儿童一样,引起了他们内心世界的共鸣,从而扩大了两人互相理解的思想范围。

(四)非指导性集体治疗

非指导性游戏治疗既可作个别治疗,也适用于集体治疗。非指导性集体治疗增添了同龄儿童互相评价的因素,也给儿童人格相互影响的机会。集体治疗的作用非常现实,因为儿童一起生活在共同的环境里,任何人都有可能考虑人的反应和感情。可是,非指导性治疗的集体并不是"俱乐部"、"娱乐小组",或者"教育小组",它也不能代替"家庭环境"。

有些儿童的问题主要集中在社会适应方面,集体治疗比个别治疗更有效。有些儿童的问题主要集中在个人感情方面,个别治疗就比集体治疗更有效。如果治疗者未能确定儿童问题的症结所在,最好既给他提供个别接触的机会,也给他提供集体接触的可能性。

本文第二章将进一步讨论关于集体治疗的各种问题。

(五)非指导性治疗与咨询的关系(略)

(六)怎样进行游戏治疗

(仍以汤姆的案例来说明)

汤姆12岁,智力中上,长相好。但是,无论在家里还是在学校,他都严重适应不良,与环境不调和,言行表现出攻击性,坚持己见,认为别人对他总是不公平,因而他被安排参加游戏治疗。汤姆有继父,还有比他小得多的异父妹妹。妹妹是一家人的宠儿。

参加治疗两年前,汤姆长期和祖母一起生活。参加治疗时,才和母亲、继父、妹妹一起生活,但从不允许他和其他孩子玩。所以他和父母、妹妹也格格不入,在学校和同学不团结,很难适应别人的人格。

汤姆通过玩木偶戏,很快就主动暴露了他的问题。有趣的是,他用同一个木偶扮演了不同角色。他认为继父和校长是对他专制的权威,先是痛打父亲,后又保护父亲,他对父亲的混乱感情、通过木偶扮演的两个角色表达出来了。这说明儿童在游戏时,能把他的感情、态度及存在的问题同时反映出来。

第一次接触

汤姆戴着帽子,身着外套,走进游戏室,坐在桌旁。把拿着的小铁哨的嘴拧下来又旋上去,神情很严肃,企图避开治疗者的眼光。

汤姆：唉，我来了，我来只是因为……你知道我喜欢新奇的事儿。我不懂妈妈的意思，她说你会帮我解决问题，我没有什么问题。

治疗者：我没有问题，你是好奇才到这里来，是想知道这里是干什么的。

汤姆：喔！对了，我喜欢稀奇的事。我向来什么都想知道，所以，我还是来了。

治疗者：你想知道咨询是什么回事吗？

汤姆：咨询，这个词我不懂。我没有任何问题（停）。除了这……唉……我的爸爸……继父，真的，对他我实在忍受不了，他对我也无可奈何。他在家就和我没完没了地争吵、争吵。我故意把脚跷起来，放开嗓门叫，谁也不理谁，他不在家，我才感到安宁。

治疗者：你和爸爸合不来。

汤姆：他是我的继父。

治疗者：他是你的继父。

汤姆：可是我没有什么问题。

治疗者：你和继父合不来，你认为不是问题。

汤姆：我没有问题。别人都欺负我，他们不喜欢我（停），我想不出别的什么了。妈妈叫我向你说我的问题，我没有问题。

治疗者：让我们忘记你妈妈的话，你想说什么就说什么。你如果不想说，也行。

汤姆：上星期为旗子的事，你想听吗？他们合伙整我，他们说"我把口水吐在国旗上"，我只是说"嗨，希特勒"！他们就合伙来整我了。我真的没有吐口水在国旗上，我那样说是想惹他们来火，你也相信我吐了口水吗？

治疗者：你这样说，当然要惹他们来火。你说了吓人的话，当然会引起他们的注意。

汤姆：不过我自己不知道为什么会这么说，我真的不会吐口水在国旗上。我是忠实的美国人，很尊敬国旗，不会干那种事的。但是我说了这句话，他们就合伙来整我、打我。

治疗者：你不知道自己为什么有时会做那种事。

汤姆：也不是因为我被他们打了，我只是……但是我真的没有问题。

治疗者：你不愿承认自己有问题。

汤姆(哈哈笑)：也许是，但不是我一个人的问题。我的继父，还有我的代课老师，啊呀，她真讨厌。没有人喜欢我，我也不知为什么，我想活人都有问题。

治疗者：你真的相信每个人都有问题，你也不例外。

汤姆：只有我才承认有问题，别人是不会承认的。

治疗者：你愿意承认有问题。

汤姆：我每天不快活。

治疗者：你天天不愉快。

汤姆：你会把我现在说的话告诉别人吗？告诉我妈妈还有别的人吗？你把我说的话记下来吗？

治疗者：我要记下来，可不会告诉别人。

汤姆(深叹一口气)：你知道，这里是一个非常特别的地方，你也要把它记下来吗？

治疗者：我只把有用的记下来。

汤姆：对。(停了好一会)

汤姆：老师不管事，都是自己顾自己。放学了，你不是我的老师，我不打扰你，不惹你生气……但是……(耸耸肩)

治疗者：你以为不会有人关心别人发生的事。

汤姆：我喜欢稀奇事情。

治疗者：你好奇。

汤姆：当然，我——嗨，没有事，烦死了。真的，没有事，我是说不让它来烦我。

治疗者：你认为有的事你能掌握得住。

汤姆：嗯，是的。不过我……我想不出要说什么，不说了。

治疗者：你没有什么要说，就不说。下周四你想来，我会在这里等你。你不来,早点告诉我,谢谢。

汤姆:行,我照办。

治疗者:你想现在走,可以走了,不想走要多呆一会也可以,随便你。

汤姆:好。(他脱下大衣和帽子)我不想马上走。

治疗者:你想多呆一会。

汤姆:是的。我想在这里到处看看,可以吗?

治疗者:你喜欢看什么,就看什么吧。

汤姆:(看房间的东西)我敢打赌,小孩喜欢画画。

治疗者:小孩喜欢画画吗?

汤姆:我也喜欢,只有在教室里……我要有问题,我就是傻孩子了。她肯定会把世界上的蟹肉都吃光,蟹肉不消化,她会吃死的。

治疗者:你不想自己是傻子。

汤姆:你知道。(查看粘泥)这也好玩。(拿起木偶)我能把做过的事编成戏来演,我演的戏保证叫你要哭。

治疗者:你认为你的生活很悲痛。

汤姆:嗯,生活中总有那种事,我老是倒霉。(看着手中的木偶)现在你看这里,你不听我的话,我就把你杀了,知道吗?(声音突然变低,深沉,有威胁性)

治疗者:你想杀人。

汤姆:我有时也想,不过,我当然(笑)不会杀人,杀人要犯法。那么,给你讲什么?我下次来要演戏,第一幕是我生活中不快活的事情。

治疗者:好,下次你来演不快活的事情吧。

汤姆(玩不同的木偶):有些木偶我也会做。

治疗者:你认为有些木偶你也会做。(汤姆继续玩木偶)汤姆,你回家的时间到了。

汤姆:好,再见,明天来看你。

从此以后,治疗时汤姆几乎都用木偶表演自己家里的问题,逐渐暴露了他对父亲、妹妹和老师同学的攻击性感情。

第二次接触的摘录

汤姆走进游戏室,布置木偶戏场,准备演戏。他拿出一个木偶男孩。

汤姆(举起木偶):这是龙尼,坏孩子。好家伙,他真坏!现在他还在睡觉。他爸爸在楼下喊他起来。龙尼的爸爸成天不是叫他干这就是叫他干那,(笑)你看他就是不听。

汤姆先对治疗者讲了开场白。演出时,他摆弄着木偶,不同的角色他用不同的音调说不同的话。

父亲(讨厌的音调):"龙尼,快点起来。"

龙尼(困倦地):"我不想起来。"

父亲:"我喊你听见了吗?快点,要不我就……"

龙尼:"我不起来你能把我怎么样?"

父亲:"我就上楼拖你起来。"

龙尼:"你不要说狠话。"

父亲:"快点起来上学。"

龙尼:"我不想上学,我不喜欢学校。我……我……我肚子痛。"

父亲:"肚子痛?撒谎。你这笨蛋,在学校什么也没学到。"

龙尼:"我怎么会没学到?"

父亲:"你笨,白人中的大笨蛋。"

龙尼:"我不笨,我要给你看,我要……我……嗯,我……"(父亲打龙尼的屁股)"啊唷!啊唷!你坏,你最坏!"

父亲:"看你敢不听话!"

龙尼:"我要逃走,我要,哎……"(木偶很快下台)

父亲:"好,小畜生,看你逃到哪里去!"(父亲也下台)

(另一个木偶小丑遇见龙尼,同时上台)

小丑:"喂,你到哪里去?我是小丑多彼。"

龙尼:"我是龙尼,坏孩子,从家里逃出来了。"

小丑:"哦,没关系,跟我去,我们能找到好玩的东西。"(小丑

下台)

(木偶小孩上台,站在小丑的位置上,大声哭)

女孩:"我要妈妈,我的妈妈不见了。"

龙尼:"走开,傻丫头,讨厌。"

女孩:"我的妈妈不见了。"

龙尼:"糟糕!闯大祸了。"(女孩大哭)"你住在哪里?"

女孩:"我……我……我不知道。"

龙尼:"你妈妈叫什么名字?"

女孩:"妈妈。"

龙尼:"姓什么?"

女孩:"妈妈。"

龙尼:"叫什么名字呢?"

女孩:"妈妈。"

龙尼:"现在我才知道谁是笨蛋。"(女孩哭叫着。龙尼下台。女孩父亲上)

父亲:"怎么啦?哭什么?"

女孩:"那个男孩打我。"(女孩下台,龙尼又上)

龙尼:"我没打,要真打了才好。我是想打她,但是还没打。"

父亲:"你叫什么名字。"

龙尼:"龙尼。"

父亲:"龙尼什么?"

龙尼:"龙尼·古斯贝里。"

父亲:"有什么了不起,真讨厌!"

龙尼:"我了不起叫人讨厌?我就要了不起,叫人讨厌。"

父亲:"你当心点!"

龙尼:"你才要当心点!"

父亲:"嗨,我要揍你。"

(两人打起架来,龙尼狠狠打了女孩父亲)

父亲:"我叫儿子来找你算账。"

（龙尼下台，接着又上。这次扮女孩父亲的儿子。）

龙尼："爸爸，叫我吗？"

父亲："你去教训那个小孩，他狠狠地打了我。"

（父亲下台，另一木偶男孩上，站在父亲的位置上）

龙尼（对男孩）："你打了我爸爸，我要找你算账。"（打架，龙尼胜）

（女孩又上，龙尼打她，她哭着下台。父亲又上）

女孩父："喂，龙尼，小家伙，你要再打她，我就揍你。"

龙尼："我敢打赌，你不会。"

父亲："你想叫我试试吗？"

（女孩父亲打龙尼，龙尼叫喊。女孩父下）

龙尼："我饿了，该上学了，或许学校安全些。"

小丑："牛肉饼，牛肉饼，一角钱一个。"

龙尼："我只有五分钱。"

小丑："我给你一个最小的，只要五分钱。"

（停了一会）

龙尼："我要回家，还是不回去好。爸爸会打死我的，我只好偷偷地进自己的房间去。"

小丑："牛肉饼，一角钱一个。"

龙尼："喂，给我一个。"

小丑（叫嚷）："啊唷，你……你用假钱！我不要。"（龙尼打小丑）"哎唷，你打我的鼻子，我美丽的鼻子。"（大笑）

龙尼："真奇怪。"

（台后有哽咽声和喧闹声）

龙尼："学校铃响了，我不知道该不该去上学。"

（汤姆这次拿的木偶是校长）

校长："龙尼！"

龙尼："到，先生。"

校长："今天上午你到哪里去了？"

龙尼："嗯……嗯……我……今天早上肚子痛。"

校长:"你肚子痛……? 你摘了校园的苹果吗?"
龙尼:"你看见我摘了吗?"
校长:"没有。"
龙尼:"我没有摘。"
校长:"我要打你。"
龙尼:"你打吧!"
校长:"你为什么不回家?"
龙尼:"不想回去。"
校长:"你应该回去。"
龙尼:"今天我要逃学。"
校长:"你不该逃学。"
(哗啦!汤姆把木偶拿到后面去了。后台有叫嚷声和呻吟声)
台后声音:"哎哟!我掉进湖里了!哎哟,救救我!哎哟!救命!哎哟!"
(接着龙尼和父亲又上)
龙尼:"你好,爸爸。"
父亲:"什么事?"(龙尼把父亲推倒)
汤姆(伸头出来):"哈!他正好掉在泥坑里了。"
父亲(打喷嚏,咳嗽):"我感冒了,我真病了,哎哟!"
(父亲下。)
龙尼:"哈,哈,哈。"
(女孩子上来)
女孩:"我要妈妈。"
龙尼:"你又来了。"(龙尼把她推倒,打)
女孩(哭叫):"你等着瞧,我叫爸爸打你!"
龙尼:"我不能奉陪了!"(木偶下)
汤姆(伸头出来):"演出到此结束,观众们,明天再见!"

第三次个别接触

汤姆演木偶戏给6岁儿童看,下面是第三次个别接触的摘录。

汤姆:我替小朋友修理这些玩具好吗?你看,有的缺胳膊有的少腿。

治疗者:你能修就修吧。

汤姆:我想修好了他们会高兴的。

治疗者:你想替他们做点事。

汤姆:是的。你知道,在家里我有一个小妹妹,她叫罗斯·玛丽。(停了一会)有时我叫她罗齐。(他开始把轮子装在桌上的一辆小汽车上。)这样叫是为了气我的爸爸妈妈,我嘲弄他们,真好玩。

治疗者:你嘲弄他们。

汤姆(打断话):你知道什么吗?你猜对了,我是被宠坏了的。我长期和祖母在一起,和继父在一起搞不来,他也不习惯。我们大家都不对,要是一开始就和继父在一起……我不知道。

治疗者:你没有从小和继父住在一起,你和他合不来。

汤姆:祖母把我惯坏了,什么事她都顺着我,我渐渐就变得自私了。

治疗者:你认为大人样样顺你,会使你自私。

汤姆:嗯。(他笨拙地修汽车。)好啦,装上了。现在让我看这炮台,把它装好。(说着拿到工作凳上装好了。)你知道,我一直在想。你认为前几天那木偶戏对那些小孩厉害了一点吗?

治疗者:你这话什么意思?

汤姆:龙尼把他爸爸打倒掉到悬崖下死了,他们看了好像很高兴。后来我想有些奇怪。

治疗者:你认为那样太厉害了。

汤姆:嗯。我不希望他们回家把爸爸打倒掉下悬崖。

治疗者:你认为他们会学龙尼也那样做吗?

汤姆:嗯,真奇怪,我以为只有我对继父才是那样,他们对自己的父亲摔死了也很高兴。

治疗者：其他人也像你对待继父那样，你感到奇怪。

汤姆：是呀，我不懂。你知道，那天回家我给亲爸爸写了封信，他是海军。我告诉了妈妈，她说恐怕他不想看我的信。我不相信她的话，他又没有第二个儿子，她是随便说说的。

治疗者：你妈妈说，你爸爸不想看你的信，这使你不高兴。

汤姆：要么他另有儿子了。

治疗者：你不想他另有儿子。

汤姆：我不相信妈妈的话，她是随便说说的。（停了好一会，他使劲打炮台。）你知道，我过去有一条卖报路线，现在我失去了。

治疗者：你失去了吗？

汤姆：被他们抢走了，他们把我赶出了车站，那些骗子还欠我五块钱。你知道，有几次我迟到了，少做了几笔生意。我的路线丢掉了，但我并不在乎。

治疗者：你迟到了几次，少卖了几块钱，他们打你，还向你要走几块钱。你虽丢掉了卖报路线，但你并不在乎。

汤姆：对，（停一会）我说的话你懂吗？我真气疯了，像蚱蜢跳了起来。没关系，不管怎么样，我装着不当一回事。

治疗者：你不让别人知道你在想什么。

汤姆：一点不错，我不想让别人讥笑。

治疗者：你以为别人知道了，他们会讥笑你。

汤姆：是的，他们会的，我见得多了。

治疗者：你认为他们一定会这样。

汤姆：那是肯定的。

治疗者：你很肯定。

汤姆：嗯，你知道的和想的一样吗？哼，为什么要肯定。（沉默了好一会，他在安装玩具，嘴在轻声哼着。）全世界都是这个样子。

治疗者：真的吗？

汤姆：我说全世界都是这个样子。

治疗者：什么样子。

汤姆：啊，不知道，正在想。（玩具装好。）我现在要把这些玩具送回去。（去还工具回来。）明天我来看你，带几个小孩来怎样？

治疗者：你有朋友，你愿意就带他们来。

汤姆：我没说有朋友，是我们房间的几个小孩。

治疗者：不是朋友，带几个小孩也行，可不要超过六个。

汤姆：三个男的三个女的行吗？

治疗者：你自己决定。

汤姆：我找乔米，他是好孩子，他会带好人来。我还叫汤米来，他比我坏。我不想在这里是最坏的。

治疗者：行，你决定了，下次就把他们带来。

汤姆：你知道吗？这些小孩都会喜欢我的。

治疗者：你要这些小孩喜欢你。

汤姆：是的，很奇怪，有的人就不喜欢我。

治疗者：你认为有的人不喜欢你。

汤姆：是的，他们不喜欢我，可又跑到我们院子来玩。他们见到我很高兴。要和我谈话，看样子他们想看我的木偶戏。

治疗者：他们来，你很高兴。

汤姆：也许是这样。好了，我该走了，明天再见。

这段摘录说明了治疗上的几个重要因素。读者会注意到治疗是非常灵活的。尽管汤姆在游戏室里忙着玩玩具，但他自己并没有用它作为表达自己感情的媒介，纯粹是在做咨询交谈。汤姆在学校给6岁儿童演木偶戏，小观众很有兴趣，使他留下了深刻的印象。他当然认为小观众把龙尼的父亲看作他们自己的父亲。这时，汤姆说，很奇怪，他发现显然没有理由要这样做，但小观众看到打父亲却很高兴。他似乎准确指出了集体治疗的作用，他认识到有这种问题的孩子不只他一个人。由于自己这种问题有人分担了，似乎消除了他打父亲的罪恶感。从而减轻了对自己问题的压力，这样就具有了某种治疗作用。

几个 6 岁儿童的欣赏力,也增强了汤姆的自尊心,使他能比较客观地看待自己的问题。他还表示,干掉木偶父亲后要试图和自己的父亲搞好关系。汤姆要带几个小孩来的要求很重要。他是一直没有伙伴的儿童,企图摆脱孤寂的生活,要带别的儿童来玩,表明了他内部的积极力量在起作用。第二天,他几乎把六年级全班小朋友带来了,他们都想加入汤姆的小组。汤姆依照治疗者的意见只选了六个小朋友,其中三个男孩和三个女孩。他选男孩的标准是,有的比他表现好,有的比他更坏。让汤姆带自己选择的小朋友玩,对他也有治疗作用。因为治疗以儿童为中心,让他自己做主,这比由治疗者选择更有价值,否则就变成了一个儿童在这里治疗,其他只是陪着玩玩罢了。由汤姆邀请小朋友,他在集体中间就占有重要地位。治疗者应认识到,这也是治疗过程中重要的组成部分。总之,重要的意义在于汤姆通过演戏和谈话抒发了他的感情。

第一次集体接触

汤姆和他选择的六个朋友第一次集体活动的记录如下:

汤姆:这里是我们的俱乐部,我们是演木偶戏的人。

西达:是呀,我们坐在这里。哦,瞧,有白泥。

琼:我没有玩过白泥。

马莎:我们做点什么?

汤姆:艾阿姨,你照顾三个姑娘,我来管这三个男孩。(男孩笑。)

乔:我们大家管你。

汤姆(唱歌):我们还要这样在一起,艾阿姨,告诉他们怎么办?

治疗者:我们这样安排,每逢星期四,你们三点一刻至四点到这里来,要做什么就做什么,也可以随便玩玩具。

汤姆:好,我们自由了。

治疗者:你喜欢玩什么就玩什么。

汤姆:我说过了,喜欢。

(三个女孩坐在桌旁,开始做泥工。)

马莎：汤姆叫我们做木偶，我们就做吧。你告诉我怎么做。

治疗者：要我告诉你们怎么做。

马莎：嗯，你是老师。

治疗者：不要把我当老师。你们还要我说怎么做吗？

马莎：嗯，汤姆叫我们做木偶。

汤姆：对，我说做木偶，她说要自己动脑筋，你还在叫，脑袋干什么的？

玛莎：嗯，我喜欢做我应该做的事。

治疗者：你认为要做别人叫你做的事，这很重要。

玛莎：嗯，是的，我不做，别人就会不喜欢我。

汤姆：你要别人喜欢你，迷上你，呸，（拿娃娃家）看，他们可以当木偶。（拿出女娃娃，拉掉头发）哦，我会把头发按上去，像这个样子我不忍心，她是可怜的小东西。（笑）

治疗者：你喜欢这可怜的小东西。

汤姆：说对了。（男孩过来看娃娃。）我给你们讲才高兴，看，父亲的腿掉了一只，但是为了这些孩子，我要给他装上。

治疗者：父亲少了一只腿你是不会管的。为了别的孩子你才要给他装上去。

汤姆：一点不错。（安装娃娃）今天晚上我不能老呆在这里，现在我找到了一条卖冰淇淋的路线。

乔：汤姆说昨天晚上差点给人害死了，有个家伙故意追赶他。

治疗者：你以为他想用汽车撞你吗？

汤姆：当然。是我的错。

乔：你错了！今天在楼上你为什么说完全是别人错，现在你为什么说……

汤姆：真的！是我错，是我惹他的。

汤米：可是今天你在教室里说……

汤姆：我现在说实话，是我错，知道吗？很多事都是我惹起来的。

治疗者：你现在能承认错误，说实话很好。或许很多麻烦是你自己惹起来的。

汤姆：你不要骂我，今后我再不惹是生非了。（三个女孩都赞赏木偶剧场。）

玛莎：那是什么？

汤姆：我的木偶剧场。

乔：哈，真好。

汤姆：它是学校的，也是我的。

汤米：不是学校的，也不是你的。

汤姆：那么是艾阿姨和我的。

乔：这还差不多。

汤米：是艾阿姨的，不是你的。

汤姆：部分是我的，我在这里演戏。我是木偶，木偶就是我。

汤米：啊！

（停了好一会。）

汤姆：今天和昨天我都没有演木偶戏。

汤米：为什么不演。

汤姆：喔，没有什么好演的。你知道，有的时候，突然想到什么，我就能立刻表演出来，不要什么计划，也不必仔细想，根本不用准备，很奇怪，我只要拿起木偶就能表演。

乔：为什么？

汤姆：只要你不想自己，就变成了木偶。

汤米：你表演给我们看看。

（汤姆拿起木偶，声音完全变了。）

汤姆："朋友们，现在你们看这里，我不讲道理，知道吗？我是龙尼，坏孩子。"

古夫斯："喂，你要到哪里去？"

龙尼："阿—阿—阿嚏。"（把古夫斯吹跑了）

古夫斯（露出头来，他的头可以卸下）："我的身子在哪里？我的身子呢？"

龙尼:"打死你。"(木偶打架。)"瞧,朋友们,我就是这种人,小朋友都喜欢这种人,打架,打得越凶,他们就越喜欢看。"

(木偶女孩出场,他的声音委婉。)

女孩:"喂,我要我的……"

龙尼:"我知道你要你的妈妈,这可不是你的妈妈,你知道我要给你什么?喔,这个。"

(狠狠打架,龙尼胜。)

汤姆:好了,时间到了,我该走了,迟了拿不到车子,我还想搞好那工作。

治疗者:你真想搞好那工作,你要遵守规定。

汤姆:再见,明天我来看你,特别是下周四。

(汤姆走了,其他孩子到桌旁和三个女孩一起玩白泥。他们用泥做头。)

玛莎:他在学校不怎么坏了。

琼:他真好玩。

西达:是呀,他真是……今天他整天哼着歌。

汤米:汤姆简直惹得老师发狂了,问他怎么回事,他说很开心,今天星期四,还有什么法律不让他开心吗?(一起咯咯笑)汤姆就是那样,想说什么就说什么的人。

乔:他给自己惹祸。

西达:是的,他自己也知道。

乔:汤姆很聪明,戏演得好。

这记录说明了集体关系的力量。玛莎感到不安全,治疗者试图反馈她的感情使他能洞察自己的行为。玛莎和汤姆的问题不同,她的行为不使人讨厌。在同一个组里他们都得到了帮助。在儿童自己选择伙伴的小组中,也有孤独的,有缺乏安全感的儿童,但他们不都是推荐来做治疗的,也不是常惹麻烦的。适应不良行为的标准,有时忽略了给成人添麻烦的儿童,即仅仅遵守社会准则,未必就适应良好。集体治疗常常表明了这种因素。这种退缩的,寻求许可的儿童和其他儿童比较,有机会可以自我评价,对他是有帮助的。

汤姆把木偶当作自己,讲怎样玩木偶戏,很生动,非常有趣。他演的木偶主要是攻击小妹妹。小朋友欣赏他演木偶打架,使他的木偶戏继续流露出自己的罪恶感情。作者认为这给了汤姆表现出内心更深处感情的勇气,感受到在游戏中得到了许可,被接受了。

值得注意的是,汤姆分清了治疗情境和班级情境。汤姆说:"我现在说实话,是我错,知道吗?"而且,当他诚实地检查自己的行为时,又说,"很多事情都是我惹起来的。"

如果不进行检查并反复检查自己,怎么能算是治疗呢?所谓检查自己,就是重新正确判断自己的行为价值,并诚恳地反省如何满足自我实现的驱使力,从而成为他自己的力量和勇气。

第二次集体接触

第二次集体会见中,汤姆给几个6岁儿童演了三场木偶戏,他们还用石棉粉、浆糊和水做木偶头。下面是这次接触的摘录。

琼(对汤姆):你多么自私。
汤姆:你知道就好了。
琼:你一点也没改。
汤姆:我都知道,我要想改,一定能做到。
琼:你要能改,就不会老惹麻烦了。
汤姆:是的。……不是她(老师)盯着我,就是你盯着我,你不想想我给了你们多少帮助吗?反而什么事都是我不好,连风吹走了恶老太桌上的报纸,也给我一顿骂。你看,明明是风坏呀!
乔:她没说是你干的。
汤姆:她先看了我才看风。
汤米:她是看风的!
玛莎:你后来怎样?

汤姆：还不是挨一顿骂，在楼梯上和几个人呆了一下午。（对治疗者）你知道吗？你说说，我是在接受教育吗？我的功课全耽误了。

治疗者：你认为不该只责备你，你不愿错过受教育的机会。

乔：她不理你了。

汤姆：不理我正好。我才不在乎。我就望着窗外乱想。

琼：汤姆说他在日光浴。

汤姆：是的，我在日光浴，在楼梯上站了半天，什么东西也没学着。

玛莎：我真不明白，你不喜欢别人批评，为什么老干那些事！

汤姆：给她骂是我的特别差使，汤姆是该挨骂的人。（微笑表示很得意，有意逗弄别人的注意。）

乔：不管谁离开教室，他都要说在日光浴。

治疗者：你真的喜欢受教育。

汤姆：是的。（不做声。儿童们在用石棉材料做东西。）你们晓得吗？这些东西摸起来像死人肉。

琼：我从来没有摸过死人肉，不知道。

汤姆：嗯，我想是这样。

琼：你怎么知道的。

汤姆：嗨，想象呗。

（大家沉默，做木偶头。）

汤姆：我要做个希特勒，做好就打仗。我能打败希特勒。

玛莎：啊，不！我们不要做希特勒，做些好玩的，叫他们打仗。

汤姆：我说做希特勒。

玛莎：嗯！我们都不喜欢。

汤姆：我知道你不喜欢。我喜欢，做好了把它消灭掉。

玛莎：你要做就做，做你的老希特勒，我是不做的。

（沉默。）

汤姆：看，希特勒的嘴角挂下来了，这家伙从来不笑。

琼：是的，他只会凶狠，当然不笑。

玛莎：喏！我把他的眼睛戳穿。(用铅笔戳进他眼里。)
汤姆：嗨！你不要把它搞坏了。
玛莎：我就是想把它搞坏。
汤姆：喂,现在该看我的了。
西达(嘲笑地)：要看啰！
(汤姆到木偶戏场后面,拿起木偶。他的声音全变了,生硬、粗暴。)
龙尼：现在你们看,要不听我的话,我就把你们杀掉,知道吗？我心眼小。(小观众高兴地大笑了)我要开始了,知道吗？有的人我就要跟他捣乱,我要动手了。
另一个木偶男孩：真的吗？真的吗？少吹牛,干吗要捣乱？
龙尼：你没懂我的意思,对不起,非常抱歉,我不是那个意思,请不要那样看着我。
第二个木偶：好啦！(跟第一个木偶翻脸,却偷偷爬起来,把第二个木偶打得又哭又叫。)
第一个木偶：等着瞧,跟我捣蛋没有好下场。
(汤姆举起木偶从台后面出来。)
汤姆：我要用白泥做个东西。
玛莎：我也要做。
汤姆：我做一个黑丁钩(扑克牌J)。
(他们都用泥做黑丁钩。假装打仗,汤姆打琼的头,她大声叫。)
琼：干吗？真讨厌！
汤姆：我是讨厌。我是闹着玩,你是知道的。
琼：闹着玩,动手动脚的,差点把我碰伤了,真讨厌！
汤姆：我没有碰到你,你也没有摔倒,对吗？
琼：真讨厌,我又没惹你,你最讨厌。
汤姆：嗯,就是你惹了我,一点小事就大叫,我看你连自己的影子都害怕,还和别人玩什么呢？
(琼用泥做的黑丁钩打汤姆的头。)

汤姆（嘲笑）：啊,你才是最讨厌的东西！是你惹我,把我打伤了！(琼也嘲笑他,他也笑。接着他拔掉希特勒的头。)大家快来,谁想杀希特勒？

（大家打希特勒的石棉头,弄得粉碎。这时治疗者宣布时间到了,他们收拾材料。汤姆走时对治疗者说："好吧,再见。我会来看你,我要去卖冰淇淋。"）

这次接触,治疗者说话少,儿童之间的相互影响是汤姆澄清自己感情的主要因素。

以后接触的摘录

治疗者和汤姆在一次个别接触时,汤姆说："我喜欢到这儿玩,可别人不理解我。"

治疗者：你认为别人不理解你。

汤姆：是的,就在上星期四,她说我真讨厌,说实话,我一点也不讨厌,在老老实实地玩。

治疗者：她不理解你是在玩,以为你有意要伤害她。

汤姆：对,有几次都是这样,我在玩,根本不想伤到他们,可是他们不理解我。

治疗者：你以前玩的时候伤到过别人,他们就总以为你会有意要做出伤害他们的事来。

汤姆：是的。（沉默了一会,双手捧着下颚。）我要想法解决这个问题。

治疗者：你要想办法。

汤姆：是的,我要好好想想。（伸手去拿木偶）龙尼,你说我该怎么办？

龙尼：你怕什么？把他们打倒,狠狠揍一顿！

汤姆：真的替我好好想一下,我该怎么办。

龙尼：来个突然袭击,揍他们一顿。

汤姆(把木偶扔在桌上)：他帮不了我的忙,跟我一样坏,其实他就是我。

治疗者：他是跟你站在一边的,你自己认为该怎么办,但他坚持只有打才能解决问题。

汤姆：嗯。我该走了,再见。(站起来。)

显然,治疗者急于想汤姆转变,最后的评论太过分,使汤姆突然提前半小时走了。但这次会见反映汤姆能用集体的反应衡量自己的适应情况,有解决自己问题的诚意。过后,汤姆对木偶的兴趣逐渐减少,虽然演木偶戏时,女孩、母亲、父亲和龙尼还是打架,但有一次木偶打仗却"按规则"了。

如：

龙尼：这一次要按规则打仗。

克洛：对,这次打仗要公平。(打仗声音。)

龙尼：这是拳击比赛,要遵守规则。(克洛走开。)别走。(打仗。)唉！我玩腻了。

克洛：听着,我要压你。

龙尼：哎哟,我的鼻子,我的漂亮鼻子,我的长鼻子,我不能再管别人的闲事了。我不是给你讲过,这次打仗要遵守规则吗？(打)这是拳击比赛,按规则进行的。

又如：

龙尼：我要和人打仗了。

木偶女孩：我要去报告。

龙尼：小妹妹,你是小娃娃,我不会把你打伤。你不懂,我是一个拳击家,打仗会遵守规则的。

克洛：你要和我打吗？

龙尼：你敢来吗？

克洛：打就打吧。

龙尼：好。好好地玩,不要犯规。

克洛：行，按规则打。(木偶打架)

汤姆(手拿木偶)：好了，朋友们，这场比赛结束了，你们握握手。(木偶握手)遵守规则，这样就好了。

总　　结

开始治疗接触时，汤姆要用无名的木偶说话来表达自己的感情，他知道这样安全，不致因木偶的说话受人责备，同时也可以深刻反映家庭关系中的复杂问题，也维护了自己的尊严和自尊。在这种情况下，治疗者不要反馈汤姆表达的任何感情，免得打断他的想象。他好像选择了这种媒介以保护自己。演戏时，他躲在后面。不被人看见，这给了他合法的机会去自由发泄各种感情。

在继续治疗中，演木偶戏的时间逐渐缩短。次数减少，最后完全停止了。那种"按规则"演的木偶戏，也不再引起6岁儿童的兴趣。

最后一次集体会见，主要仍是演木偶戏，简直是木偶表演会，有唱歌和捉迷藏。汤姆在后台敲鼓，演奏乐器。很明显，汤姆解决了他的适应问题。6个月后的检查报告说，汤姆已能适应集体，成了班级的小干部。

汤姆的治疗是采取个别和集体接触相结合的形式。治疗者认为，两种接触有互相补充的作用。而主要还在于集体活动。因为汤姆过去从没有被看成是集体的成员。而治疗结束，他在集体中得到了应有的地位，更加理解自己，当上了小干部。尽管汤姆偶尔还会有些问题，但看来他已获得了必要的自知力，克服了自己消极的与反社会的行为，保住了在集体中的地位。

第一章　非指导性游戏治疗的情境和参加者

第一节　游戏室和应具备的材料

游戏治疗最好有一个适合于治疗的专用游戏室。但这并非是绝对的条件，治疗者可把每次要用的游戏材料放在手提箱里带去，利用教室或托儿所的空地方进行活动。这样花钱不多,占地方不大,游戏治疗可以广泛进行。

如果有可能就设一个专用游戏治疗室,房间最好要隔音,有冷热水管及水槽,窗户有栏杆或纱窗,墙壁和地板要便于洗刷,经得起槌敲。最好备有录音器材和单项屏幕,可以隐蔽观察者,为研究工作和学生实习提供方便。但不宜让家长在幕后观察治疗情况或听儿童的游戏录音。

应用不同的游戏材料就产生不同的效果。游戏室应备有各种玩具,如喂奶瓶、娃娃一家人、娃娃家、玩具士兵、玩具枪、玩具动物、娃娃家用的小桌、小椅子、小床、小炉子、铁盘、锅、匙、娃娃衣服、晒衣绳、衣夹和洗衣篮等等。还可准备一些会叫的娃娃、大布娃娃、纸娃娃、木偶、木偶幕、蜡笔、白泥、手指画颜料、沙、水、木槌、钟床、小汽车、飞机、玩具电话等。室内还要有一般的桌凳、画架、搪瓷面的手指画架及泥工桌、洗脸盆、盆架、小扫帚、拖把、抹布、图画纸、手指画纸、旧报纸,印着人物、动物和其它物品的剪纸、空篮子。棋子游戏有时虽很成功,但它不易表达感情。这里没有提机械玩具,因为它不利于创造性思维。

如果没有上述材料,治疗者可以准备一套娃娃家的玩具。如:床、桌、椅子、喂奶瓶、白泥、颜料、图画纸、蜡笔、玩具枪、士兵、小汽车、木偶、小布娃和电话等。这些材料放在手提箱里带去。

玩具的结构要简单、牢固耐用、易于操作。娃娃家要用厚板组合,能拆能装。小家具要坚实,能搬动、敲打、承受一定重量。娃娃的衣服要能脱能穿。例如,做各种娃娃可在竹棒条上包棉花,用胶布粘上做成身子,塞满棉花的布球当头。做成父亲、母亲、兄弟、姐妹、婴儿和祖父母等等——家庭中可能有的所有成员。手指木偶(或叫手套娃娃)也可以用布做。

大沙箱是理想的设备,里面能放娃娃家和一家人,以及玩具士兵、动物、汽车和飞机。沙是儿童玩攻击性游戏最好的媒介,可以到处扔,比较安全;还可以把娃娃和玩具埋在沙里,也可以把沙当"雪"、"水"、"埋葬地"或"炸弹"。想把它当什么都可以。若把沙箱放在地板上,周围排上凳子,大大小小的儿童都可以围着它玩,比沙桌更好。

如果游戏室面积大,也可以在墙角搭一个约20厘米高的台子,上面布置一些适合儿童玩的小家具(要经久耐用),供儿童当娃娃家玩。这个台也可当作演戏的舞台。台子虽低小,但能激起儿童演戏的兴趣。

平时,各种材料应放在架上,让儿童容易拿到。最好放在显眼的地方,让儿童能够自己选择,这比治疗者选定某些材料放在儿童面前静等他做非指导性游戏效果好。但是,有时治疗者喜欢先为儿童选好游戏材料,也有一些效果。

治疗者要经常检查游戏材料。捡除破损的玩具,保持游戏室的整洁。如果几个治疗者合用一个游戏室,大家都要负责使游戏室保持清洁,前一次治疗儿童做过的游戏不要留下任何痕迹,以免影响下一次治疗。例如:前次儿童玩过沙箱,不要给第二次孩子留下混乱状态。颜料和泥要保持清洁,奶瓶要消毒。每次游戏结束,都要保持游戏室原状。

由于某些游戏材料的特点,治疗者或父母可以给儿童提供工作服、保护服。但工作服不能妨碍儿童自由活动,尤其不应限制儿童的行动,使他担心把衣服搞脏。

第二节　儿　　童

儿童来到有大量玩具和游戏材料的游戏室,置身于游戏治疗的情境中,他们是些什么样的儿童,为什么会到这里来呢? 如:汤姆、埃玛、蒂米和博比,等等。他们到游戏治疗室来,是因为和他们相处的成人认为他们是"问题儿童"。本章将详细讨论"问题儿童"的各种表现和问题。

汤姆、埃玛、蒂米和博比以及本书提到的其他儿童都实有其人。这些儿童是不幸的,他们没有得到一点爱、快乐和安全感及其他每个儿童应得到的权利。他们正处在一个充满敌意的世界里,要争取得到自己的地位,树立自己的感情。他们勇敢、刚毅、不屈不挠,但是他们的行动会发生一些问题。

汤姆整天是打架、打架、打架。埃玛喜欢捉弄她的朋友。蒂米和博比则内心紧张而经常生病。他们会到处闯祸,有防卫感,不愿接近人。他们有时知道自己的问题,但不知道怎样克服这些问题。只有以攻击性行为发泄紧张情绪,而且正是这种行为给自己惹来了很多麻烦。这些典型的问题儿童,常常是由父母、保姆、老师、医生或其它机关送来做游戏治疗的。

还有一些儿童,他们不喜欢与人交往,性情孤僻,表面似乎很安静,但他们的内心却蕴藏着逃避现实世界的情绪。他们过着紧张、孤独的生活!这些退缩性的儿童亦需要通过治疗才能得到帮助。

还有一些儿童,保留着婴儿时的习惯。或者神经质的咬指甲、做噩梦、尿床、痉挛、不肯吃东西。还有的思想混乱、心情焦虑。游戏治疗对这些儿童也能提供解决问题的机会,使他们学会认识自己,承认自己的现状、通过治疗逐渐成熟。

身体有缺陷的儿童,如果缺陷是造成心理矛盾、焦虑和情绪失调的根源,游戏治疗对他也有一定效果。本书叙述了盲童巴迪和身体有缺陷、情绪失调影响健康的欧内斯特,以及很多有痉挛的儿童,游戏治疗对他们都有一定的疗效。这些缺陷儿童都有与一般常态儿童相同的感情和愿望。但在家里,他们既不被人理解,更得不到充分的同情,这使他们经常心神不安,生活紧张难忍,灰心丧气,无路可走。他们失去了个人生存的价值,不能认识和解决自己的问题。父母和教育工作者们都应该尽力帮助他们摆脱困境。如果医生愿意和游戏治疗者合作,那就更好了。

问题儿童一般有行为问题、学习问题、语言问题以及身体素质问题。游戏治疗给心理学家和教师提供了了解和帮助问题儿童的技能技巧。

行为问题包括抑郁、退缩、沉默,以及与此相反的、具有攻击性的、放肆、任性等不适应的行为。

学习问题,通常与心绪不宁或情绪急躁有密切关系。游戏治疗能使儿童探索自己的感情、态度,发泄自己抑郁的情绪,使心理成长和成熟,好好学习,这已被证明是解决学习问题的好方法。

语言问题,如口吃、婴儿语、重复语和断续语。通过游戏治疗基本都能得到纠正。不会说话的儿童,经游戏治疗,也开始有语言表达能力。语言问题与儿童的感情生活也有密切关系,儿童的感情发生混乱和疑惑时,常常会表现出语言困难。

阅读问题,在经过治疗,补充了阅读矫正指导后,也会有所改善。阅读能力差的儿童通常是心理不正常,有时这种失常表现得不明显,不被看成失去阅读能力的重要因素。游戏治疗能消除紧张、恐惧、焦虑等因素,使这种儿童能逐渐克服阅读障碍,走向稳定。

上述领域的问题儿童治疗反应较好的病例表明,游戏治疗确实需要进一步深入、全面、科学地调查研究。新颖的非指导性治疗领域,就像未开垦的处女地,很值得继续加强宣传和推广。

任何儿童都不应在形成严重适应不良后,才得到某种治疗。游戏治疗对心理卫生失调有预防作用。失调不严重的儿童,对游戏治疗反应非常快,很喜欢,看作是一种游戏活动。事实上,儿童第一次经历了这种接触后,就能起自导作用,消除游戏治疗情境中的各种恐惧心理。

儿童不会意识到自己是有问题的——至少治疗者没有以任何方式暗示这一点。汤姆只知道自己不幸,在这个世界要防卫,要反抗。埃玛由于被遗弃,不被理解而感到空虚。蒂米和博则感到这块土地在悄悄从他们脚下溜走。他们都是性情孤独的儿童,对这个世界都感到淡漠无情,怀有敌意。同时他们那种令人不愉快的行为,更使得自己处境困难,形成了恶性循环。只有在游戏和其它创造性活动中生动地表达自己的感情,得以施展他们自己的能力,获得他们应有的权利,才能改变那种异常状态。

我们可以看到,一般儿童在快乐时,他无忧无虑,手舞足蹈,眼睛闪闪发光,笑声爽朗。儿童感到世界充满着爱、安全和成功时,他会勇敢地走向生活。生活是愉快的冒险活动,他急于冲出去迎接它,准备着对付一些小小的波折,使他的生活充满乐趣,他准备迎接更好的生活,但这要靠满意的家庭关系做保证。

当儿童悲哀和沮丧时,他会垂头丧气,行动缓慢,反应迟钝,眼光无神,从各方面反映出他内心的忧愁。

这时候,任何人伸手表示帮助他们,即使感到自己的一切都被剥夺了的儿童也会满腔热情的欢迎。他们接受游戏治疗会立刻感到轻松愉快,表达自己的感情,打开自我理解的大门,开始进入新的完全自我实现的境界。

汤姆、埃玛、蒂米和博比就是经过游戏治疗消除了他们适应不良的问题。

第三节 治 疗 者

在游戏室和儿童在一起的,不是管理者,或老师,也不是家长代理人,她是治疗者。现在我们讨论治疗者应具有的人格条件和她在非指导性游戏治疗中的作用。

治疗者的作用尽管是非指导性的,但并非完全是被动的,她需要机警、敏感,对儿童的言行总是抱着赞赏的态度。她还需要能理解儿童,对儿童有真实的感情。她无论何时对待儿童都应该是许可和接受。这些态度强调了治疗者必须把儿童看成有能力的、能自己负责任的独立的人。所以,治疗者对儿童要尊重、真诚、坦率。既不淡漠也不过于亲密,从容自在的态度是建立在人类关系哲学基础上的。

治疗者不能包办代替,或者不耐烦地催促,帮儿童做事,否则就意味着对儿童缺乏信任。有时她可以和儿童一起笑,但不能嘲笑他。

治疗者应训练有素,和儿童一起游戏时要认识自己的责任,要有强烈的事业心。儿童在治疗时的言行和其它信息,对家长、老师或其他人都要保密。这是一条应该严格遵守的原则。

治疗者要热爱儿童,做到真正了解儿童。若能在治疗时间以外接触儿童,了解他在家里或在学校里的表现,对治疗是有帮助的。

治疗者的年龄、外貌和性别并不重要,有些男性治疗者和女性一样,在工作中取得了出色的成绩。关键在于治疗者对儿童和治疗者的基本态度。

儿童对成人的真诚非常敏感,会很快发现成人的态度和行为是否一致。因此,治疗者必须具有真诚的态度,认真踏实地做好治疗工作。

一个优秀的治疗者,像教师一样,应该是和蔼可亲、耐心细致、言行稳重、精通业务、同情儿童、信任儿童,始终要保持尊重和接受儿童的态度。

治疗者的态度是她的人格的组成部分。她自己要充分认识完全接受儿童的真实意义,才能容许儿童成为他自己,让他充分表达自我。

非指导性治疗者的作用也不完全是被动的。因为治疗者是受过严格训练的,她能抑制住自己,保持完全接受儿童的态度。她积极参加儿童做游戏的全过程,任何时候都不给予指导性的建议,但能敏捷、准确地反馈儿童在游戏和谈话中情不自禁表达出来的感情。

一个成功的治疗者,应有勇气和决心,在游戏治疗中和儿童建立新的关系。如果她心情紧张,无安全感,就会把这种感情带进和儿童的关系中去。所以她应该对儿童真诚友好,热心帮助,使儿童感到她是可以信赖的人。她对儿童要信任,但不能偏爱,过分关心也可能给儿童产生新的问题,影响治疗效果。

治疗者的工作是专职的,要遵守时间,不对儿童失约,否则会使治疗者失去信用,甚至使儿童认为他被拒绝了。

治疗者头脑要清醒,在感情上不要和儿童纠缠在一起,造成治疗困境,使儿童得不到帮助。她通晓了这些基本原则和态度,就能防止感情卷入。她必须时刻记住,该做什么,不应做什么。如果儿童出现某种不能预测的表现(那是常有的),怎么办呢?病儿主意多是难于对付的,甚至会用装模作样的手段哄骗治疗者,只要她有足够的自信心和理智,坚持不懈、机智果断,就不会"苦恼",最终定能获得成功。她若在治疗接触时,感到厌烦、困倦,就不适合继续担任这种工作。

记录游戏活动和谈话,对治疗者的工作很有帮助,从每次记录的关键性评价,能深入了解儿童行为的能力,对儿童在游戏中表现的态度和感情可以更加敏感,提高处理各种问题的能力。但治疗笔记和所有的记录都应保密,即使业务上需要讨论,也应适当隐蔽,以免儿童受窘。

在本书的第二章,将分别详细讨论治疗者必须遵守的游戏治疗的八条原则。

第四节　非直接参加者:父母或父母代理人

从前面介绍的几个案例中,我们可以知道父母(或养父母)、保姆在治疗过程中所起的重要作用。

父母或父母代理人,经常是导致适应不良恶化的因素。如果这些人同时接受治疗或咨询,可能会加快儿童治疗的进程。但是为了保证治疗成功,并不一定非要成人接受治疗或咨询。

读者会注意到书中提到的儿童,差不多都没有得到成人的了解和帮助。有的案例中成人接受了某种治疗,儿童确实能坚强起来,忍受艰难的境况。似乎这些儿童获得了自知力和自我理解力,从而能用适当的方法应付艰难的环境。由于儿童心理上紧张状态减轻,也导致成人某种心理变化。这种相对的、生动的反应,是由于新的经验在不断变化着。儿童能负责任,比较成熟了,成人就少生气,不会找他的岔子了。

汤姆不再和人打架、捣乱,能和同母异父的小妹妹和好,这时他的行为表现比较成熟,继父能接受他,母亲也能从积极方面公平地看待他,于是他们的家庭关系得到了改善,结束了都为自己的尊严而斗争的局面,消除了家庭矛盾的根源。汤姆不再迫不及待地把怨恨发泄在同学身上。治疗中,汤姆认识了自己,有助于改正自己的行为,并和其他儿童友好相处。在伙伴的眼中,汤姆占有了一定的地位,在某种程度上还真正赏识他,他成了他们中的一员,不再是"问题儿童"了。

这个案例和其它案例一样,汤姆治疗时的言行既没告诉他的父母,也没有告诉他的老师。父母知道她在接受某种帮助,但治疗者从未见过他的父母。这一案例表明,并非绝对需要进行伴随治疗,但这并不能否定伴随治疗的价值。要是汤姆的母亲或继父来咨询,可能会加快治疗的进程,父母本人也可能获得洞察力,克服和汤姆的矛盾,对他们都有帮助。

也可以用其它方法,如父母接受咨询帮助,儿童不接受治疗帮助,常常父母的洞察力足以产生比较积极的作用,以改善相互刺激的关系,从而导致儿童转化。也就是说,如果父母和儿童都接受帮助,治疗会更简单、有效。

在这方面,埃玛的案例也是有趣的。她的母亲没有机会咨询,而且很可能是她不愿意在这种关系中承担任何责任。治疗者没有和这位母亲接触,更不用说做什么工作可以改善这种情况。她不遵守诺言使埃玛思想很混乱。保姆虽要她停止这种错误,但是治疗成功了她才这样做。而埃玛却已学会适应母亲这种令人不愉快的、难以适应的行为。治疗者也没有和埃玛的老师接触,可是成绩单上说,埃玛在学校的态度和行为有很大变化,这证明她对环境已能适应,表现也令人满意了。

蒂米和博比的案例,情况也相同。事实上,书中涉及的很多儿童都是受父母忽视、遗弃和虐待的牺牲品。他们要独自适应这些问题,跟任何人一样是会有困难的。这些事实给治疗者留下了深刻的印象,即每个人内部都有对付自己问题的能力,没有环境的促进作用也能完成。但是,这并不是说适应环境不重要,没有帮助。它只表明个人内部适应那些有时是被迫面临的情况的能力比通常设想的要大。

但是,在缺陷儿童的案例中,特别是智力缺陷的儿童,父母积极参加治疗似乎更有帮助。这当然要父母愿意承担这个责任。我们希望儿童自己来做他力所能及的事,但在这方面还没有找到治疗智力缺陷儿童的有效方法。

第二章 非指导性游戏治疗的原则

第一节 八条基本原则

在非指导性治疗中,治疗者要遵循的基本原则有八条,如能贯彻执行,治疗就有很大的成功可能。

这八条原则是:

1. 治疗者应该和儿童建立一种热情友好的关系,并尽可能早些建立这种融洽的关系。

2. 治疗者要完全接受儿童的现实表现。

3. 治疗者在与儿童建立起的这种关系中,要让儿童有许可的感觉,能自由表达他的全部感情。

4. 治疗者要迅速地承认并反馈儿童表达的感情,使他能洞察自己的言行。

5. 治疗者要始终相信儿童自己有解决问题的能力,应该让儿童负有自己选择和改变情况的责任。

6. 治疗者不要企图以任何方式指导儿童的言行,儿童领路,治疗者跟从。

7. 治疗者应该承认治疗是一个渐进的过程,不能企图加快治疗进程。

8. 对治疗者规定的这些限制,是为了保证治疗面向现实,使儿童在这种关系中明确他自己的责任。

治疗者应认识到,非指导性治疗不是灵丹妙药,它同所有事物一样是有局限性的。但实验积累的经验表明,采用这种形式的治疗,对于有适应问题的儿童确实是比较有效的。

来治疗的儿童可能成人已带他去过其它医院,他来到这非指导性治疗的新奇的地方,犹如进了一个新的世界,他会表现出热情、恐惧、谨慎小心、反抗及其它的反应。所以,第一次接触的成功与否极为重要。第一次接触是搭好治疗的架子,这个架子的结构不仅是语言,更重要的是治疗者和儿童之间建立的关系。

在这里,结构这个词的含义是根据八条原则建立的关系。结构不是偶然的事件,而是治疗者精心设计,把儿童引入这种自我表达情境的方法,依靠他们之间建立的关系,暴露感情,获得洞察自己的能力。

治疗者和儿童之间建立的关系是决定治疗成败的先决条件。治疗者要诚恳地尽力理解儿童,经常检查自己是否贯彻了基本原则,根据案例记录评价自己的工作,从而增强理解人类行为的能力。

第二节 建立融洽的关系——治疗者应该和儿童建立一种热情友好的关系,并尽可能早些建立这种融洽的关系

治疗者第一次和儿童见面,就是初次接触治疗,也就开始建立结构了。治疗者该怎么办?笑容常常是热情和友谊的象征,说几句欢迎的话就能建立融洽的关系。例如,治疗者走到约翰尼跟前,微笑着说:"约翰尼,下午好,见到你很高兴。你喜欢桌上的米老鼠吗?"约翰尼应该是笑着回答:"是的,那个东西好玩。"但是,约翰尼被推荐来做游戏治疗这事实说明他并不是一个规规矩矩的儿童,或许他会转过脸去,不理治疗者。如果这样,又怎么办呢?治疗者不要一受挫折就失去信心。应该说:"我们一起到那边游戏室去,看看那些好玩的玩具,好不好?""不。""啊,约翰尼,来,这里有颜料、泥和玩具兵。你喜欢玩具兵,对吗?""不,我不来!"

这时,治疗者应停一下。其实,她在说话前就该停一会。应该想想,对约翰尼该用那些基本原则。她竭力想建立热情友好的关系,但忘了某些原则。她没有按约翰尼的现实表现接受他,没有反馈他的感情。他不愿和治疗者一起去看那些玩具,显然,这治疗者一开始就没有让这个儿童自己承担选择的责任。治疗者说:"许多孩子都喜欢我们的游戏室。我们这里有大娃娃家和各种娃娃。"她恳求似的看着他,他也在偷偷看她。她以为只要说几句好话一劝就行。天晓得,她已够热情友好了,还要怎么样呢?然而,约翰尼却对她愈加恼火,开始大声抱怨:"我不要,妈妈,我不要!"妈妈主动说:"约翰尼,你跟好阿姨去,

她有好多玩具给你玩。""我不要,妈妈,我不要!"约翰尼开始哭着说,"我不,我要回家。"妈妈说:"约翰尼,我真为你丢脸,好阿姨这里有一屋子玩具,像你这样子,她会喜欢你吗?"如果治疗者不警惕,妈妈就会进入这个结构。"她会喜欢你吗?"这句话就有害于建立治疗关系。

治疗者究竟该怎样办呢?把他抱进游戏室,等他吼叫着反对时,才反馈他的感情吗?"你生气了,我把你抱到这里来,你不喜欢这样做。"那样诚然可以把他带进游戏室,但并非所有的治疗者都是亚马孙族女战士,而且也并非所有儿童都是软骨头!所以治疗者还是应试着让他自己进游戏室为好。治疗者可以说:"约翰尼,我真高兴见到你。你喜欢桌上的米老鼠吗?"(如果约翰尼转过身去)治疗者就可以说:"啊,你不认识我,好像不喜欢和我说话。"治疗者要注意说话的语气,不要听起来像是责备。同时要注意到他的妈妈,她很可能会说:"约翰尼,阿姨给你说话,你要看着她。"或许约翰尼抱怨说:"我不要,我要回家。"治疗者可以说:"你不想和我玩一会再回家,游戏室就在那边,你要不要到那里去看看再说。"治疗者带路,妈妈跟着,约翰尼勉强拖在后面。这时治疗者可以乘机对妈妈说:"你不是要同赫先生谈谈吗?"约翰尼太太说:"对。"治疗者说:"要是约翰尼不想和我呆在游戏室玩,他可以在接待室等你。"妈妈接着说:"行,约翰尼,你愿意在接待室等我吗?大约我要出去一小时。"约翰尼眼泪汪汪地说:"我要和你一起去!"治疗者说:"约翰尼,你不能和她去,她要单独和赫先生谈话,你愿意在游戏室还是在接待室等,由你自己决定。"约翰尼眼泪更多了,蹑手蹑脚走进游戏室。这简直是一场战斗。

治疗者要考虑到这位妈妈会不会合作,因为她对约翰尼已娇惯了,可能会和约翰尼一起进游戏室。要是母亲进去,就不可能实现治疗接触。她要说:"约翰尼,游戏室只准儿童进去,你妈妈可以在外边等你的。"他哭了,治疗者说:"约翰尼不想离开妈妈。"这时妈妈又来做证:"他害怕单独一个人进游戏室。"但是约翰尼却慢慢向游戏室走去。关了门,妈妈在外面等。

妈妈不离开约翰尼怎么办？有治疗的可能吗？儿童在游戏治疗时，有时母亲也坐在旁边。现在约翰尼肯让母亲离开，是进步的标志。要是妈妈坐在那里，治疗者该怎么办？按照治疗基本原则，妈妈是可以留下来的。他们俩人都在游戏室，治疗者可以了解妈妈和约翰尼之间的感情。这个办法虽未经过试验，但是，如有必要，而治疗者处理得巧妙，至少妈妈能获得某种自知力。约翰尼也可能表现出对母亲的依赖，要她做这做那。治疗者对这些态度和感情要机警地做出适当的反馈。约翰尼要妈妈教他玩娃娃。约翰尼还要妈妈告诉他做什么。或许妈妈会插话："约翰尼，不要那么做，要这样玩。"治疗者也可以反馈妈妈的感情，帮助她得到一点自知力，"你以为约翰尼不能自己解决，什么事你都喜欢告诉他怎么做。"但是这种做法对没有经验的治疗者是不宜提倡的。

大多数儿童都乐意到游戏室，是治疗者最好的愿望，儿童心甘情愿和治疗者一起进去，既可使儿童在游戏室得到最大的满足，同时他们也容易建立热情友好的关系。

提醒一下，治疗者为力求达到感情融洽，往往无意中给这种关系施加某种微妙的影响。例如治疗者对一个愿意合作的儿童说："哎呀，你是多么能干的孩子！想到游戏室去玩吗？那里有颜料、泥和各种玩具。"如果到了游戏室，而且画起画来，他可能会对治疗者说："我画得不好。"然而她却回答："噢，我看你画得很好，这完全是你自己画的！你认为不很好。"最后才反馈了表示的态度。但是，这已打了折扣。因为她先说了称赞的话，这样做不太好。

另一案例是，兄弟俩，弟弟4岁，哥哥5岁，同时在做游戏治疗。在画画时博比不小心把颜料溅出来了，自己用抹布擦干净了。治疗者说："博比细心，把溅出来的颜料擦干净了。"由于这句话，就会使他们在这次接触中表现出自己的细心。他们说："瞧，我多么细心，看见了吗？我很细心。"最后，他们还要向治疗者证实，"瞧，老师，我是多么细心！"治疗者无意中指导他们的行为，在游戏室赞扬儿童做的事反而会影响治疗效果。

没有经验的治疗者,可以研究一下6岁儿童奥斯卡的案例。他是由母亲带来做游戏治疗的。父亲去世时他才2岁,患了麻疹,病情很重,被送到亲戚家。母亲又患精神崩溃症,住了3个月医院,康复后任私人秘书。把奥斯卡领回请保姆带:保姆不善于带孩子,经常换人,有时还受佣人虐待。奥斯卡根本没有安全感,他无安全感、好攻击、好斗、消极,有对抗情绪又有依赖性,是一个充满矛盾感情的典型。他的母亲迟疑、紧张地带他去见心理学家,下面是初次接触的摘录。

母亲:他是奥斯卡,天晓得你能对他有什么办法!他就是这种人。

治疗者:你愿意和我一起到游戏室去吗?

奥斯卡:不!住嘴!(叫嚷)

母亲(也叫嚷):奥斯卡,你要有礼貌。不要胡闹!

奥斯卡(声音更大):要!要!就要!

母亲:你!你就要。你知道我带你来干什么?就是为了坐坐汽车吗?

奥斯卡(哭):我不要!

这时,没有经验的治疗者该想想应怎么办,哄骗他到游戏室去吗?"游戏室里有许多玩具,你是好孩子,跟我去看玩具"这样是没有接受奥斯卡的现实表现,他根本不想去。或者她应该以遗憾的口吻说:"你妈妈老远把你带来,可是你还不想和我到游戏室去!"这样虽反馈了他的感情,但含有谴责的意思,等于是说:"你这不是一个辜负妈妈好心的小畜生吗!"如果治疗者只想反馈他的感情,可以说:"你不愿跟我去。"

治疗者:你不愿跟我去。

奥斯卡:是的!(向治疗者做鬼脸,紧握拳头)住嘴!

母亲:你如果不去,我就把你留在这里。

奥斯卡(紧紧拉住妈妈哭):不要留下我,不要留下我。(歇斯底

里地哭）

　　治疗者：妈妈吓唬奥斯卡，硬要他留在这里，把他吓坏了。
　　（这虽承认了奥斯卡的感情，但是谴责了母亲，她勃然大怒。）
　　母亲：好，我有事去了，真的，奥斯卡，你不住嘴，好好跟着阿姨去，我就把你留下来！要不，我就把你送人！
　　奥斯卡：你等我吗？（可怜样子）我玩好了，你在这儿等吗？
　　母亲：当然，只要你听话，我会等。
　　奥斯卡（放开紧抓妈妈裙子的手，伸手去紧抓治疗者的裙子）：你等吗？
　　治疗者：你要妈妈答应等你。
　　奥斯卡：你答应吗？
　　母亲：我答应。
　　（治疗者和奥斯卡进了治疗室，随后关了门）
　　奥斯卡（大声哭）：不要关门！不要关门！（泪流满面）
　　治疗者：你不让我关门，你怕门关了和我呆在这里。

　　这话承认了奥斯卡的感情，他抬头望着，惊愕，然后点了头。现在该怎么办呢？治疗者承认了他的感情后，就不予理会了，并说："我们进来了就得关门。"难道相信这是重要的限制吗？效果会如何呢？治疗者既然承认了他的感情，还能把它置之不理吗？她是否完全接受了奥斯卡害怕关门的现实。她向他表示了让他自己选择和领路吗？她是否形成了许可的气氛，让他表达真实的感情呢？她是否坚持完全尊重这儿童呢？如果她关了门，她似乎摒弃了这些原则，那么她到底该说什么呢？

　　治疗者：你不要我关门，怕把门关了只有你和我呆在这里。好，我们让门开着，你想什么时候关就什么时候关。
　　（这就把责任交给了奥斯卡，由他选择做出决定。这时奥斯卡在游戏室里四下张望，心情放松了，但又表现出攻击性。）
　　奥斯卡：我要把这里的东西都打碎！

怎样进行限制呢?治疗者应该说:"这里的玩具你可以随便玩,但是不能打坏。"或"这些玩具别的儿童也要玩,你不能打坏。"这样说没有反馈奥斯卡表达的感情。

治疗者:你现在很恼火。

奥斯卡(瞪眼看着治疗者):我也要把你打烂。

治疗者:你还在生气。

奥斯卡:我要……(突然笑)我要……(他在游戏室里走来走去,拿起玩具电话)这是什么?

这是在向治疗者挑战,她应该说:"你想知道这是什么吗?"或"这是电话"。这时简单回答这个问题,对治疗更有利。

治疗者:这是玩具电话。

奥斯卡:我也要把它打烂。

治疗者:你也要把电话打烂。

奥斯卡(逗人地笑了起来):对,我就是喜欢把东西打烂,还要打人。

治疗者:你喜欢砸东西,还要打人。

奥斯卡(安静地):对,嗬,瞧,盘子。我要玩家家。(开始摆桌子,然后拿起电话讲话)喂,是你吗?玛丽?哦,我在家,正在吃饭。(面对治疗者)我在吃晚饭,对吗?

治疗者:你正在吃晚饭。

奥斯卡(又对电话):是的,我正在吃晚饭。我们在吃什么?(像是玛丽在问他?转问治疗者)我们在吃什么?

治疗者:要我告诉你我们晚饭吃什么吗?

奥斯卡:是的,快点讲。

治疗者按菜单上说,还是反问"你喜欢吃什么呢?"或"你真的要我告诉你吗?"按菜单上说更有利于游戏继续进行下去。治疗者很快说出了一些菜的名字,奥斯卡逐字在电话里重复一遍。

奥斯卡:什么?你想知道我们这儿有娃娃家吗?(向治疗者问)我们有娃娃家吗?

(娃娃家明明在那里)

治疗者:我们有娃娃家。

奥斯卡:我们有玩具士兵吗?

(向治疗者复述这话,治疗者回答:"我们有玩具士兵。")

奥斯卡就这样逐个说出游戏室里所有的玩具,治疗者也回答了他每一个提问。奥斯卡当然知道这些问题的答案,那么他想干什么呢?明摆在面前能看到的东西,他为什么要继续问治疗者呢?这正是奥斯卡企图和治疗者建立融洽关系所做的事,他问了许多看得见的东西后对着电话说:

你想知道我要亲亲这个好阿姨吗?(然后对着治疗者)阿姨,我能亲你吗?

治疗者别忘掉治疗原则,不能表示出过分的亲热,否则会遏制治疗,她可以说:"你想亲我吗?"或者:"你想知道能不能亲阿姨?"

奥斯卡(笑嘻嘻):"我想。"

他走过去,轻轻地亲治疗者的手。接着,或许想起了他的旧我,跑过去,抓起锤子狠敲钟床。房门还是开着的,这又给治疗者提出了一个问题,这门该怎么办呢?声音大得骇人,在他忙着敲的时候,把门关上吗?还是启发他注意声音太大,问他要不要关上门呢?还是应该对这小家伙守信用,等到有人被噪声打扰过来看时,才叫他停止敲打呢?但是,在这种特殊环境中,是没有人会被这声音打扰的,也就没有关门的必要了。但是,如果有人进来了,似乎这也是治疗不可避免的组成部分,告知奥斯卡,声音太响干扰了别人,或必须关上门,或者说不要敲出声音来,都要让他自己做出选择,同时还要及时反馈他表达的感情。这就是根据实际情况,对这种许可的治疗环境加以限制。

下一个星期,奥斯卡和治疗者进游戏室时,自动关了门。如果他不这样做,治疗者就要一直等到他自己决定做出这种行动为止。通过治疗者的建议可能会加快这种事情的进行。他自动关门可能说明他在与治疗者建立关系中有一定的进步,是对治疗者信任的表示。同时也表明奥斯卡在走向新的独立自主方面有了进步,有能力做出自己的选择。

集体治疗的运用

在集体治疗中,治疗者和儿童之间的关系虽然没个别治疗那样亲切,但有几个儿童同时在场,各人对情境的反应不同,仍有利于发展融洽的关系,他们中善于表达的儿童领了先,那些胆怯的儿童观察了带头人的活动,胜过于他亲自试验环境的安全感,从而在集体情境中迅速实现自我表现。但有的儿童也会感到情况复杂,而退缩到其他儿童之后。

许多儿童在游戏室里,环境新鲜,他们开始可能会感觉到有一种压力,因而会产生不同的反应。有的则会进行大胆地探索,有的会因恐惧而哭泣。

治疗者应注意,不要专门对一个儿童反馈,而忽略其他人,应该注意帮助其中最落后的儿童。

初次集体接触,由于室内儿童较多,可以缓和一下紧张的气氛,儿童可能不像个别接触开始时那样拘束,对治疗者的反应也就比较自然了。

在集体治疗时,也许人人都感到比较安全,儿童接受治疗者的速度也就要快些,所以集体治疗时,儿童对治疗者的信任感要比个别治疗时增长得快些,一般说来,集体治疗易加快治疗者和儿童之间良好关系的建立。

第三节 完全接受儿童——治疗者要完全接受儿童的现实表现

治疗者是否完全接受儿童,主要表现在她的态度。她要耐心、不厌其烦地和儿童保持平静、稳定和友好的关系;她在语言上没有任何批评和责备的语气——无论是直接的还是间接的;她也不要对某些言行进行表扬。儿童有许多含含糊糊的动作,不警惕的治疗者可能会陷入它的圈套。儿童非常敏感,治疗者微小的表示,他都能体会到是接受还是拒绝。

治疗者应该考虑到,父母带儿童来治疗,即使没有完全抛弃他的孩子,也可能是不完全信任孩子。因此,治疗者完全接受儿童,是治疗成功的关键。如果治疗者不能充分接受儿童,他就没有勇气表达他自己的真实感情。如果儿童感觉到自己没有被治疗者接受,他尽管做这说那,都不能避免产生罪恶感。所谓接受,并不是赞成他做的事,赞成儿童某些消极的情绪,这对治疗是有害的。

琼12岁,不听管教,由母亲带来治疗。她不尊敬母亲,常和弟弟吵架,也不和同学交往。母亲把情况介绍后,治疗者带琼到了游戏室。治疗者试图通过语言建立情境:"琼,这里的玩具你可以随便玩,还有颜料、泥、手指画颜料和木偶。"治疗者向琼笑笑,她却瞪着眼看治疗者,有些厌烦。一会儿,琼坐下,还是板着面孔一声不吭。治疗者企图打开僵局说:"你不知道先做什么吗?那边娃娃家里有娃娃,你喜欢玩娃娃吗?"

琼摇头表示不喜欢,治疗者继续要达到她的目的:"你不喜欢玩娃娃,别的东西你也不喜欢玩吗?这些东西你可以随便玩。"琼仍冷冰冰地一声不吭,治疗者接着说:"你不想玩,只想坐在这里。"琼点头同意。治疗者说:"很好。"她也坐了下来。她们默不做声地坐着。治疗者的心情很紧张,她怀有希望地问:"你不愿讲话吗?"琼说:"不。"治疗者的铅笔在笔记本上轻轻地敲着、踮踮脚,看来对琼有些生气了。这种沉默叫人恼火。她俩在继续进行一场沉默战,琼当然明白这一点。

等了好一会,治疗者说:"你知道到这里来干什么吗?"琼瞪着她。"你妈妈带你到这里来,是希望你得到帮助,解决你的烦恼问题。"琼转眼看到别处,冷淡地说:"我没有什么烦恼问题。""嗯,那么你想干什么就干什么吧。"治疗者说。琼很生气,治疗者也很气愤。

治疗者:你今天上学了吗?

琼：上学了。

治疗者：一切都好吗？

琼：好。（又沉默）

治疗者：琼，你知道，我在这里帮助你，你要把我看成好朋友。我希望你告诉我。什么使你烦恼。

琼（叹气）：没有什么使我烦恼。

无疑，治疗不顺利，没能建立融洽的关系。琼很敏锐，知道这里也不会接受她。而且琼对母亲带她到这里来也很恼火，有对抗情绪。遇到这种情况该怎么办？

有时治疗者认为，如果她拿出泥来搓，做出吸引人的样子，或吸引儿童参加活动。然后趁机问："你也喜欢这样玩吗？"这时治疗者成了一个有礼貌的参加者。但是人们要问，治疗者何时才能从这种礼貌地应付抗拒阶段摆脱出来。

在这个案例中，治疗者试图控制初次接触活动。这女孩能做点什么对她是很重要的，所以她启发这女孩，想推动她做些事情。"你不知道先做什么吗？"其实，这句话是在批评琼没有参加活动。治疗者承认了琼的感情，她该说："你不想玩，只想坐在这里。"但是，治疗者却不能接受这种情况，催促得更急："你愿意这样谈话吗？""不。"这也是没有接受她。治疗者很紧张，不耐烦地用铅笔敲笔记本和跺脚！治疗情境已渗入了威胁的成分，犯了原则性错误。"你知道到这里来干什么吗？"意思是说，你没有问题就不会到这里来，最好乖乖地做事吧。她甚至把"问题"这个词也拉进去了。而琼却不认为有什么问题，治疗者也不接受她的否定。她说："我希望你告诉我，什么使你烦恼。""你想干什么就干什么吧。"琼就用沉默来抗拒。治疗者用的方法已前后矛盾，她开始试探："你今天上学了吗？"接着又命令式地伤害她："你要把我看成好朋友。"治疗者既没有接受她，前后又矛盾，哪里能谈得上是在治疗。

治疗者企图巧妙地吸引这女孩参加活动，同样没有成功。如果这女孩来治疗前一直为抗拒而挣扎,为什么到这里来还要一直继续抗拒呢？很明显她不想玩也不想谈话,为什么不接受她,允许她默默地坐在那里呢？治疗者接受了这儿童,就要跟着她。她会知道在游戏室里可以玩任何东西,随便玩多少时间。开始就应该给她讲清楚,要玩就玩,不要玩就不玩,要说话就说,不愿说话就不说,都由她自己决定。治疗者只是跟从她,如果自己想做点什么的话,也可以做笔记。治疗者应很敏锐地反馈女孩表达的任何感情。不论是她叹气还是看窗外,都可以反馈给她:"你和我坐在这里厌烦,或许你想到外面去。"琼听到这样的话心情可能会舒服一些。她如果坚持不动,治疗者同样应该接受她。

这样和儿童在游戏室接触应呆多长时间？这一点将在第九节《限制的价值》中加以讨论。

接受儿童是建立初步接触或使儿童进游戏室活动的重要一步,所以治疗者在治疗时对儿童的言行都要保持接受态度。作指导性治疗的各种因素,是相互交错、彼此影响的,其过程非常复杂、难于确定,只要治疗者不容许儿童自己做出决定,就不是接受儿童。没有接受儿童,就不可能容许,也绝不会把做选择的责任交给儿童。换句话说,这就是不尊重儿童。治疗者对某一原则如何贯彻,取决于她对这一原则的理解程度。即使儿童有时表现出狂暴的攻击性感情,治疗者也必须敏锐地接受那种感情。沉默,在这样的时刻可能被儿童误解为不同意和不接受。治疗者的声音、语调、表情、一举一动都影响接受的效果。

集体治疗的运用

这条原则在集体情境中应用时,治疗者必须不断检查儿童的各种反应,但不能让儿童在集体中感到自己在和别人进行比较。治疗者的反馈不管是直接的还是间接的渗入了表扬或批评的因素,就会不知不觉地引起儿童的比较感。例如"约翰很能干,他正在忙着",这句话可能被其他儿童看成是在批评他们。又如儿童在玩泥球,似乎毫无目的,治疗者说,"比尔,你不知道做什么吗？"这就等于对他批评。根据治疗的观点,治疗者最好的反应是客观反馈儿童表现出的感情和态度,而不是说任何赞扬的话。治疗者的一举一动给儿童无偏见的反应,对消除儿童误解的感觉起着重要的作用。

事实表明,治疗者和儿童集体接触比个别接触时更容易建立接受的感情,而含有批评的因素就不会进入这样的情境。

第四节　建立一种许可的感情——治疗者在与儿童建立这种关系时,要让儿童有许可的感觉,能自由表达他的全部感情

治疗时间是属于儿童的,由儿童自己支配。在治疗室里,儿童表达感情的深度取决于治疗者的许可态度,尤其取决于治疗者的口头表达。例如,儿童和治疗者一起进入游戏室时,治疗者说:"这些玩具你可以随便玩,可以玩一小时。"胆小或缺乏经验的儿童,可能不知道怎么办,因此有的治疗者认为,儿童初次进游戏室时,最好花点时间指点和讲解使用这些材料的方法。"架上的颜料可用来画画,这些是大纸,这块是擦颜料的抹布。这个罐里有泥,你喜欢做什么东西都可以用它做。这是手指画颜料,你可用指头把它在湿纸上涂画。这是木偶,你可以套在手指上表演,你要它说什么话你就说什么。这里是娃娃家,有爸爸、有妈妈、有毛娃。你在这里一小时,是你的时间,你可以随便玩。"

儿童第一次治疗时,就会仔细观察这些材料,体会治疗者的态度。因此,治疗者不仅要用语言表达,还要在表情、声音、语调和行动等方面表示容许的态度。

例如,儿童在玩的时候有意乱泼水,治疗者立刻把它擦掉,这个行动多少会抵消语言表示的许可。

如果治疗者认为儿童的主要问题是家庭关系,因而把娃娃家推到他面前说:"你看见了这个娃娃家吗？你不喜欢玩这些娃娃吗？"这样做就不是允许儿童自己决定选择。

如果儿童拿着泥球,无意识地乱搓,治疗者也不要说:"你不知道

做什么吗?"如果这样,儿童能误以为治疗者不乐意他这样做。许可就是容许儿童按照自己的意愿决定怎样行动,怎样用这些材料。

经常会出现这种情况,儿童自愿进游戏室,但胆怯地站着或坐在那里,不活动也不说话,治疗者怎么办呢? 不停地怂恿他用玩具参加活动? 如果治疗者和儿童一起玩,治疗者的某种行动,可能会导致儿童跟着做。与其说这样做是非指导性方法,还不如说他是有支持作用的方法。如果儿童继续依赖治疗者的支持,这就会成为一种障碍,治疗者在今后的治疗中还须加以消除。但又不能突然地改变方法,以免引起儿童产生错觉,或不满,不愿积极参加活动。看来不作任何建议,而只表示许可对治疗会更有利。例如治疗者说:"你可以随便玩这些玩具,"但这个儿童并不想玩,那就让他不玩,儿童更会感到治疗者的谈话是前后一致的。如果治疗者接受他的沉默,让他什么也不做,就意味着她的说话算数,儿童就会真正按照自己的意愿去做。儿童也会认识到自己的选择是他的责任,在自己做人,自己开辟行动的道路。这里没有人告诉儿童做什么,在这种关系中会有安全感,但又不是在有意支持他。当然这也需要一定的时间才能使儿童自己感受到自信的力量。儿童有时也可能不愿别人帮助而获得独立和自我指导,治疗者支持性的干预反而会延迟他向独立发展的进程。如果治疗成了僵局,则可过一段时间,治疗者以友好、平静的口气对儿童说:"开头是难的,你不知道做什么好,宁可坐在这里什么也不做。"他可能以笑回答,甚至可能点头同意,但仍默不作声坐在那里。治疗者就要陪着儿童一直坐到治疗时间完毕,继续表明"你可以玩,也可以不玩——随便你"这句话的诚意。而不是设法指导儿童怎样利用他的治疗时间。

从第一次治疗开始,就要让儿童知道治疗者相信他自己有做决定的能力,并坚持这项原则。

有时,儿童是在探测阶段。儿童开始怀疑这种许可态度,他要试探真假。呆坐可能就是试探治疗者,看她说的话是否算数。或者,那种呆坐是反抗——消极反抗别人改变他的意愿,这也是儿童表示抗拒要改变他的一切力量。例如他不参加游戏活动是表明他对外部压力的不满。这时,最好是允许他用那种方式表示不满。

这种许可关系不仅初次接触时需要,而且应该贯彻到每次和儿童的会见中去,但是治疗者要始终如一地保持许可的气氛是不容易的。有很多事会影响这种许可感觉——甚至有时治疗者完全出于无意。另外,治疗者不要指导儿童的言行,也不要用提问的方式直接探听儿童的情况。

例如,5岁儿童梅来诊所治疗,是由于难忘进医院的痛苦经历。她在玩娃娃家时,把一个女娃娃放在玩具车里,在地板上推来推去。治疗者抓住这个关键时刻,说:"这个小女孩上医院去吗?""是的,"她说。"她害怕吗?""是的。""后来怎么样了?"她不回答,站起来走向窗户,背对着治疗者和娃娃家,问道:"还有多长时间? 时间到了吗?"她就这样回避别人对她的探听,因为她没有准备你去探索她过去十分烦恼的经历。这就是治疗者没有按这个儿童的现实去接受她。

治疗者要关心儿童表达的感情。儿童到游戏室来,不会马上玩出他内在的感情,他们有一个观察、试探和熟悉的阶段。假若儿童能暴露自己的感情,就说明他已信任治疗者了。在这种情境中,他感到非常安全,他不仅会流露出"好"感,也会流露出"恶"感,他不会顾虑成人赞成与否。对治疗者这种信任,是建立在治疗者坚持一贯应用这些基本原则的基础上的。

由于儿童利用了游戏治疗接触,他不会产生罪恶感,这点很重要。在非指导性治疗过程中,切忌鼓励、赞成和表扬的方式。这些反应可能会使儿童引起罪恶感。不赞成、消极的批评同样会影响他们的活动。最好既不批评,也不表扬。

例如,儿童进入游戏室开始画画,治疗者坐在那里观看,或做笔记。儿童说:"我画得不好,真糟糕。"也许这张画画得很好,治疗者应该给他指出来吗? 她应该说:"你认为画得不好,我看你画得很好。"治疗者的看法虽不重要,如果她说:"你认为自己画得不好。"可能儿童因此就把这张画全涂上黑色。这意味着他很沮丧,要用墨把它涂掉,还是对治疗者没有充分欣赏他的艺术品,而表现不满呢? 或者是表示他没有被接受反应呢？如果治疗者跟随儿童，他会把感情暴露出来，并得到承认。治疗者不要走在儿童前面，更不能凭推断把根本不存在的东西加进情境中去。

许可有助于治疗取得成效，它与接受儿童的程度有直接关系。9—11岁之间的儿童，如果他认为被治疗者完全接受了，他也会痛打妈妈娃娃、把婴儿埋在沙里、躺在地板上、吸吮奶瓶。而且做这些事情，不会觉得惭愧或有罪恶感。这样，治疗者就建立了许可的感情。儿童就会自由表达他的感情，发泄强烈的攻击性和破坏性冲动，或放声叫喊，到处扔沙，把水吐在地板上等等。他就不再紧张，心情也放松了。也就是儿童已消除了旧的感情，准备建立新感情，为发挥建设性的行为奠定了基础。这就是治疗使儿童认识自己的行为、理解自己、相信自己，从而知道自己能做的事情。

集体治疗的运用

集体治疗能加速许可的感情，每个儿童会从集体中得到安全感。有的儿童在集体中是一马当先走在前面，其他儿童也会跟着他鼓起勇气参加活动。在集体中，每个儿童都会直接或间接地判断这情境中的许可，从而可以缩短试探的时间。例如吉米有勇气拿奶瓶喝水，显得很愉快，这就鼓励了沉默寡言的弗雷德想试试看。又如梅有胆量痛打爸爸娃娃，或许琼也会有勇气痛打婴儿娃娃（如果那是她的感情）。活动时非常拘束，害怕把自己身上弄脏的儿童，在别的儿童画得很高兴的时候，也可能被吸引，去试试手指画。儿童都在注意治疗者接受了的每个儿童表达的感情，于是这种感情就会传染开来。

第五节 承认和反馈感情——治疗者要迅速承认并反馈儿童表达的感情，使他能洞察自己的言行

初次接触中，治疗者的反馈通常很呆板，尤其对内容的反馈多，对感情的表达少。其实，治疗者和儿童都在试探，考虑如何建立融洽的

关系。儿童会探索游戏室,拿起娃娃问:"这是什么?"治疗者回答:"娃娃"。他指着颜料问:"这是什么?""颜料,小朋友想画画,他们可以在画架上画。""这是什么?"等等。有的治疗者企图抓住这机会,问:"你想知道那是什么?"但是,这样的反馈不仅没有效果,反而会使治疗陷入困境。对这种具体问题,如果直接回答,儿童就会继续问下去。一般地说,儿童问这问那是想和治疗者亲热。所以,无论是在与儿童直接谈话,还是在游戏中,治疗者都要注意儿童表达的感情,因为这是儿童很自然的表达感情的形式。

承认感情和解释感情是截然不同的,但两者之间又难以绝对区分。儿童的游戏是他的感情的象征,无论何时,治疗者只要试图把象征性的行为翻译成语言,她就要解释,因为她说的是她认为儿童在行动中表达的东西。看来这是不可避免的,而且有时甚至是有益的。但是,用语言解释要谨慎,治疗者尽可能不要解释,即使要解释,最好以儿童能亲眼见到的游戏活动为基础,换言之,治疗者的反馈也该包含儿童已在用的象征。

例如,一个6岁男孩,由于有过分恐惧和忧虑的心情被带到诊所来做游戏治疗。他玩娃娃家时,拿出一个男孩娃娃,对治疗者说:"她把这个男孩送到这里来,这里有流沙。这男孩害怕,哭着对妈妈说,'我害怕',但妈妈一定要他来。看啊!他就要沉下去,沉到流沙下面去了。"这男孩把娃娃埋在沙里,自己显得十分忧虑和害怕。他生动地表达了自己的害怕、不安全和没有被理解的感情。无疑,这个儿童暴露了自己的主要问题,治疗者对此应该怎样反馈呢?治疗者可以跟着他说:"这男孩被送出去,在那边有流沙他害怕,这男孩哭了。他对妈妈说害怕,但是妈妈一定要他去,他被埋在沙里了。"这儿童说"这男孩",治疗者就跟着说"这男孩",把他说的话全部反馈给他。如果治疗者说:"你害怕,你的妈妈没有注意到你害怕,使你更加害怕了。"这样解释就超越了这个儿童的话,解释本身可能是真实的,但在儿童没有思想准备的条件下,强加给他这样的东西是危险的。如果这个儿童说:"我也害怕,而且有时我哭了,但是我的妈妈一定要我这样做。"他这样才是有准备接受这种直接的反馈。同样,如果儿童用娃娃作自己的媒介,治疗者也应该这样做。

治疗者领会和接受了儿童表达的感情,儿童会继续进步,从而能看到儿童获得的自知力。

前面提到汤姆的第一次接触,就证明了这种情况。汤姆在这次接触中,把咨询接触变成了游戏治疗,他选择了表达自己的手段。治疗者明确地反馈了他的感情,由此他获得了足够的自知力,他从否认自己有问题到认识每个人都有问题,当然包括他自己也有问题。许可的情境给他有权决定去或留,说话或保持沉默。这使他感到轻松愉快,想做什么就做什么,相信时间是他自己的。有趣的是,在接触的后半段时间里,他又返回到最初的那句话,"没有什么要说了"。当被治疗者承认,让他自己决定再回来还是离开后,他摘下帽子,脱掉外衣,又决定留下来了。

在这案例中,在接受、承认、许可汤姆的情境中反馈了他表达的感情,就有助于汤姆弄清自己的思想,从而朝着帮助自己的方向迈出积极的步伐。

有时,儿童的语言和游戏是矛盾的。例如杰克的案例。他的父母离婚后又都另外结了婚,父亲只抚养他的哥哥,让他一个人住在儿童养育院,他对此很不满——特别是不允许他把玩具(尤其是枪)带到这里来。这是他常记挂着的。

杰克已做过五周的游戏治疗,有一次他回家去,本来想在家多玩几天,希望能得到玩具。杰克从家里回到游戏室那一天,他开心地笑了。

杰克:嗯,我回家去过了。(他坐在画桌旁,拿一张干净纸放在面前,打开颜料盒,开始画画。仍然高兴地笑着)我见到了爸爸和哥哥,你知道为什么他们不来看我吗?

治疗者:不知道。

杰克:他们怕我见到他们,不带我去会使我难受。这是爸爸说的。我们到乡下去了一天,吃了一次野餐,有冰淇淋和糖,还坐了了船。我向爸爸要玩具,还问了我的枪。(杰克一个劲地讲他回家的经过。

他在纸中间画了一个小绿点,在它周围又画了很多黑点点,最后这张纸涂成一片黑色)是的,我真的回家过了。但是我没有拿到玩具,枪也被哥哥弄断了,可是他自己还有很多玩具。他住在那里很开心。

治疗者:你回过家了,但是很失望。(这是治疗者在解释,把杰克的话概括了一下)你没有得到想要的玩具,你的枪也弄断了。

杰克:是呀。(他从桌旁站起来,到架前拿一个奶瓶回到桌旁,坐在治疗者对面)我给他讲了这里的一些事情,还向他要我自己的玩具。(他好像要流泪了,望着治疗者)我是婴儿(吸奶瓶)。

治疗者:现在你是婴儿。你认为回家时他们对你很不好。(这也是解释,超出了儿童的表达范围。实际上,这是治疗者感觉到的这个家庭的情况。但是它触及到了杰克的感情,他接受了)。

(杰克喝了一口水,猫着腰吐在地板上)

杰克:瞧,我吐在我家里。

治疗者:吐在你家里。

(杰克拔掉橡皮奶头,又喝了一口水,再次吐在地板上)

杰克:我吐在哥哥身上,吐在爸爸身上,还要吐在他们脸上。他们不肯把我的玩具给我,他把我的枪弄断了,我还要吐在他们身上,让他们瞧瞧。(他一次又一次喝了水吐在地板上)

治疗者:哥哥和爸爸这样对待你,你很恼火,要把水吐在他们脸上。

杰克:他们把我的枪弄断了(他走到饮水喷嘴前,又把奶瓶灌满继续向哥哥和爸爸吐水)他们带了新地毯回家,瞧,我要吐在地毯上,把它通通打湿,弄坏。还有哥哥的新衣服!我要吐在他的新衣服上,把它弄坏。

治疗者:你要报复,把他们的新地毯弄坏,还要把哥哥的新衣服弄坏。

杰克(愤怒地):我恨爸爸!我恨哥哥!

治疗者:你恨爸爸,你恨哥哥。

(杰克突然很安静地坐在治疗者对面,说话声音也低了。他又把

橡皮奶头套在瓶上,开始吸)

杰克:我回家时,不知要住多久,衣服带少了。在家住的时间比我原来想要住的长,他们也从不告诉我。

治疗者:他们什么都不告诉你,你不知道要在家里住多久,不能自己做计划,衣服也带少了。

杰克(拿了父亲娃娃,把它的头往桌上砸):就要这样对你!瞧瞧!看你还敢不敢!

治疗者:你要使劲打他。

杰克(开始拧父亲娃娃的头):叫他的油头掉下来我才开心。(大笑)

治疗者:把他的头拧下来你就开心了。

杰克:活该,谁叫他把我的玩具都给了哥哥,不让我带到这里来,枪也给我弄断了。

治疗者:你认为他们对你不好,他把你的玩具给了你哥哥,你要你的玩具,也要你的枪。

杰克(把父亲娃娃扔到房间另一边去了):我的衣服带得不够,只好穿脏衣服,玩具也没能带回来。

治疗者:你只好穿脏衣服,要的东西也没得到。

杰克:臭骗子!

治疗者:他骗走了你的东西?

杰克(拿起一个小泥球):这泥能给我吗?

治疗者:你喜欢就拿吧,但是我不能送给你,你知道它应放在这个房间里,你到这里来就可以玩。但是你不能拿出去。

杰克:我要。

治疗者:我知道你要,但是你不能拿走。如果别人想拿就拿走,你来这里就没得玩了。

杰克:那么我们就不能再来了吗?

治疗者:能来,但是没有玩的东西了。

杰克(把奶瓶推给治疗者):帮我装满水。(治疗者装水时,杰克以为她不注意,把小泥球塞进了衣袋,接过奶瓶喝起来)水出不来,有别针吗?

治疗者:没有别针。

(杰克的裤子大了四号,没有别针就会掉下来。当他取别针戳橡皮奶头时,裤子往下掉,他厌恶地低头看裤子。)

杰克(气愤地):瞧,这衣服穿起来太大了,他们怎么不给我做件合身的衣服。

治疗者:你不喜欢穿这件衣服。

杰克:你给我一点泥好吗?

治疗者:杰克,我知道你想要点泥,如果给你泥,你当然开心。你还想有自己的玩具,枪,但是都没有了。现在你要我给你泥,但我不能给你,泥应该放在这里。(这些话是治疗者的解释,超过了杰克的简单要求。这样讲不合适)

杰克(沮丧地):没有人会给我东西。(这是对治疗者的反应)

治疗者:使你不高兴了。(这是根据杰克的声调和面部表情推断的。)

杰克:如果你把东西给了别人,我们就不会到这里来了。(他偷偷地把泥球从衣袋里拿出来放回桌上)我们还会到这里来,但是这里没有东西好玩了。

治疗者:对了。

杰克:我把泥放回来了,看到了吗?这就是我拿的那块。

治疗者:你想要这块泥,自己就拿了,但没有把它拿去,还让我知道已把它交还了。

杰克(翻自己的衣袋):看到了吗?我都放回来了。(他想重新用别针别上裤子,没别上,把别针直插进去,戳到了肉,就骂起来)

治疗者:别针不好使吗?

杰克:别不上。

治疗者:要我帮你吗?

杰克:好,最好你给我买件合适的衣服。

治疗者：你不喜欢穿太大的衣服。
杰克(强调地)：当然不喜欢。(他到饮水处把奶瓶倒空，回来把房间拐角的拖把拿去拖地)今天我弄得太脏乱了，是吗？
治疗者：你认为今天把这里弄得太脏乱了。(杰克打扫游戏室)

这个案例中，杰克礼貌地说出了他回家的情况，接着又激动地表达出他对家庭的真正感情。有趣的是，他表达的感情得到承认后，又看到他充分地发泄自己的感情。接受杰克的消极感情，允许他自由发泄这些感情，并反馈给他，有助于使他得到足够的自知力，于是他归还偷去的泥。尽管他没有明显表示出把水吐得整个房间潮湿有罪恶感，但是还是比较积极地结束了这次治疗。把游戏室打扫干净还是第一次。

集体治疗的运用

游戏室有几个儿童在玩，治疗者不可能抓住所有儿童表达的感情，因此对儿童感情反馈的机会就减少了。但是他还是该尽量注意到每个儿童的情况，并分别作出反馈，就不会有儿童感到自己被忽视了，但要做到这点并不容易。儿童为了得到治疗者的注意，有时会模仿别人的动作。如果治疗者觉察到这种模仿是为了取得治疗者的注意，那么她也应该反馈儿童这种意图，而不能只反馈他的表面活动。下面这个例子，治疗者就忽视了这一点。

德尔伯特：我要为妈妈画张画。
治疗者：你想为妈妈做点事。
詹尼：我也要画一张画。
治疗者：你也想画画，像德尔伯特一样。
德尔伯特：我是为我妈妈画的。
治疗者：你想为妈妈做点事情。
詹尼：我是为妈妈……为妈妈……为妈妈画的。
治疗者：你想为妈妈做点事情。

德尔伯特：这是我为妈妈画的一杆机关枪。

詹尼：这是我为妈妈画的一杆大机关枪。

德尔伯特：我画的枪跟这张纸一样大。我妈妈还有大、大机关枪。

詹尼：我要画得比这张纸还要大，我要把两张纸连在一起，给我妈妈画世界上最大的机关枪。

治疗者：你们俩都想给妈妈画点东西。

治疗者似乎忽视了詹尼和德尔伯特表达的感情，实际上是相互比赛，把为妈妈做点事似乎降到第二位了。

有些案例，儿童在集体接触中，会表达出在个别接触中不可能表达的感情和态度。为说明这一点，可用下面这段摘录来说明：这个集体有三个4岁儿童。比利在画画，卡里和伊夫林在大叫大嚷地争吵。卡里找到一个大布娃娃，伊夫林猛地从她手中抢走了。这两个女孩都需要治疗者的帮助。而伊夫林似乎更需要帮助，但卡里似乎自己还能够应付这种情境。当时治疗者却没有以任何方式对她们调解。

治疗：卡里找到一个娃娃，伊夫林从她手中拿走了。卡里要拿回来，伊夫林不肯，卡里要我帮助，伊夫林也要我帮助。

比利（猫着身对治疗者说）：我也想玩娃娃。（治疗者这次又承认了包括比利的问题。卡里开始尖叫。接着她们真的打起来了）

比利：你要她们不打吗？你会打她们吗？

治疗者：你认为我应该叫她们不打，或许我会打她们。（比利紧紧盯了治疗者很久）

比利：不，我猜你不会打她们。

（卡里从积木箱里选了最长，最粗笨的积木，回到伊夫林面前，狠狠地举起积木要打她的头。）

治疗者：你真的很气愤，想打伊夫林。

（卡里马上放下积木，伊夫林还卡里娃娃。她拿到娃娃不哭了，把它放在比利旁的桌上）

卡里：比利，拿去玩吧。（她开始画画）

第六节 一贯尊重儿童——治疗者要始终相信儿童自己有解决问题的能力,应该让儿童负起选择和改变情况的责任

要使儿童的行为改变具有持久的价值,必须使他内心获得自知力。治疗者把改变或不改变的责任交给儿童时,她就正在把治疗集中在儿童身上。儿童行为的改变,并不意味着他顺从某种压力,即使儿童能顺从某些规则,亦并不表示他能适应环境。所以治疗者要竭力帮助儿童认识自己应负的责任,而不应施加任何压力,这是治疗结构的一个组成部分。要儿童学会自己承担责任需要从小的事情开始,并贯穿在整个治疗过程中。要让儿童有机会获得自己的平衡,让他渐渐树立自尊心。要他认识时间是他的,可以由他自己支配。要玩吗?玩什么?完全由他自己选择。他的决定,治疗者要完全同意。他坐着不玩,治疗者也不要干涉,应保持友好的态度,理解他,保持安然自若很有兴趣的样子,好像她知道他想要什么。他观察了周围的情况,决定了要玩什么玩具,她不要反对。

例如比尔抓起妈妈娃娃,倒转头来,脱掉娃娃的衣服,治疗者不加干涉,只是说:"你脱她的衣服。"当然,这样评论并不深刻,但与他的行为相符。

比尔:我还要狠狠地打她一顿。(他抓起一块大积木,开始打娃娃)

治疗者:你还要狠狠打她一顿。

比尔:我还要把她埋在沙里,闷死她。

治疗者:你要把她埋在沙里闷死。

比尔:以后就没有人会见到她了。(他把娃娃深深埋在沙里)

治疗者:你把她消灭了,以后没有人能看见她了。

(比尔走到架前,拿下奶瓶,放在嘴唇上,瞥了治疗者一眼,看她的反应)

治疗者:你想从奶瓶里喝水。

比尔(把奶瓶向上倾斜):我是小娃娃。

治疗者:现在你是小娃娃。(他满意地吸奶瓶)

比尔:真好玩。

治疗者:当小娃娃挺好玩。

(比尔躺在地板上,时而轻轻咕哝着说话,时而微笑,时而吸奶瓶。他8岁了,现在怎么变成小毛娃了?治疗者对他的婴儿游戏没有表示厌烦。他躺在地板上玩了20分钟,感受到治疗者总是同意的。经过这次游戏,他放松了,觉得在这关系中很安全,自己的行动都被接受了,他的欲望满足了。然后拔掉橡皮奶头,把剩下的水喝了)

比尔:现在我在喝啤酒,知道吗?跟我爸爸一样。

治疗者:现在你不是小毛娃,长大了。(这也是解释)

比尔:当然啰!(把奶瓶放在一边,他做了选择,觉得当大人比小毛娃开心)

(比尔背着枪,布置士兵打仗,表现了攻击性行为。先杀这个,后杀那个,整队整队地被歼灭。他大叫大喊,大屠杀。治疗者继续反馈他的感情。)

比尔(大声叫):你们这些臭叫花子。为什么不照我说的做,我要把你们打死,把你们都打死。(他真的动手打)

治疗者:他们不听你的话,你就要打死他们。

比尔:这是重型炸弹,会把他们仅有的一顶帐篷炸掉。这个家伙想逃走,看见了吗?我在这里,我要从这里逃走。

治疗者:重型炸弹会把他们的帐篷炸掉,但是你安全逃走了。

比尔:他也要从这里偷偷逃走,好家伙,他很害怕!你看,他在发抖,怕有人杀他。

治疗者:他很害怕。

比尔:他到这里来了,敌人也偷偷摸摸来杀他,但是他转了一圈,使他们上了当。

治疗者:他们想抓到他,但他转了一个弯,救了自己。

比尔(叫喊):妈妈。

治疗者：他害怕就喊妈妈。

比尔(尖叫)：妈妈出来被他杀了。

治疗者：妈妈出来被他杀了。

比尔：是呀，她不肯帮他做事。

治疗者：她不肯帮他做事，被他杀了。

比尔：是呀，但是给她做了急救，她又活了。

治疗者：又把她救活了。

比尔：后来她和这男孩去看电影，他们看的是《红色海盗又来了》。你看过这部电影吗？

治疗者：战斗结束后，妈妈和这男孩去看电影《红色海盗又来了》。

比尔：你看过这部电影吗？

治疗者：没有。

比尔：乖乖，这个电影好看呀！我们房间里那个小孩有条红色海盗皮带，好极了。

治疗者：你喜欢"红色海盗"这部电影和他的皮带。

比尔：你在广播里听过"红色海盗"吗？

治疗者：没有。

比尔：乖乖，好呀！谁想要有一根"红色海盗"皮带，只要送十盒脆饼和一角钱来，我就请人去找一条来。

治疗者：你也想弄到一条"红色海盗"皮带。

比尔：是啊，这个孩子的皮带是褐色的，闪闪发光，就像这个。(他坐在桌旁，用蜡笔画了一条皮带)

治疗者完全附和比尔的意见，他从婴儿变到成人，又变回到一个典型的8岁儿童。他的这些选择，是他内心引起的变化。

治疗者相信这儿童能自己帮助自己，所以，很尊重他。

每个儿童来到游戏室，都会面临自己能否起作用的挑战。胆怯的儿童会怎么样？有依赖性的儿童会怎么样？自己从来没有享受过自由选择的儿童又会怎么样？他们会被当前的情况吓倒吗？对他们的要求过分了吗？这些都会在游戏室里找到答案。

来游戏室的儿童，再没有比杰里更胆怯的了。他4岁，智力较差，身材矮小，不会说话，缺乏协调能力，当然也缺乏自我指导能力，兼之他还有食欲不良问题，妈妈认为游戏治疗可能会使杰里学会讲话，就带他来了。

治疗者第一次接待杰里时，站在她面前的是一个在啜泣、不安全、迷惑的小家伙。他不知道到这里来干什么，治疗者要带他进游戏室，他嘴里咕哝着，摇摇晃晃打转转。杰里的母亲约好去找另一个心理学家谈话，寻求帮助解决自己的问题。

治疗者把杰里带进游戏室，是有顾虑的。这个软弱的儿童在游戏室究竟会怎么样呢？只要给予机会，个人内在的能力是会变得比较成熟的。这个案例记录展示了杰里的进步，是很有力的说明。

第一次接触

在游戏室里，杰里盯着四周的玩具看，不一会把拿到的东西随便看了一下就扔在地板上。他低声咕哝着，听不懂他在说什么。过后，他找到一辆军用卡车，高兴地笑了，也把它丢在地板上。他又搬下装着娃娃家的纸箱，把娃娃一个一个拿出来，都丢在地板上。然后走到积木箱前，又把积木乱七八糟扔了一地。在游戏的时候，他嘴里总在叽叽咕咕的。他的动作紧张而不协调，像受到委屈的样子。玩具掉在地上也不拾起来。接着他用榔头敲锤床。他不会使榔头，往往敲一会就扔掉。他拿到玩具刀、叉和匙，也乱扔在地板上。总之，在游戏室里凡是能拿到的东西他都要拿扔在地上。只有一辆运货车，他拿着在地板上推来推去。

治疗者在他玩得满意的时候总说"杰里喜欢这样做"，或"杰里喜欢玩这东西"。偶尔他会拿起卡车或娃娃向治疗者咕噜几声。治疗者说出他手中东西的名字。杰里似乎非常满意，他逐渐把他的活动集中在这种行为上。他把玩具一样一样拿在手里，望着治疗者，让她说出名称后，他就放下。

过一会,他每隔一次就拿卡车,治疗者仍重复这些玩具的名字,尤其是"卡车"。最后,杰里拿起卡车,自己也能说"卡车"。他的多数时间好像闭着眼在胡乱拿玩具,并不真想要玩。

最后,他还是去推运货车。治疗者结合他的活动说,"杰里在推货车"、"杰里在打枪"、"杰里在狠狠撞卡车"。后来杰里开始大声叫喊,同时拼命撞卡车,嘴里似乎在说:"卡车撞碎了!"

这时听到一辆救火车从屋外开过,杰里放下手中正在做的事,哭着向治疗者跑去,拉着她的手。治疗者说:"杰里害怕救火车的声音。"杰里突然笑起来了。他走到娃娃家前,把家具拿出来扔在地板上。又拿起电话听听,也把它扔在地板上。接着他到窗前,想伸头出去看。然后他又拿起卡车。第二次听到救火车开过的声音,杰里的反应和前次一样。治疗者又说:"杰里害怕救火车的声音。"

接着杰里拉着治疗者的手很迫切地说:"做! 做!"治疗者说:"你要我做什么。"杰里把治疗者的手拉得更紧,又重复说"做!"他似乎理解治疗者对他说的话。治疗者站起来,杰里带她到玩具盒前,把她的手拉到箱里,放一个玩具在她手上,又要她把玩具放回他手里。治疗者终于明白他的意思是要把这些玩具给他。治疗者就一次给他一个玩具,但是他马上扔在地板上,仍然用力拉着治疗者的手,似乎要她做别的什么事。治疗者就在给杰里玩具时,说出每件玩具的名称,这下他满意地笑了。他叽哩咕噜地说着笑着,偶尔还会大叫一声"卡车!"他在到处都是玩具的地板上,把卡车推来推去,又笑又叫。

治疗结束时,杰里不想离开游戏室。他嘴里大声咕噜叫着说:"不!"但是当治疗者走出游戏室时,他也跟着出来了。

第二次接触(两天后)

在这次接触中,杰里似乎比上次更害怕。每当有轨电车在室外开过,他嘴里就咕噜着,显示出害怕的样子。他母亲说,今天来诊所的路上,第一次坐有轨电车,他非常害怕,哭着要下车,尽管他又哭又叫,他们还是没有下来。

整个治疗时间,杰里还表现出这种恐惧心情。他拿出木制动物和娃娃乱扔,有时看见掉到地板上的娃娃还能站着,自己也笑了。治疗者说:"杰里喜欢叫它站着。"接着他就想使其它玩具也能站着,成功了,他很高兴。但是把站着的又要打倒。这样玩了约10分钟,摔掉玩具的动作又出现了。后来拿一块抹布浸在手指画水盘里,过了5分钟才把它拧干。

每当有轨电车开过时,杰里总是咕噜咕噜叫。治疗者总说:"杰里害怕这种声音。"快结束时,听到有轨电车开过,他到窗前,还想伸头出去看,不再咕噜咕噜叫了。治疗者说:"有轨电车。"杰里也说:"车!"

第三次接触(相隔一星期之后)

杰里上次治疗后,游戏室里增添了一个沙箱,他就一直朝沙箱走去。治疗者扶他爬进沙箱,他把沙一把一把抓起,再从指缝中漏下去。他这样玩了3分钟,嘴里咕噜着想爬出沙箱。治疗者说:"杰里想从沙箱出来。"杰里开始自己往外爬,治疗者只是稍微帮了他一下就爬出来了。

他慢慢走到玩具箱边,望着治疗者,嘴里咕噜着,想从里面拿玩具。治疗者笑着对他说:"杰里想拿箱里的玩具。"杰里转身背对治疗者,仔细看玩具。他拿到卡车时,举起来对治疗者说:"卡车。"

他又拿起一个木牛,伸到治疗者面前,无疑是要她说出这玩具的名称。于是开始按老一套说玩具名称游戏了。杰里认真地把挑选的卡车、牛和男娃娃一个一个举起来要治疗者给他说出名称来。杰里也跟着说:"卡车"、"牛"、"男孩",后来他又拿起这些玩具,走到沙箱旁边,爬进沙箱扔沙。大约呆了5分钟,自己爬出沙箱,没有要治疗者帮助。

只要游戏室外有轨电车开过去,他都把头伸出窗外去看,嘴里也咕噜着,治疗者对他害怕这种声音做了反馈。有时他抱起婴儿娃娃摇摇又放在地板上。

他还爬到长凳上,指着装蓝色手指画颜料的罐子,猫着腰看着,治疗者就打开罐子,拿一些蓝颜料放在纸上说:"看见了吗?"教他涂颜料,杰里咕噜地叫。治疗者说:"杰里不喜欢画画。"他真的不喜欢画画,从凳子上下来了。治疗后有一段时间,他回来看看颜料,然后走近治疗者,拉着她回到桌前,把她的手按在手指画颜料里,自己却走近钟床,轻轻敲了几下,把几块积木摔在地板上,接着抱一个大娃娃,把奶瓶放在它嘴上。一会儿又把娃娃放在地板上,奶瓶放在娃娃的摇篮里,伸头到窗外望了一会,再拿卡车在地板上推来推去。

第四次接触

　　杰里自己爬进沙箱,在里面找到一辆小卡车,装满沙推了一会倒掉,然后又装满沙再推。这样足足玩了10分钟,他才从沙箱里爬出来,到窗口朝外望了一会。然后拿了几个士兵爬进沙箱。鞋子里有了沙,嘴里不停地咕噜着,使劲拉鞋子,治疗者帮他脱掉鞋子。

　　每当有轨电车经过,杰里只抬起头来听,没有害怕的样子了。这时治疗者说"有轨电车",杰里就点点头,而且在后半段时间能说出有轨电车的名字了。

　　他在沙箱里玩了10分钟,爬出来找玩具餐具。他拿了一个杯子和一把汤匙回到沙箱,给杯子装满沙,用汤匙把它舀出来,这时他非常高兴,大把大把地扔沙,还不断大声叫着笑着。

　　忽然,他从沙箱里爬出来。拉着治疗者向门口走去。治疗者跟着他到等候室,他向四处张望。治疗者问:"你找妈妈吗?"他转身摇摇晃晃回到游戏室,又爬进沙箱。

　　他把餐具和卡车埋在沙里,示意要治疗者把它找出来。治疗者挖出这些东西,他笑了。然后他大声叫着把两辆卡车用力碰撞,"卡车","砰砰!砰砰!"又笑了。铃响了,治疗结束。杰里听到铃声,身子猛地抽动一下,接着笑了。

　　治疗者帮他穿上鞋袜,他回等候室去了。

第五次接触

　　杰里进游戏室,坐在地板上脱鞋袜,脱不下来,治疗者帮他脱。在沙箱里玩了半小时餐具和卡车,出来抱了一个大娃娃裹在毯子里大约玩了10分钟,小心地放在摇篮里,又到沙箱玩了足足20分钟。在这次游戏中,每当他拿到不同的玩具,就要治疗者说"现在杰里在玩小鸭子",或"现在杰里在玩小马。"杰里也重复一遍说"鸭子"、"小马"。

在这次接触中,听到有轨电车声音,杰里就望着治疗者说:"有轨电车。"一点也没有恐惧的表情。

结束时,杰里拿着鞋袜,治疗者帮了他一下,穿上了。

第六次接触

杰里进游戏室后,没有人帮助就自己坐下来脱掉鞋袜,爬进沙箱玩了半小时,爬出沙箱抱着娃娃用奶瓶喂了大约10分钟。然后他把娃娃轻轻放在摇篮里,拿几块小积木压在他身上,又到娃娃家玩了10分钟,把家具都拿出来放在桌上。娃娃家空了,他又把家具放回去。放得不整齐、塞得满屋都是,接着他又爬进沙箱,一直在里面玩到治疗结束。

这次治疗时,他没有注意有轨电车或其它声音。结束时,他坐在地板上,不用别人帮助就能穿袜子,但是还不能自己穿上鞋子,看来他想自己穿鞋。

第七次接触

杰里在沙箱玩餐具、卡车和动物整整一小时。治疗开始时他自己脱掉鞋袜。结束时他自己只穿上袜子,仍穿不上鞋。

第八次接触

前半小时,杰里在地板上玩的是玩具动物,把它们站起来推来推去。显示了一定的组织能力。后来他要进沙箱,才想起要脱鞋袜。这次穿的是新鞋,鞋扣子容易解开,就坐在地板上自己脱鞋。在沙箱里,玩他自己挑选的玩具——动物、餐具和卡车,一直玩到结束为止,还经常在笑。在这次治疗过程中,室外有一辆救火车开过,也不再引起他注意了。结束时自己穿上鞋袜,但鞋还扣不上。

这是治疗者和杰克最后一次接触,他认为这个孩子的治疗还没有结束,再继续进行几次接触,可能对他帮助更大。由于杰里和他母亲到另一诊所接受了进一步治疗,就没有再见到他了。

据他母亲报告,第一次接触后,杰里的行为就有明显变化。在他非语言表达的神态中,也变得更有信心了。以前他很温顺,把他放在那里就呆在那里,什么事都不会做,只在幼儿围栏里到处乱爬。现在他想从里面爬出来,母亲也让他出来。随着时间的飞逝,他在各方面也有变化。他想说话,有几句大家都能懂。他说"卡车"、"有轨电车"、"鸭子"和"牛"。母亲能提供他学会的几个新词,说明杰里在家一定说了这些话。因为母亲不知道治疗时他玩的什么玩具,说的什么话。杰里学会自己穿脱鞋袜,他母亲很高兴,并说他在家饭吃得也比以前多了,对周围发生的事情也比以前感兴趣了。还说杰里最显著的变化是注意力增长了,以前玩具拿到手很快就扔掉,现在他能够长时间有目的的玩玩具了。

当然,分析杰里发生变化的原因,必须考虑母亲的态度。每次杰里来做游戏治疗,另有心理学家接见他的母亲,对他进行非指导性咨询。母亲获得了一定程度的自知力,看清了她和杰里的关系上存在的问题,改善了她对杰里的态度和行为。有一次她评论说,现在要对付杰里难多了,因为,他开始感到有自己的头脑了。她认为那些都是有益的。

看完这个案例,读者可能要问,究竟是什么导致杰里发生这种变化?是由于他在这种游戏时感受到了独立和自足的感觉吗?是因为在这种治疗中完全由他自己的作用,获得了自信的感觉,给了他勇气进步吗?还是因为他已获得了自知力,看清自己是正在起着作用的一个人呢?

有趣的是,他尽管在接触中能看到所有的玩具,但探索玩具只集中在他挑选出来的几样东西。这就证实了,只要有机会,杰里就能够自己做出选择。显然,他已发现独立比原来婴儿式的依赖更加满意。

在这种关系中,他一定感到安全,从而使他克服恐惧和焦虑。

从杰里在治疗时的表现看来,可能由于他得到了自我满足而感到满意,从而有信心独自前进。他的紧张心情也减少了,实现了感情平衡,能控制自己。

集体治疗的运用

这条原则无论在个别治疗还是在集体治疗中都很重要,它适用于每个儿童。集体中的每个成员虽然性格不同,但不会影响这条原则,即使某一儿童在集体中完全受到伙伴的影响,他也会自己做出选择,自动摆脱这种受影响的状态。集体关系中的这种变化,有时会在个别人身上,有时会在其它关系问题上明显表现出来。儿童在集体中会很快相互作用,谈论别人的态度和感情,无保留地评价和劝告。一个儿童在和别人玩时,反馈他抒发的感情,能帮助他获得自知力,清楚地认识到自己的社会适应问题。虽然集体关系清楚指明了这些问题,促进了自知力的发展,但实现变化的责任仍然属于儿童自己。

第七节 儿童领路——治疗者不要企图以任何方式指导儿童的言行。

儿童领路,治疗者跟从

治疗者应始终坚持非指导方针,不要提探索性的问题,除非儿童一开始就提出使他不安的事情。如果这样,她应该说:"你想告诉我那件事吗?"治疗者不说表扬的话,儿童就不会装出样子想得到更多的表扬;不批评儿童所做的事情,他就不会感到泄气和不适应。如果儿童要求帮助,治疗者应该帮助。如果儿童要求指导怎样用玩具,治疗者才给指导。

治疗者不必提出任何建议,让儿童随意使用游戏室和材料,一切都要由儿童自己决定。治疗期间实际上是儿童自己在做试验,所以应由他自己支配时间。总之,儿童想做这个东西,治疗者就不要指定他做别的东西,也不要预先布置好玩具材料等儿童去玩。

有的治疗者认为小组里的儿童问题主要在家庭关系上，就把娃娃家和大小娃娃放在治疗室中间，其它的东西暂时收起来了。儿童进来一眼就看到预先布置好的玩具，他们懒洋洋地坐下来，问要在这里呆多久，还要再来吗？她选择布置的材料，尽管考虑得很周到，但取消了原来的结构。她想指导游戏，反使儿童迷惑和混乱，辜负了儿童对她的信任，她成了儿童的权威，儿童就想很快离开游戏室。儿童提的问题足以证明："我们要在这里呆多久？我们还要再来吗？"

治疗者如果有意提示也同样无益处。例如，治疗者对儿童说："他们在玩奶瓶，你不想试试吗？"这明显是想指导他的活动。儿童对这种提示有时会绷着脸不高兴。有时在集体情境中有的儿童认为是要他跟着玩。其实他既不愿意也不需要去从事那种活动。

不幸的是，很多儿童凭经验认为，叫他们选择就要选择符合负责人意愿的东西，否则无效。由于儿童有不同的经验，开始时，儿童怀疑治疗者的许可。例如，有个儿童把治疗时的情况告诉另一个小朋友，"说实话，你从来没有见过这样的事，你想要做什么真可以随便做。"这可能难以相信，但这是真实的事情。

治疗时间不只是另外的娱乐时间，社交时间或学校的活动时间，它还是儿童自己的时间。治疗者不是游戏伙伴，不是老师，也不是母亲的代理人。她在儿童的眼中完全是一种特殊的人。通过她当传声器，儿童试验自己的人格。她好像是一面镜子，儿童能看见自己的形象。治疗者在治疗时不发表自己的意见，表露自己的感情和做指导。如果我们平心静气地想想，儿童在游戏室能逐渐了解自己，就会认识到不需治疗者的意见和要求。治疗者的人格干扰了儿童的游戏，会使儿童停止活动。所以，治疗者自己不要介入，要由儿童领路，治疗者跟着儿童走。

下面的摘录说明了这一点。

里卡德9岁，生活在一家私人儿童养育院里，被推荐来做游戏治疗。他做白日梦，尿床，说婴儿语，智力测验结果一般，在学校里他的各门功课都不及格。这里是他的第四次治疗摘录，表明只要许可他这样做,他就会利用治疗者。这就清楚地表明了治疗者的作用和儿童熟悉的成人的作用之间的区别。

里卡德来到游戏室,坐在桌旁,开始用颜料在纸上画大圆团。他用的是橘黄色和黄色。他向治疗者咧嘴笑。

里卡德:我一直在拔杂草挣钱,想给妈妈买件礼物。我生日那天,想回家和阿姨住两个星期。她住的地方离我妈妈不远,生日那天我可以去看妈妈。

治疗者:你想去看妈妈。

里卡德:是的,我要给她买好东西,她得到好礼物会感到惊奇。

治疗者:你要给她一件感到惊奇的东西。

里卡德:是的,我回去要两个星期,或许三个星期。啊呀!我能离开这里,好极了。

治疗者:能离开这里一段时间,你很高兴。

里卡德:我都满10岁了。现在上四年级,爸爸要我上五年级,但是我告诉他不想上五年级,愿意留级。

治疗者:你愿意留级。

里卡德:我写信告诉了妈妈,想回家过生日。告诉她我要满5岁了,蛋糕上要5支蜡烛。

治疗者:你这次生日是5岁。

里卡德:爸爸的生日在下月,他马上要到部队去了。上月他来看我,你知道他问我什么吗?他问我想不想要一个小弟弟或小妹妹。我说无所谓,我猜他们就会有了。(这时他在橘黄色和红色圆团上画了几把黑色大叉)

治疗者:你告诉爸爸,如果他们真的有了小孩子,你无所谓。

里卡德:我是那么说的。

治疗者:你是那么说的,其实你还是真正关心的。

里卡德:你知道我爸爸和妈妈不在一起了,他们离了婚,爸爸又结婚了。(他深深叹了口气,"啪"地一声关了颜料盒,到架子前拿一个奶瓶吸)

里卡德：我是小娃娃。

治疗者：你能当他们的小娃娃。

(里卡德拿起棋盘游戏，坐在治疗者桌前)

里卡德：你来和我玩棋。

(棋盘上摆着棋子，他们的玩法很简单，玩到一半时，里卡德要治疗者按他说的办法走棋子)

治疗者：你想告诉我怎样玩这种棋。

里卡德：是的，瞧，我教你怎么下棋。

治疗者：你想教我怎样下棋。

里卡德：是的，看，你不要乱动。(这样走里卡德一定会赢。她就按他的要求走棋，接着他突然把棋子搂成一堆)这是新的玩法，把它们都堆起来。你也把那些堆起来，红色是我的，黑色是你的。现在我们来打仗。(里卡德移动他的棋子，然后又移动治疗者的棋子。她慢慢退出这种游戏，由他一个人移动两组棋子，叫他们跳来跳去)他真了不起，是巨人，世界上的事他都能做。(他跳过治疗者一方的棋子时，有几个从棋盘上打下去了)

治疗者：不管他是谁，一定力气很大。

里卡德：他什么事都能做。(他突然停止游戏，摆棋子，似乎要用一般方法玩棋。然后把红王放到治疗者棋盘的王位左上角)这是小男孩，知道吗？他不见了，他妈把他送走了。他妈没有办法，知道吗？他没有地方住，他妈要工作。(里卡德紧张不安，手指轻摸棋子)

治疗者：妈妈把这小男孩送走了。

里卡德(指着棋子)：这是男孩的爸爸，这是他的祖父，这个是爸爸再娶的妈妈。这个是他的姑姑，这个(其它棋子对面那个)是这男孩的妈妈。这些人(把男孩和母亲之外的棋子都拿走)不让他到妈妈那里去，另一个妈妈不让爸爸来看这男孩。男孩在哭，"救命啊！救命啊！"士兵听到叫声，急忙跑出来和爸爸打架。妈妈从旁边偷偷走了，爸爸从那边偷偷走了，另一个妈妈在旁边看。后来——(里卡德把父亲从棋盘上拿开，丢在地板上。他大声叫，非常激动)啊，不，你不要走! 妈妈走得很近了,另一个妈妈向她扑去,她们打起架来。(他把棋子搞乱到地上,棋子向四面八方滚)妈妈! 妈妈! (里卡德站起来哭叫着,一面擦眼泪)

治疗者:你想和妈妈在一起,爸爸和妈妈都想帮助这男孩,但是另一个妈妈不让他们接近。

里卡德(点点头):是的,是那样。(他走到窗前,想伸头到外面去看,背对着治疗者)

治疗者:这使你很不快乐。

里卡德:我生日那天要和妈妈在一起。

(里卡德拿着奶瓶吸水,他回来坐在治疗者对面)

里卡德:在这里很好。(叹气)我回家,要内德坐我的座位。

治疗者:你回家,要叫人坐你的座位。

里卡德:是的,我不喜欢我的位子空着。

治疗者:你不在的时候,内德来为你保留位子,你就高兴。

里卡德:是的,内德是好孩子,他会愿意的。他能来代我坐这位子吗?

治疗者:如果他能来的话,当然可以。

里卡德:行。我给内德捎个信去。

读者会注意到这次接触,治疗者没有企图指导游戏,也没有探询里卡德愿意留级的事,他说自己5岁,也没有纠正他的错误。治疗者更没有指出他喜欢留级和讲错年龄是坏事,也没有探听巨人的身份。治疗者只让里卡德自己做游戏,她尽可能依从他的意向。治疗者没有对他表示同情和支持,也没有把自己的感情介入这个情况。

集体治疗的运用

集体接触像个别接触一样,让儿童领路,治疗者跟着他走,在集体中,有的儿童可能试图指导其他儿童的行为和谈话,但这种指导与治疗者的指导是不同的。反而在这种情况下,治疗者更要认真检查自己的反馈,有没有影响这个支配别人的儿童,即使是很小的影响亦要注意。

治疗者严格应用这条原则,就不会提出试探性的问题。只有"你愿意把这情况告诉我吗?"这类问话,是让儿童按自己的意愿决定告诉与否。治疗者认为,有时用提问可以加快治疗。这在有的案例中是可能的。但在其它案例中这种提问都会使儿童退却,反而减慢治疗进程。治疗者的提问不可能预料儿童的反应,这几乎是冒险的办法。还是不提问为好,这条原则要求治疗者克制自己。但是完全让儿童领路是不容易做到的,有时看来似乎很接近儿童存在的问题,而实际上可能是在迂回徘徊。总之,经验证明,治疗者切不可急于求成。

第八节 治疗不能急于求成——治疗者应该承认治疗是一个渐进的过程,不能企图加快治疗进程

准备律在治疗中能起作用。儿童准备要在治疗者面前表达感情时,他是会这样做的,治疗者如果催促或强迫,只会使他退却。治疗过程中,儿童好像在平平淡淡地度过游戏时间。其实这段时间是要求治疗者耐心观察,了解儿童的。有些儿童治疗时不活跃,不要误认为是儿童对治疗的对抗。其实,他可能正在为表达自己做准备。如果治疗者不干涉,让他们从容不迫地活动,反而会因治疗者自己的耐心而获得补偿。

儿童生活在一个繁忙的世界,迷惑人的事物飞速地围绕着他旋转。一会儿这样,一会儿那样,他天生是慢性子,只感到非常匆忙。世界这么大,他确实需要时间才能慢慢把它吸收。通常成人总以为儿童做事太费时间,有些脾气不好的人往往会催促那些笨手笨脚连衣服也不会扣的小孩"快点"。实际上,谁也不能"在匆忙中把事做好"。不了解儿童的人,往往喜欢越俎代庖,包办一切,这就更增添了儿童的紧张心情,打击他们的情绪。

治疗者要解除儿童的紧张情绪和压力,就不要采用"催促换式",让他有舒适感。要重视给儿童有机会获得平衡的重要性,让儿童从容不迫占有自己的时间。

在游戏室的儿童,都要使他感到没有催促,心情轻松。如果他不想参加活动只坐在那里看,他就坐在那里看,即使整个治疗时间他都坐着,也可让他做旁观者。如果他要用手筛沙,甚至一次拾一粒沙,这样做至少可以使他内心得到满足。如果他要滚泥团,就让他滚泥团。如果他始终不讲话,就让他不讲话。总之,最终要使儿童体会到,确实没有催促和压力,从而自然表现出轻松从容的样子。

治疗者即使感到儿童有问题,亦不要性急。治疗者必须记住,自己的感觉并不重要。如果儿童有问题,他准备好了会表现出来。儿童适应不良的问题是非常复杂的,因而不能简单地在某个问题上画个圈圈,说:"就是它。"同时,儿童的性格也是一个复杂的机构,所以很难把引起问题的因素一个个孤立起来,认为某一因素"就是引起所有麻烦的原因"。治疗者对儿童的了解,决不如儿童自己那样清楚,因而不能保证完全知道儿童的感情,也不能设想儿童会怎样准确表达他的感情。但她可以反馈儿童表达的感情,或作出相当准确的预测。

治疗者如果发现儿童经过几周治疗没有效果,她就应该查阅自己的笔记,找出阻碍治疗进步的原因。但也应该认识到发展变化是一个渐进的过程,有些儿童的进步是缓慢的,而且治疗既不是万应灵药,当然不可能取得百分之百令人满意的效果。还应该注意到,儿童生活在人类各种关系不断变化的世界中,如果他不能战胜抑制他心理发展的各种力量,任何一种情况都会引起适应不良。

治疗者应该从儿童的眼神中了解到许多事情,要同情儿童的感情。她应该记住这句名言:"儿童不参加就不可能发生变化,有价值的变化来自儿童的内部。"

前面已经指出,集体治疗有时能加速治疗进程,但治疗者决不要试图加快速度。采用探索的方法,伤害虽不很明显,但确实危险而不可靠,甚至会引起儿童的退却心理,破坏融洽的关系。

第九节 限制的价值——对治疗者规定的这些限制,是为了保证治疗面向现实,使儿童在这种关系中明确他自己的责任

在非指导性游戏治疗中,规定的限制当然很少,然而却十分重要。例如,为保证治疗顺利进行,必须限制儿童有意损坏游戏材料,破坏游戏室和攻击治疗者。此外,还要规定一般性保护儿童的限制。例如治疗时不让儿童把头高高地伸出窗口,或做其它有危险的活动。要使儿童治疗后有安全感,尊重治疗者,治疗者在治疗中也要用这种态度,这样,才能逐渐建立感情。当然这并不意味着治疗者要起支持和保护作用,但它的确意味着治疗者应该深信,要使治疗有成效,就不能脱离日常生活情境。她应牢记,成功的治疗是儿童有机会发泄感情,不断发展自知力,实现更积极的自我指导。

治疗者要认识到,儿童在游戏室里的许多活动,如果在游戏室外就会受到旁人的严厉指责。治疗者应注意到,当儿童踢爸爸娃娃,痛打妈妈娃娃,闷死弟弟或妹妹娃娃时,也会有罪恶感。要使儿童不致引起罪恶感,并对什么是可接受的行为产生误解,应该强调指出只限于在游戏治疗中进行这种活动。

儿童用语言和游戏表达其感情和态度时,是可以观察到的。儿童和治疗者都能真诚地接受这种语言和象征性行为。如果没有这种语言和象征因素,某些态度和冲动会通过行为表现出来,儿童或治疗者都不能接受。因此,规定一些限制亦是治疗成功所必需的。

时间因素是明显的限制,约会的日期与时间的长短是固定的。例如约会定为 10—11 点,儿童 10 点半才到,游戏治疗仍应在 11 点结束。如有特殊原因,这种限制也可以灵活使用。儿童和带他来的成人都应遵守时间限制,一般不同意儿童要求延长时间。这样他就会逐渐

认识时间的限制,并始终遵守,这对儿童是有益的。

游戏室的材料是儿童用来表达感情的媒介,如果儿童要对玩具发泄他的感情,以表示攻击别人,他的感情被接受后,治疗者要设法让他玩比较适合的玩具。

例如儿童拿一块大积木瞄准窗户,治疗者最好赶快说:"你想把这块积木扔到窗外去,但是你不能这样,你可以把它扔到地上,或敲那根木头,打这块泥团。但不应对着窗扔。"如果这儿童因为她试图干涉而生气,她应该反馈他的感情,"因为我叫你不要那么做,你生气了,"如果他瞪着眼睛好像要向治疗者扔,她也要承认这种感情,"我不让你把它扔到别处,只能往地上扔,扔到地上不会砸坏东西,也不会伤人"。这是治疗者在帮助儿童适应现实世界。在诊所外,他要试图表观这种破坏行为,就会被旁人阻止,而不是反馈他的感情。让儿童面对人类关系强加给他的各种限制,比让他任意表现出破坏行为更有帮助。

当儿童表现出消极感情,与父母或弟妹对抗时,就不要让父母或弟妹一同到游戏室里来,允许儿童在游戏室里打他们。在游戏室里他可以玩娃娃、打它、把它埋起来,或在地板上到处踢,把感情倾泻在娃娃身上。为什么他不能用其它发泄感情的合法方法得到同样的满足呢?作者认为,把他的破坏行为引向游戏材料,比允许他打破窗子,在墙壁上乱涂,或攻击治疗者得到的安慰要更好些。

那么,该怎么限制儿童的破坏呢? 如果儿童要把积木瞄准窗户,尽管他的感情被承认了,并告诉他不要向那里扔,但他仍要坚持这么做。一般说,只要承认他的感情,就足以使他放下积木。如果他不肯放下积木,治疗者对此应有思想准备,防止他把积木扔出去。但是要他不把积木扔出去,又不致和他冲突。如果他真把积木扔出窗户去,那又怎么办呢?训斥这儿童?把他赶出游戏室?还是听其自然呢?这种情况是对治疗者的真正挑战。她要坚持基本原则,不因儿童不服从而抛弃他,还要把他留在那里,反馈他的感情:"你认为不管怎样你也要把它扔出去,你想向我表示一定要把它扔出去。"

游戏室里的材料基本上都是牢固的,但仍有些材料易破碎。如奶瓶和颜料瓶常常被有意和无意地打破。无意打破时,为了保障安全,治疗者要尽快不引人注意地把碎玻璃捡起来,并承认这是无意的。如果儿童有意把东西打破,治疗者怎么办呢?先承认引起打破东西这种感情,然后拿走这些有危险的碎玻璃,不再拿另外的东西来补充,仍继续做游戏好吗?似乎这过程要让儿童知道他的行为应负的责任。在这种情况下,治疗者对自己的态度和反馈要十分小心,真正接受这儿童,不要使他心里产生内疚,这样即使他破坏了限制,也不会有罪恶感。

允许儿童对治疗者进行肉体攻击毫无价值,因此对治疗者的任何攻击都应立即制止。成功的治疗关系必须建立在儿童和治疗者真正相互尊重的基础上。儿童不会完全自足,所以需要某种程度的控制。相互尊重是控制的一种表现,比其它控制方法更有利于培养儿童良好的心理态度。

治疗是不断发展的过程,儿童有机会消除自己的紧张,烦恼情绪,他就能认识自己,控制自己。通过游戏室里的生动活动,他不仅会发现自己是一个人,而且会找到新的方式,以健康而现实的态度去适应人际间的各种关系。

游戏治疗的活动必须通过某种方式趋向现实,因此,规定明确的限制亦是一种好方法。重要的是,某种限制一旦决定,就要一贯遵循。游戏室里的一贯性和其它任何关系的一贯性同样非常重要,就是一贯性因素给了儿童安全感。治疗者表示的一贯性,使儿童确信自己被接受了,在这种情境中,许可的一贯性决定儿童表达感情的深度。

这些限制应该在什么时候提出来?儿童第一次进游戏室,治疗者就应该说明这些限制,还是等到急需说明时才说明某种限制?有些治疗者认为,儿童第一次到游戏室,就应该向他说明这些限制。这样,他受限制时,就不会感到委屈、或不高兴。另一些治疗者则认为,用语言表达限制,是对儿童的挑战,会阻止某些儿童表达粗暴的或消极的感情,因为他们怕治疗者反对。

作者认为,最好等到需要介绍限制时才提出来。儿童的日常生活经验，使他们对自己的行为常常要受到某些限制有思想准备。如果尽可能少用各种限制，而且只有当需要时才提出来，治疗就可能进行得更加顺利。

例如，除非有必要，应该限制儿童离开游戏室，这是非常重要的。儿童离开游戏室、回来，再离开，这是试图把进出游戏室变成某种逃避治疗的游戏。为了强调治疗过程中儿童的责任，要让他懂得，如果他厌烦，或生气离开游戏室，那么在这次治疗时他就不能再回来。如果儿童没有要求离开游戏室，治疗者就不要提出这条限制。如果她理解儿童的感情，就应给他指出他为什么想离开，而后给他说明，如果他真的要离开，那就要下星期才能再来。否则治疗时间就可能变成一种进进出出的活动。把道理向儿童讲清楚，他就会认识到自己不能推卸责任，除非他愿意放弃这次游戏的时间。如果他坚持要离开这里，就说明他还没有做好来治疗的准备。当然，这不是绝对的，治疗者要按实际情况灵活处理。例如，他想离开游戏室，或许要去看他的母亲是否还在接待室等他。否则就要解决他的某些焦虑心情。

必须注意，不要把限制误作为使用压力的手段，非指导性治疗不要求对儿童施加压力，促使他变化，任何有价值的变化都来自儿童自身。因此，治疗者要防止施加限制使问题激化。例如，一个儿童本来不会讲话，他进游戏室绝不要他必须讲话，否则他就要离开。又如儿童是吃食问题，他想进游戏室，你就不要对他说必须吃东西。如果是孤僻的儿童和几个小朋友一起在游戏室，你绝不能要求他和别人一起玩。这些都不是真正的限制，而是使用压力手段，这样做，当然会给已经受到很大压力的儿童加重负担。讲话或不讲话，儿童自己选择，这是他的问题，不是治疗者的问题。这种做法的实质是贿赂，与自我指导治疗完全不相称。

总之，限制是用智慧和一贯性使整个治疗逐渐趋向现实世界，能防止儿童思想混乱，有罪恶感和不安全感，对治疗产生误解。这条原则是衡量儿童参加合作或责任感的标准。这条原则也是激发治疗者的机智、诚实、一贯性和力量的手段。能否运用这些限制,也可以表明治疗者和儿童之间的关系。

集体治疗的运用

限制,在集体治疗中同个别治疗一样,要尽可能少用。但是它又是任何治疗必不可少的组成部分。和个别儿童打交道相比较,治疗者在集体治疗时要掌握各个儿童的情况,更需要有先见之明的限制。治疗者在实践中,应能保证坚持一贯性,使儿童以建设性的态度接受这些限制。限制运用不灵活,也会成为对集体的挑战。反之,把限制自然而真诚地引入游戏情境中,就会成为积极的、强有力的助手。

关于儿童的破坏性、危险性和攻击性行为的限制,在讨论个别治疗时已经提到,这种限制也适用于集体治疗。关于时间的限制同样很重要。另外,在集体情境中还应有限制攻击集体成员的规定。对这种限制有两种不同的意见,有些人认为,只要治疗者能控制,并认为是公平的比赛,这种攻击便是有意义的活动;另一些人则认为,攻击人身有害无益,治疗者的裁决会使她成为权威和裁判的角色,而且集体中的某个人或某些人有时可能会认为不公平。作者认为,不准攻击人身,应作为集体治疗的一条限制,但是治疗者要见到有攻击人身危险的时候,才可提出这条限制。对那种轻轻推一下,打一下,不会伤害儿童身体的行动,如果治疗者说了"一套限制的话",可能会使整个集体变得怏怏不乐。如果真的发生这种情况,治疗者应该处理这种消极态度。例如一个儿童轻轻打一下一个做事的儿童,因为那个儿童做的事使他生气。治疗者可以反馈:"你不喜欢吉姆做的事,所以你要打他。"如果是第一次,她就应补充说:"你在游戏室是不能打人的。"有的儿童和吉姆可能认为她在保护吉姆,由此集体会分成两派:有的人支持吉姆,有的人反对吉姆。这种情境可能造成集体混乱。如果在第二次打人才提这条限制,整个集体似乎容易接受。而且即使有必要提出,也应该格外小心、全面地把打人的儿童都说到。例如,先是鲍勃打吉姆,而后吉姆打鲍勃,他们都不喜欢对方做的事。从现在起,我们都不要打人,也不要撩人,有意见说出来好好解决。在这种情况下,治疗者的说话不但要注意声调,而且要注意不能带有批评或指责的口吻,冷静而坚定地提出这条限制,同时还应该接受打架的两方儿童,这样它就会成为治疗建设性的一部分。

第三章　基本原则适用于教育工作

第一节　在课堂里的实际运用

非指导性治疗的基本原则,对教育工作者有深远意义。在教育过程中,要成功地教育儿童,最基本的条件是师生都必须具有健康的心理。

教师心情焦急、苦恼,教学工作就不会令人满意;儿童情绪混乱,学习成绩也不会优良。如果学校除正常教育外并辅之以这种治疗活动,则师生都能有咨询机会,或得到治疗。

先进的教育工作都重视接受儿童的现实情况,鼓励他们自我表述。它比所谓传统教育固然要优越一些,但是两者似乎都没有采取措施加强学生的健康心理保健。

作者认为,形成健康的心理保健,最重要的因素是师生之间要建立融洽的关系。这一点无论在幼儿园,还是中小学都是正确的。老师要允许儿童是他们自己,了解他们,接受他们,承认他们的感情,阐明他们想到的和感觉到的,帮助他们保持自尊心。儿童有了自知力,就能逐渐发展。

尽管一个班有几十个学生,教师友好、热情,师生关系融洽,也能进行个别教育。如果教师在课堂上脸无笑容,眼睛盯着课本,教室里气氛紧张沉闷,师生关系就不可能融洽。

梅是超龄儿童,瘦高个,穿着破烂的衣服,从后门走进教室时,显得很窘。如果教师对梅和蔼可亲,关心她衣服如何收拾干净,可能会较好地维护梅的良好心理状况。否则,她就会感到被冷遇、拒绝,对教师就会疏远。

教师要完全按学生的现实情况接受他们,例如约翰尼用左手写字,马林斜眼,吉米脚跛不能参加赛跑。显然,身体上的差异应该充分照顾。对胆怯儿童,"强迫他们在全班同学面前演讲,否则不及格",合理吗? 又如让幼稚的一年级学生参加初级阅读速度比赛,按年龄和智力或许他已达到 6 岁,但是从感情上看他还没有脱离婴儿期,合适吗? 又如一个家庭关系不好的 8 岁男孩,没有安全感和所属感,也没有成功的信心,学校到处都能见到他的攻击性行为。他甚至大叫大喊:"我恨学校! 我恨你! 我恨每个人!"教师又应该怎样接受他呢? 教师应该认识他是在反抗恶劣的处境,可以对他说:"有时你不喜欢我们大家——老师,我,同学,对吗?"还是用威胁的口气制止他的合理反抗,说:"你不要乱叫! 真没有礼貌,放学后不要走!"

师生关系中,教师首先要建立许可的感情,使儿童感到能自由表达感情,感到是他自己。在治疗情境中,儿童可以完全表达他的感情,在教室里必然给充分表达感情提出限制。教师可以用某些表达形式释放儿童的感情,例如绘画、泥工、创造性的写作、音乐、诗歌、戏剧、自由表演,这些媒介都能发泄儿童的感情。也许有人轻蔑地说:"让这些小家伙去表达自己吧!"其实说这种话的人,正是对儿童发展自我表达的价值缺乏正确理解。

教师把非指导性治疗的基本原则用于这种自由表达时,又会增添一些重要内容。然而就自由表达本身来说并不足以实现儿童的自知力。只有治疗者——教师敏锐地承认了儿童表达的感情,并反馈给他,儿童才能深入了解自己的行为。如果教师理解自己的学生,理解人的行为,在任何情境下都可以这样做。如果学生和教师建立了治疗关系,就可以帮助学生洞察自己的问题,不致使问题变得难于控制,产生更严重的适应不良。

儿童发展到青春期,感情往往浮于表面。例如安吉娜,她 16 岁,在班上沉默寡言,却交了一份自传,作为帮助自己的手段。这个班学生写自传暴露思想和感情已成风气,教师要求父母对子女做文章不要施加影响,应该让孩子自己努力完成。事实上,学校已为儿童准备好文章,内容是不会受到父母影响的。加之有几个星期的时间,学生有机会在各自不同的心情下写作。文章的内容教师也会严格保密,所以安吉娜在作文中倾吐了她内心的想法,她写道:

"我是非常可怜的人,一生都不愉快。妈妈不喜欢我,最喜欢弟弟,但是我想爸爸会喜欢我,我也很喜欢爸爸。有可能时,我就同爸爸到处旅行。这使妈妈十分恼火,她妒忌我,我真的相信她妒忌我。有时她对我非常凶狠,甚至还打我。我有时恨妈妈,她不让我长大,她把我的衣服全拿出来看,盘问我,想知道我在做什么,好像我是罪犯。要不是为了爸爸,我早就离开家跑了。"

这是安吉娜写得感情激动的一段。安吉娜高高的个子,金发碧眼,极端沉默寡言。她的母亲是有吸引力的人,她为学校组织儿童学习很积极。安吉娜的生活表面看来很理想和幸福,凡是能买到的东西她都有。在班上她穿得最好,对男生从不感兴趣,似乎成熟得慢。

自传写好后要开师生讨论会,共同评价和分析这些文章,指出每篇文章用词造句及篇章结构的优缺点。教师对安吉娜的作文处理得很好。没有表示"很惊奇。你竟有这样一位母亲"的反应,只挑出这些感情,反馈给安吉娜:"安吉娜,你的确不幸,而且你认为妈妈不像喜欢弟弟那样喜欢你,是吗?"安吉娜接受了老师的话,又吐露自己的感情,老师继续同情安吉娜,希望通过这种帮助,使她调整自己的感情和态度,并能积极地逐步解决自己的问题。

在这班上不只是安吉娜有烦恼要发泄。很奇怪,学生都盼望上赫老师的英语课。那是能真正教学生了解自己的课。

小查伦是一年级学生。很聪明,她的母亲蛮不讲理,逼得她走投无路。老师说:"今天作文写一些使我们生气的事,谁能先口述一段故事?"只有查伦疯狂地挥手,其他儿童却都在干自己的事(绘画、着色、做泥工、玩沙、玩玩具,等等),但是清秀的脸上露出了热情表情的查伦仍一个劲地在口述她的故事。

"我的哥哥使我非常恼火,他老是打我,埃莉诺也打我。人家举行婚礼,要我扔鲜花,我真恼火,就把花拿着不扔到地上去。我的爸爸老是拿拖鞋恐吓我。大家的事都要我做!我的大姐恐吓我,常常打我耳光。有一次,约翰把我推倒在地上。要我做的事很多,我很累。还有一件叫我恼火的事,我只能写到200,妈妈要我在家里写到300才能出去玩。300是什么?我也不知道,课本太难,太多了。我这么小,连水槽都够不到。一点水都弄不到。也没人给我水喝。家里吃鸡肉面,我不喜欢,妈妈总要喂我,非要我吃不可,我不肯吃,她就把我夹住,把剩下的面一匙一匙灌进我嘴里,我真恨我自己!"

查伦是在强烈抗议给她施加压力。老师记录这些话时,反馈了查伦表达的感情:"在家里大人都恐吓你——爸爸用拖鞋,埃莉诺也打你,你恨自己年纪比他们小。"查伦受到鼓励继续说:"有一次约翰把我推倒在地上!"约翰是她的好朋友,她很伤心。老师说:"还有约翰把你推倒了一次。"接着查伦抱怨学校的功课,还反应了母亲对她蛮不讲理压制的不满情绪。老师继续接受查伦的反应,反馈她表达的感情。这是一种发泄精神紧张的方法,提供机会暴露不满的情绪,不致积累太多,产生严重的后果。查伦并非适应不良的儿童,但是紧张、压力和压抑的感情可能成为导致她适应不良的因素,所以预防治疗具有特殊价值。

同班其他儿童有的也渴望讲讲自己的故事,他们要说什么就要说什么。这是机会。如果不愿讲就不要强迫。7岁的约翰讲了一个故事。

"我的妈妈用鞭子打我,我很恼火,弟弟和我一同做了这样的事,她就不打。他比我小,我们逛商店,妈妈要我看住他,怕他走失。你知道那些商店多大?我要爸爸妈妈给我买点东西,他们不给,气得我发狂。表姐来了,我要玩她的纸牌,她也不给,还用鞭打我,我哭了,我大声哭,拼命大声哭,她们就叫我上床睡觉。我就在床上玩弹子,不哭了,弹子是我藏在床上的。她说:"嗨,他在那里倒很开心。"接着爸爸说:"起来。"我只得起来。昨天我弄得乔很生气,他有一小瓶水,用软木塞塞住瓶口,放在地上用榔头不停地打。我就说:"乔,用力,还要用力!"后来,他把瓶敲破了,大声哭了起来。有一次他拿着一瓶蓝色水,我在外面弄到一罐沙。我说:"乔,倒点在这里。多倒点,再倒一点!"他把蓝色水倒光了,我笑他呆。我把他的蓝色水全弄过来了。他哭了,妈妈叫嚷着要打我,又给了乔一些蓝色水。妈妈说我捉弄了乔。我很生气地骂乔是不会说话的小笨猪。妈妈叫我在家里坐着不许走,我恼火了,也大声哭起来,她对我不如对乔那样好。

对约翰反馈他的不幸,看来比指出他捉弄2岁的乔更有帮助,因为母亲对他没有对乔那么关心。约翰倾述自己的感情时,眼圈发红。但讲到怎样胜过乔时,他笑了。老师说"你很想妈妈对你像关心乔一样"时,他的表情变得严肃。接着约翰说:"想想过去,我一直是独子。"他说着好像在想什么。约翰感到自从有了小弟弟就受委屈了。

吉米的故事很短。

我真讨厌大人,他们老是打我。妈妈要我天没黑就睡觉。她种了草籽不让我到院子里玩。我不要在家玩,又不能到外面去玩,真见鬼了。

愁眉苦脸的卡尔说:

我要自己做点什么,爸爸就要来插手。"不是这么做的,"接着他拿过去代我做起来,我真气极了。他把我的东西搞得乱七八糟,我就不要了。

教师要提出很多讲故事的题目,如"我害怕的事";"我要是别的人就好了";"我喜欢的东西和恨的东西"或"我希望能做的事"。然后问儿童象这类问题他们要说点什么。

教师在教儿童善于利用教室周围的事物说话,不要依样画葫芦地模仿大人说话。要鼓励儿童写自己的故事,抒发自己的感情。教师要重点反馈儿童的感情,并完全接受这些感情。儿童发泄感情,教师反馈感情和接受儿童,有利于帮助儿童澄清自己的感情,发展自知力。

一个二年级的女学生(她的妈妈抛弃了家庭)写的话,

> 我喜欢妈妈,我爱妈妈,妈妈非常美丽。妈妈坏,爸爸说她坏,但我爱妈妈。

受压抑的7岁迈克写道:

> 妈妈喜欢弟弟,不喜欢我。爸爸喜欢弟弟,不喜欢我。他们喜欢弟弟,不喜欢我,我也恨他们。

在这些例子中,迈克的"弟弟"2岁,金发碧眼,脸上有笑窝,宠儿。一个快乐的二年级小学生用他笨拙的笔写道:

> 我会写字,我会写字,我会写字,我会像弟弟一样写字,我会像爸爸一样写字,我会像妈妈一样写字,我不再是小毛娃娃了。

7岁的林恩诉苦道:

> 妈妈要我上学,爸爸要我上学,祖母要我上学,祖父要我上学,阿姨弗洛拉要我上学,他们都要我上学。他们有了一个新的小毛娃在家里。

老师承认儿童表达的感情,并反馈给他们,能帮助他们获得自知力和理解力。他们的感情暴露出来,可以防止感情压抑被积累。

这种情况也会反映在使用美术材料上。查利8岁,是问题儿童。他做了一个泥棺材,一个泥人躺在里面。他说:"我要把盖子盖上,把它盖得严严的,他就不能呼吸了。"老师评论说:"你不喜欢他,要把他放在这盒子里,不让他呼吸。"查利瞥了老师一眼,把盖子压得更紧。"他昨天晚上喝得醉醺醺的,用皮带打我,看!"他掀开腿上的伤痕,青一块紫一块的。老师说:"你在对他报复。因为他狠狠打了你。"查利轻声说:"是的,我要把他扣牢。"查利把他扣牢了。

亨利画了一张画,形状像男人,脸像猪,还有尾巴。老师走过时,他指着画对她说:"这是坏人,他说我吃东西像猪。你瞧瞧,他自己才是猪。"亨利的画是要对侮辱过他的人报复。

让儿童画画不要光画相同的景物,胡萝卜或小菊花一类的东西。应该让他们自由去画,用画来表达自己的思想和感情。教师宁可对不动手的儿童说"你想不出画什么",也不要直截了当告诉他"画一只兔子",或者"让我给你开个头",并代这儿童画上几笔,让儿童独立活动,能发展他的创造性,强加给儿童的活动是培养不出任何创造力的。

下面进一步阐述用美术材料发泄感情,并指出怎样使儿童从消极的破坏性感情发展为积极的有建设性的感情的方法。以欧内斯特的画画活动为例。

欧内斯特6岁,残疾儿童,他的案例在第四章第五节有记录,事情发生在自由活动时间。

欧内斯特在这次治疗时,画了四张图画。画得很快,有戏剧性。第一张画画的是绿色和紫色的山。欧内斯特对站在旁边的老师说:"看! 这是山,每个人都离这里很远。"

"你不让别人到你的山上去。"老师回答。

欧内斯特点头,接着叫两个男孩到他跟前,"龙尼、汤米帮个忙。"他们到他跟前,见他正在山顶上空画飞机,不一会他把飞机涂成一块红巴。

"哎呀!"龙尼说,"看,欧内斯特把战斗机炸坏了。"

"是的,看!"欧内斯特说。

"我敢打赌,他们都死了。"汤米说。

"他们肯定死了,"欧内斯特说,"你看,那红色不就是火和血吗?"

欧内斯特把这张画送给老师后,他又画了一张,是一架飞机在紫色的山顶上空低低飞行。在这张画上他还画了其它东西。

"那是什么?"汤米和龙尼问。没有回答。

"我敢打赌是汽笛。"龙尼说。

"不是。"欧内斯特回答说。

"那是什么呢?"龙尼问。

"是敌人标记,是日本标记。"

"噢,这不是。"龙尼说。

"我知道,这些是敌人,所有这些都是我的敌人。"欧内斯特说着,又把飞机涂上了红色。

"那是谁的飞机?"汤米问。

"我在那里,"欧内斯特说,"敌人企图伤害我,向我开枪。"他把这张画交给了老师。

" 这些敌人在企图害你。"老师说。

"他们都企图害我。"欧内斯特严肃地说着,接着又开始画第三张画。

"汤米,这还是山,帮我一下,我叫你怎么画你就怎么画。龙尼,你也来画。"他们两人拿起画笔,模仿欧内斯特画。他们又画了一座山,先涂白色,再涂绿色、紫色、橘黄色、红色和棕色,最后涂的是黑色。欧内斯特另外又画了一架飞机涂成了红色。他们模仿飞机和机枪的吼声。把这张画涂得乱七八糟。他们一面涂,一面做出各种袭击的姿态,张口大笑大叫。最后欧内斯特大声说:"看! 看! 它把全世界都轰炸了。它把全世界都轰炸了,世界上的人都炸死了,这架飞机也着了火。"老师站在旁边,承认了这种攻击性感情。这张画交给了老师,欧内斯特又拿了一张大纸,大声说:"咱们再来画座山。"

汤米接着说:"一座大大的山。"

"比尔,来吧。博比,来吧! 安娜,来吧。来帮个忙吧!"他们都听欧内斯特指挥,跟着他画。他们情绪激动,各人都发挥了自己的想象力。

"这不是一座高山吗? 非常、非常高。你知道这座山会变成什么样?"欧内斯特说。

"一座非常、非常高的山。"老师说。

"先涂白色,再涂绿色、紫色、红色。安娜,看!现在涂橘黄色、黄色、蓝色。看!它就要变成黑色了!"欧内斯特惊喊着,显得很高兴。

"你把许多颜色混在一起,会变成黑色。"老师说。

"这是烟,"欧内斯特说,"所以它是黑色。你看飞机着火了。它是敌人的飞机,看到了吗?我把它消灭了,再没有敌人了!看这座山。"

"这座山你也要炸吗?"汤姆问。

"不,你看这座山不是好好的吗?这是我的山,除了我没有人能上得去!"欧内斯特说。

欧内斯特似乎感到很愉快,很幸福。今天最后这张画比前几张像样,清洁整齐。

第二天,欧内斯特又画了一张画,画的是一个黄太阳和黄花。旁边用黄色写着:"春天来了,春天来了,阳光普照。"然后他转向老师说:"这是一张快乐的、充满阳光的画。你记得我昨天的画吗?和这张画完全不同了。"

"是的,这是一张快乐的画,和昨天那张完全不同。"老师说。

昨天欧内斯特仿佛把心中的烦恼都画出来了,从而心情轻松,感到安全了。这些孩子的画反映了他们的感情,思想从混乱到有条理,以至更积极的态度。

此外,即使一堂算术课,儿童也能反映出他们的某些愿望,或表达他的感情。他们会把获得的数概念用来编计算题和故事。

例如乔说:"我有29颗弹子,有蓝的、红的和黄的,送给别人一颗,还剩多少?"

杰克插话说:"你自私,留了28颗,只送一颗。"

"不错,"乔辩解说,"我可以给吉米几颗。"

"我才不像你那样,"卡尔说,"我有10个小甜饼,自己留一个,其余的都送给别人,我送了多少个?"

"9个,"大家同声说,"我喜欢你,卡尔,你是我的朋友。"

"我有300颗弹子,"乔又说,"都自己藏起来。"

"乔是猪。"杰克说。

"我不是猪。"乔说,"你们自己把东西送光了,我还有。"

"杰克认为把弹子留着是自私,"老师说,"而乔认为把弹子留着到需要的时候才能拿得出来。"

"他会把整包弹子都丢掉,"卡尔说,"如果他在学校玩弹子,大家会从他手中全都抢光。"

学校的课程在教育体制中占有重要地位,给儿童提供了丰富的生活,比教学设备更重要。真正的教育不仅是满足个人的眼前需要;教师不仅是传授知识和检查知识,只听儿童背诵功课和"维持课堂秩序"。教师的责任应该是发展儿童足够的自知力,理解力及对别人的兴趣,这样的学生,不仅知道他所学的功课,而且能更好地理解自己与他人。这并不是说可以随意降低教育标准,只是指出受教育者必须被看作是有权利受到尊重和理解的人,让他有机会充分发挥自己的潜在能力。

上述例子说明,创造了促成获得儿童信任的情况,就有了释放感情的可能性。任何教师只要让生活进入课堂,就能详述自己的例子。师生有很多途径能携手前进,实现这令人满意的心理卫生状态。这正是儿童成长必不可少的基础。

做选择和改变的责任应该是儿童自己的,尽可能常常这样做,在治疗情况中,这是一条基本原则。在课堂里它不仅可能,而且也符合教育要求。但由于学校情境的限制,应当灵活运用。

教师应该注意维持课堂纪律的目的在于教育,即使是必要的惩罚,也不应把它作为报复的手段,这也是必不可少的原则。以促使儿童发展自信心、可靠性和创造性的技能。哪一位老师都不会说她指导的儿童没有固执、反抗的。儿童攻击别人引起的问题,教师应立即采取措施。例如教师可以说:"鲍勃今天不高兴,是想把别人挤出去,自己站到队伍前面来。但是我们有规则,鲍勃你或者排好队在那耐心等,或者就离开这个队伍。"这样,鲍勃是遵守规则,还是从队伍里出来,都可由他自己选择。这种"或者",态度不是新方法,新添的因素是教师反馈了鲍勃表现的态度。这近似解释,很明显是冒险的做法。如果教师不注意,鲍勃可能会和老师辩解,也许他会说:"刚才他拿了我的帽子,放在自己衣服里去了。"那么教师应回答说:"你就要对比尔报复了。"或许鲍勃和比尔都发现自己站在队伍的末尾,那就不是他们的直接选择。但是学校的规则限制了他们,他们或者遵守规则,或者就得承担后果。在这种情境中,教师必须设法使他们能洞察自己的行为。

用同样的方法,儿童间的争论和分歧也容易得到控制和解决。教师变成了仲裁人,指出乔治和马尔科姆的意图,归纳出冲突的主要原因。马尔科姆凶恶地举起棍子要打乔治时,如果教师说:"马尔科姆很气愤,想用暴力解决争论。"她可能有效地制止这种行为。马尔科姆立即放下武器,开始斗嘴。这表明治疗集体和学校的实际情境完全一样,是老师的评论制止了殴打,而不是由于教师权威的象征结果。在集体治疗情境中,治疗者任何时候都不会成为权威的象征。凡是真正了解儿童的人,都知道凭借权威的声音延缓的儿童搏斗,常常是他们在没有人看见的地方已经打了一架。

如果教师尊重儿童的尊严,不管他是6岁,还是16岁,都要理解他,对他友爱,建设性地帮助他。她是在发展儿童的能力,使他认识自我,解决自己的问题,成为一个独立的、有权利和对自己负责的人。

教育工作者能为年轻的下一代做出的最大贡献,也许就是这种指导。它强调自己的主动性,用活生生的事例教育年轻人,使他们要对自己负责。归根到底,它是一种标志着受过教育的人具有的建设性、独立思维能力。成长是一个渐进的过程,不能求之过急,企图从外部施加压力以图速成。

师生之间的这种关系很重要,教师的反馈必须满足儿童的真正需要,而且不仅是读、写、算学习上的需要。

这听起来十分容易,凡是有经验的教师都渴望有机会进行试验。

开学的第一天,一群小孩子来上学。学校在特殊文化区附近,妈妈会送他们来,并向教师致意,还和她的小约翰尼或玛丽说声再见后才离开学校。但是,或许奥利弗会含着泪,紧紧拉住妈妈的手。

他已到了上学的年龄,但他觉得上学是一件很可怕的事情。教师该怎么办呢?到他妈妈跟前说"你好,奥利弗夫人"而后叫她离开吗?或许她应该拉着小奥利弗的手、温和而又体贴地对他说:"哦,奥利弗,你一定会喜欢在这里,这些男孩和女孩都很好,你现在是大孩子了,不会哭的。"(啊,你不会哭吗?)"奥利弗在这里会过得快乐,孩子们,你们说对吗?"

"是的,老师!"

"来,看看这些好玩的小人书。看见了吗?玛丽和约翰尼都在看小人书。你也来看吧。"然后轻轻地和妈妈说:"我们希望妈妈带孩子来不要留在这里,免得发生这种情况。"妈妈站起来要离开孩子,他号啕大哭,老师转过脸去,表示不赞成的样子。

如果奥利弗夫人住在其它街区,那里的学校办得不那么好,硬把哭哭啼啼的奥利弗拉进来,教师在门旁迎接他说,"你现在上学了。"妈妈说:"不要哭,你如果要哭,我就带你回家去!"这样,想奥利弗不哭得更厉害,那才是怪事。奥利弗夫人不得已带着这个小犯人回家,如实告诉丈夫:"我真丢脸,差点都哭了。别的孩子都在那里,奥利弗就像小傻子一样大哭。你看我该把他带到心理学家那里去吗?"其实,她自己倒是应该先去找心理学家谈谈!

如果奥利弗夫人给儿子换了一个学校,老师对付他的方法很简单,奥利弗当然仍旧眼泪汪汪,哭哭啼啼,他的妈妈还是那个样子。如果妈妈带孩子走进来,老师真诚地向他们致意,奥利弗抱着妈妈不放,老师可以说:"你怕妈妈离开你,她不会走的,你叫她走才会走。"奥利弗夫人当然会歉意地说:"他就是这个样子。"老师说:"有些儿童上学第一天会害怕,这的确是一次不简单的经历。""是的,我想也是这样。"妈妈说。看其他儿童在玩玩具,对这里的新环境已经适应了。她真不懂他们为什么比奥利弗容易适应。这时奥利弗已感到放心了,他正在按自己的现实情况被接受。这个陌生的女人说他害怕,无疑是对的,游戏室里有些儿童在玩积木,也许他也可以玩,他四处张望,似乎有些胆怯,害怕有人对他施加压力,结果没有人打扰他。奥利弗渐渐安定下来靠近了这个集体。妈妈轻轻走近教师,有些担心地问:"我现在该走了吗?"教师反馈说:"趁他没有看见,你想知道是否该走了。"妈妈说:"他可能会号啕大哭,你要我走吗?""你想该怎么办就怎么办。至于我嘛,完全欢迎你留下来,你什么时候离开都可以。"

教育工作者运用这些治疗原则,会产生难以置信的效果。她们可以用这些原则进行试验。

一天,一个一年级的小学生皮特对老师说:"我就是喜欢打人,咬他们,抓他们,把他们打伤。我还喜欢把小孩弄哭!"碰巧另一个老师听见了这番话,事后她对皮特的老师说:"你那个学生的话我都听到了,唉,他要是站在那里告诉我喜欢打人,咬人,还要弄得别人哭的话,我就要告诉他我是怎样想的。"

皮特的老师说:"这是皮特对我们之间的关系表示的诚意,他给我坦率地讲心里话,讲自己的思想,不久他就会有比较积极的思想方法。"

这位怀疑者显然带着嘲笑的口吻说:"你认为儿童把想到的东西告诉你,是表示诚意吗?"

第二天,她又喊住皮特的老师说:"我试验了你那种方法。"

"怎么样?"皮特的老师问。

"你知道我班上那个爱争吵、生气的雅各布吗?嗯,今天早晨他进教室,我就抓住他的肩膀说:'看这里,雅各布,告诉我,你对我有什么意见。'他跟过去一样,眼睛瞪着我。我又说:'我说话算数,不管你说什么,都没有关系。'于是雅各布咆哮着说:'我要把对你的意见讲出来,你会发疯的!'"雅各布的老师笑了:"第一次试验还算很不错,对吗?"

第二节 适用于家长与教师之间的关系

建立家长与教师之间的关系,教师亦要接受家长,并反馈他们表达的感情和态度,让他们有机会自由表达自己的意见,同样也很重要。例如,6岁儿童罗伯特的妈妈,她除了管理一个严重不适应学校的儿子外,自己也有烦恼。她是寡妇、年轻、对男人有吸引力。一天,她匆匆忙忙跑到学校来,对老师说:"我要找你!有时间吗?我要找人谈谈,不知道该找谁。"老师请她进来,她说:"用不着拐弯抹角,我简直气疯了,真是气死人。"

"什么事使你这样难受?"老师说。

"我的老板今天告诉我,他不耐烦了,讨厌我为罗伯特那样操心。我实在为他犯愁,中午回家,下午上班就迟到。老板要把我的工作给一个女孩,她是我的朋友,而将我换了下来。噢,我给老板当速记员,干了这么多年,现在要我打杂,落得这个下场。"

"你在公司工作了这么多年,现在被调开了,很伤心。"老师说。

"我从没这么恼火过,"罗伯特的妈妈说,"我刚下班就到这里来了,老板也恼火。"

"你们俩都生气了。"老师评论说。

"老板说罗伯特需要好好管教,要我把他送到儿童养育院去。还说罗伯特毁了我的一生,我该怎么办?应该把罗伯特送儿童养育院吗?"

"你想让我告诉你,罗伯特要不要送到儿童养育院去,我不能替你打主意。"老师说。

"他在那里会得到好的照顾,我也能回去做原来的工作。"她说。

"你认为这样能解决工作问题?"老师评论说。

"是的。"她回答说,并绝望地挥动着双臂,"我要死了!他是我的命根子。我告诉老板,我只好躺下不干了,喝酒消愁。老板心眼儿小,动辄就生气。"她笑了。

"你认为可以吓住老板。"

"我是那样想的。他要我把罗伯特送到儿童养育院去,在 S 街,是个好地方。她们给孩子吃得好,把他们弄得干干净净的,他会得到好的照顾。"

"你肯定他会得到好的照顾。"

"而且我不要再到处找地方,说好话了。罗伯特也可以和同一个人一直生活在一起,时间长了会熟悉的。"

"你认为和同一个人一直生活在一起对他有帮助?"老师问。

"是的。但是,天哪,我会惦记他,新到一个地方,在陌生人那里他害怕。他会……"她的声音拖着,渐至沉默。

"你要惦记他,又怕他到新地方害怕和生人在一起。"

"是的,天啊!如果把他送到那里去,我就搬到 S 街,要给点颜色给老板看看,他不能这样对待我。我要住在离罗伯特不远的地方,如果他生病,发生了什么事情,需要我时,我就能照顾他。"

"你要向老板报复,他要你放弃罗伯特,你就要他失去一个好速记员。"

"是的,我到处能找到工作,我是训练有素的。啊呀,真叫人伤心,我年纪不轻了,都 32 岁了,我是一贯对工作负责的。"

"这真叫你伤心,你认为他们真的欠了你什么东西,你替他们辛苦了多年。现在要走,还对工作不放心。"

"真的,上周罗伯特出麻疹,我没上班。嘿,我能看出他的用心。我们有出勤表,我的缺席的确使公司的工作乱了套。但是,他还是要这样对待我!"

"尽管你承认老板别有用心,但是你还是认为他对你的惩罚过分了。"

"是的。请你告诉我,你认为罗伯特好些了吗?我是说他的行为。我知道他现在不能读书、写字和做算术了,我也不必再为这些烦神。只要他不淘气,就谢天谢地!"

"你现在认为他能适应环境比强迫他读书更重要。"

"是的。"这位妈妈说:"我能看得出来,他有进步,在家里也是这样,他忍受了许多委屈。因为我很容易紧张,也使他这样,他的表现其实是我的过错。把他送到儿童养育院去是不公平的,真是我的过错,何况现在他有了很大的进步。"

"你能看出他有了很大进步。"老师说。

"哎呀,是的!你看出来了吗?"

"他在学校好多了。"

"把他送到儿童养育院不公正,他在进步,不能送他去,他需要我,需要一个家。"

"你认为,他既然有了很大进步,把他送儿童养育院不公正。他需要你,和你住在一起更好。"

"是的。"她举起手中的包说:"看到这个了吗?是兔子,办公室里一个姑娘拿来给我的。有人说办公室里的猫没了,我不知道,或许这就是猫!"她笑了。又谈了一会,她说了"谢谢"后离去了。

几天后的一个中午,罗伯特的妈妈又来了,她满面春风。

"我来是想让你知道,我又回去干原来的工作了。"

"这就好了。"老师说。

"我把你说的话告诉了老板。"

"我说了什么?"

"我告诉他,你认为把罗伯特送儿童养育院不对,他现在变得好多了。我还给他说了,罗伯特的那些表现,都是我的过错。弄得这里不要他,那里不要他,使他不知如何是好。还有,如果把罗伯特送养育院,我就搬到那边去住,找一个工作干。我很明白,罗伯特需要我,我也需要罗伯特。如果我老是心情不安,什么事也没法做好的。"

这位妈妈总结了自己的感情,做出了决定。有趣的是,她推翻了老板要把罗伯特送养育院的决定。在这一案例中,老师给了她暴露感情的机会,她做出了自己的决定后,就向老板说明情况,不仅留住了孩子,也恢复了原来的工作。对这位妈妈来说也仅仅是开始。她要继续利用这位老师作为自己感情和态度的共鸣板,同时仔细洞察罗伯特的行为,从而不断寻求更具有建设性的方法来对待他,给罗伯特提供所需要的安全感。

老师这种帮助,比那种专横傲慢或完全同意的方法来答复家长更有价值。这里也可以看出全盘同意和准确反馈病人表达的感情是两种截然不同的方法。

第三节 适用于教师和行政管理人员之间的关系

如果检查一下学校的情况,可能会发现不少教师的心理卫生状况较差。这是教师表现出受挫折和心情焦虑的原因吗?教师会很快回答,引起这种状况的主要原因是对教学情境的适应不良。

一般漫画家和自作聪明的人常把教师当作取笑的素材,教师也是人啊!(在教育领域这块小天地里,教师也在很巧妙地挖苦学生)显然教师的心理卫生状况差的因素很多,班上学生多,课时多,额外负担重,以及来自行政管理人员和纳税的压力。

尽管这些因素会令人不愉快,恼怒和伤脑筋,但是似乎不是引起苦闷的主要原因。教师适应不良和其他职业人员适应不良的原因是相同的。每十人本身都有一种基本的驱使力促使他完成自我实现,阻碍这种驱使力的那些情境可能就是适应不良的原因。

有的教师盛气凌人,好挖苦别人,企图牺牲学生来建立自己的自尊和自我实现。但是在和行政领导的关系中,她是不能直接实现这种驱使力的。反之,胆小怕事的教师又像怕人的兔子,好像在忍受着别人的摆布,只有退缩避让,在梦境中才能获得自我实现。

每个教师都需要有"人"的感觉,受到别人的尊敬,得到作为一个有知识、有能力的人的应有的地位。但是很多学校否定教师应有这些基本要求,告诉她们要做什么,怎么做,什么时候做。她们受上司压力的驱使,给他们规定了目的和要求。她们被迫在校内相互竞争,同时还要与校外力量对抗。甚至有的学校还规定教师要完成与教学无关的额外任务,如校园值勤,饭堂服务,推销书刊,等等。她们得不到尊重,不被看成是有能力、有知识、能胜任工作的人,而被视为滥竽充数的雇员。

学校要求教师尽心尽职,教育学生遵守纪律,刺激学生勤奋学习。

这种压力和过分的紧张,使有的教师的健康受到损害。但是值得注意的是,在很多学校,虽然工作任务压力重,时间紧张,教师并没有出现心理不健康的状况。而有些学校没有这样的"课外活动",课余时间很空闲,有的教师却表现痛苦,不愉快,适应不良。所以,心理状况差与工作任务重并无必然联系。

那么问题在哪里呢?首先是学校校风要好,教师能受到人的尊重,允许表达她们自己的意见,充分发挥她们的才能,作为学校起作用的成员参加活动,成为学校中有思想、可靠、值得信任的人,她们工作虽忙亦会干得很愉快,很出色。如果让她们自己考虑课堂内外的言行,她们会更加努力为学生服务。如果能让教师充分实现自我,无论男女教师都会自愿和年轻一代共同生活和学习,做出令人满意的成绩。

要使教育有良好的心理保健,教师和行政管理人员的关系是非常重要的因素。

民主是现代生活的方式,学校管理也要民主,要大家在一起制订工作方案,使教师感到心情舒畅,认识个人应尽的责任。这种感觉和责任来自个人内心,不是人为凭空随意加上去的。真正的民主、自由和责任是相辅相成的,只有主动、有创造性、有智慧的人在自由中才能为建设学校做出贡献,使学校真正发挥民主,生气勃勃。

教师怎样才能对学校适应良好,前面已说过,关键在于校长,他要帮助教师逐渐弄清自己的感情。比如学校决定采取新的阅读指导方法,负责人可以做出决定,有权要求教师同意付诸实施。或者对不服从的教师可以采取各种有效的处罚措施,也可能被调到别的班级或学校,或者严厉地批评,把新的制度强加给他们,达到"强制"合作。然而她们却会不妥协地斗争。敏锐的校长会认识到,这种强制的教学不会有任何效果,只有热情、真诚、对工作产生了浓厚兴趣的教师,才能做出优异的成绩。但是这些态度绝不是强迫命令所能达到的。

校长要教师竭尽全力支持学校工作,那么他就应该直率、诚恳地和教师讨论,邀请她们合作,激发她们的热情和兴趣,使她们有责任感,积极投身工作。即使有的教师对某些新因素有抵触情绪,有不同意见,校长也不要消极地拒绝她,应该接受她,给她机会表达更多的感情,并以适当的方式反馈她的这种感情,帮助她获得有益的自知力,对自己的地位满意。

集体治疗也适用于教师。这需要领导人有娴熟的技能,反馈集体中每个成员表达的感情和态度。领导人不要表示自己的感情,在会议中他是中立者。在集体会议期间,要让每个成员感到可以完全自由表达自己的感情,并充分暴露出来,他才能仔细考虑各个成员的感情代表什么,并加以具体分析,从而调查其原因。会议应该提供机会让教师和教师或教师与校长消除隔阂,或对管理方法提出批评和建议。会议要开成功,取决于会议成员的真诚实意。因此,要使每个成员相信,她说的话不能成为反对她的话柄。为此,要求行政管理人员看待教师要宽宏大量、诚恳、公正。尤其在会议上要能接受每个人当时的情况,尊敬她,给予她权利。

如果一个学校建立了这种关系,教师的心理保健状况就能改善。教师不会感到自己是一枚棋子,是由行政人员任意摆布的。

行政管理人员要对教师负责,教师也要对领导者负责。互相尊敬,齐心协力;在工作和感情上能友好相处,就能最有效地尽到自己的责任,为共同的目的而努力。

第四章　治疗记录及注释

第一节　个别治疗记录摘要

游戏是儿童表达感情的自然媒介。通过游戏,儿童表达了他对别人的思想和感情。儿童语言表达的能力很差,不容易用语言表达感情。但是他在游戏时,确能自如地把它表达出来。

下面的例子,是未经挑选取样的案例,很可以说明儿童在游戏中能完全暴露自己的问题。

每段摘要附有儿童治疗的原因,及他的主要问题,供读者形成自己的假设,最后再检查游戏开展的情况。

迪基对抗这个世界

迪基(7岁)的案例：第一次接触的摘录。

迪基拿出粘泥,走近治疗者,坐在桌子对面。

迪基：咱们来做个东西。

治疗者：你想用粘泥做东西？

迪基：我是说,"咱们",你也要做？

治疗者：你要我做什么东西呢？

迪基(皱眉,摇头)：我要你做一只猫,把它藏在一块大石头后面。

治疗者：(用泥做猫和大石头,把猫藏在大石头后)你喜欢指挥我。

迪基：你按我说的办。(治疗者和迪基都用泥做东西。迪基做一只兔和一些石头,把兔藏在石头后)快！现在来打仗。(治疗者把猫向他的兔慢慢移去,迪基马上把兔跳到猫身上,把它捣烂)好啦,这就是老猫的下场,你再做一只猫。

治疗者(又做猫)：你把我的猫弄坏了,现在又要我做。

迪基：对。(治疗者的猫又被他捣烂)再做一只,这次你把猫跳到我的兔上来。(治疗者刚做好,迪基的兔马上就打掉了猫的头,接着把治疗者手中的猫全部拧掉)

治疗者：你喜欢战胜我的猫。

迪基：当然啰,我还喜欢打架。

治疗者：你还喜欢打架。

迪基：当然喜欢,还喜欢打赢。你现在做一条蛇。

治疗者：你要我做一条蛇(他俩都做蛇。迪基伸手把治疗者做的蛇放在自己的旁边,并有意把自己的蛇做得比治疗者的长些)你要你做的蛇比我的长。

迪基：是的。而且它还要把你的蛇头打掉。哝,把你的蛇藏在这块石头后面,我的藏在这里。(迪基把他的蛇放在一堆大石头后面保护起来)

治疗者：你要把你的蛇保护起来。

迪基：这次我想让你的蛇来杀我的蛇，开始了！赫丝，丝丝。（两条蛇慢慢靠近。但是就在治疗者的蛇就要咬迪基的蛇时，他把一大团泥砸在治疗者做的蛇上面，用手按着，把它压死。他很开心，笑了）我骗你，把你骗倒了。

治疗者：你骗我，赢了，很高兴。

迪基：当然，现在你试试，你能不能骗倒我，真的试试，看能不能。

治疗者：你要我试试能不能骗倒你。

迪基：是的，你试试看能不能。

治疗者：你认为我不能。

迪基：是的，我认为你不能。但是你试试瞧。（治疗者和迪基都玩弄着自己做的蛇，治疗者的蛇把迪基的蛇头打掉了。他顿时跳了起来，大声向治疗者叫）瞧，你干的！瞧，你把我的蛇搞成什么样子了！

治疗者：你叫我想法骗你，我做了你又不高兴。

迪基：是的，我不喜欢你这样做，现在你给我把蛇头安起来，还要做急救。

治疗者：你要我把它重新装好，因为是我打掉的。

迪基：我要你照我说的做。

治疗者：你喜欢指挥我。

迪基（突然笑了）：说着玩的，我才不在乎这条老泥蛇，我只是玩玩。（等治疗者把他的蛇安装好，他提着尾巴，把它砸成一团泥。然后到架子前，拿来几个士兵玩具做另一种打仗游戏。这次他背对着治疗者）

治疗者：你总是喜欢打仗。

迪基：你干吗讲话。

治疗者：你说话时，我不能作声。

迪基：对，你干嘛讲话？（治疗者不讲了。迪基盯着她，很满意，因为他成功了）我还能再来吗？

治疗者：可以，只要你想来。

迪基：真的，我只想和你一起玩玩。你说过，我想怎么玩就怎么玩。

治疗者：是的，我说话算话。

迪基：我还能向你说想说的话吗？

治疗者：可以。

迪基：如果我想，在这里我能骂人吗？

治疗者：只要你想骂人。

迪基（狂欢地笑）：什么时候我再来？每天吗？

治疗者：你可以每个星期三的这个时候来。

迪基：你是大人，我能和你说想说的话。（笑）

治疗者：你认为向大人说想说的话很好玩。

迪基：当然啰。（咧嘴笑）住口，赫太太（女管家的名字），住口，赫太太。

治疗者：有时你想叫女管家住口。

迪基：住口，木先生（儿童养育院的主管），闭上你的大嘴！

治疗者：有时你想叫木先生闭上大嘴。

迪基：想，但不敢！

治疗者：你想告诉他，但你不敢。

迪基（在治疗者对面坐下）：你知道我想干什么吗？

治疗者：嗯？

迪基：我想从奶瓶里喝水。

治疗者：在那边架上，你想就拿着喝。

迪基：你知道我还想做什么吗？

治疗者：嗯？

迪基：我想拿着奶瓶一面喝，一面在地板上爬。

治疗者：你想当小毛娃，好，去拿吧。（迪基在犹豫）你不知道该不该。

（迪基拿着奶瓶，坐在治疗者对面，用奶瓶喝水。然后躺在地板上,闭着眼,吸奶瓶。)

迪基:我是小娃娃。

治疗者:你喜欢做小娃娃。

迪基:哼咳。(这次剩下的时间,他一直躺在地板上,从瓶里喝水)

评　　析

根据女管家报告,迪基来做游戏治疗,是因为他"非常幼稚"容易哭、脾气坏、遗尿。治疗前,他在私人儿童养育院住了4个月,对这新环境不适应。他的母亲离婚后又结了婚,不常来看他。因为继父怕他打扰,才把他安置在儿童养育院的。生父从不来看迪基,实际上,他抛弃迪基母亲时,迪基才5岁。他是独子,母亲上班,他一人在家,由一个老太太照看,没有机会和其他儿童接触。到儿童养育院之前,他一个人玩,能做许多喜欢做的事。现在突然和许多小朋友在一起,管理又严,就认为被遗弃了,不安全。迪基自己躲起来,显得很幼稚,一惹他就发脾气。

迪基在第一次治疗中,那是很有趣的,他表示了对养育院权威难以忍受的感情。他选择的塑料材料,不大不小,不易打碎,使用方便。他以极不寻常的方式利用治疗者,在游戏中把她作为成人权威的象征,向她倾泻在现实生活中对管他的成人不敢流露的感情。但是他又会从专横、不讲道理的儿童变成无能的小婴儿,那是多么有趣啊!

这是迪基的第一次接触,他还不能肯定在这种情境中能否允许他、接受他。所以他在谈话中申明"只是玩玩"。而在后半段时间,他却问能不能骂人,他又想知道是否能再来。接触快结束时,迪基叫主管老太闭上大嘴,这似乎更接近他的问题了。这里,治疗者的回答太强烈,反馈了他说的话,似乎使他吃惊。他退却了,回到他婴儿安全的世界中去了。他从奶瓶里喝水的动作像婴儿,就觉得心情舒坦,自由自在。他幼稚的行为很可能是用来防御外界对他过多的要求。

迪基第一次说到奶瓶时,治疗者的回答也不恰当。如果她反馈他的想做婴儿一样的感情会更好些,不要说"好,去拿吧"。这是鼓励和支持他,应该让他自己做出积极的决定。

希娜拉直她对手的头发(略)

泥　　人

乔安娜(6岁)的案例:第四次接触的摘录。

乔安娜到游戏室,坐在泥工桌旁玩泥。她生性宁静、话少,每次来游戏室都做一个拿棍子的男泥人,又在泥人身上戳很多洞,然后用棍子打,玩具车压,最后把他埋在积木堆底下。她第四次做这泥人时,治疗者说:"那人又来了。"

乔安娜:是的。(她紧张,但很坚定)

治疗者:他拿着棍子。

乔安娜:是的。(她开始在泥人身上戳洞)

治疗者:你在泥人身上戳洞。

乔安娜:刺!刺!刺!

治疗者:你在刺他。

乔安娜(轻声地):哎哟,你把我戳痛了!(变了声音)我不管,就是要叫你痛。

治疗者:泥人在哭,被你戳痛了。

乔安娜(打断话):我要把他刺痛。

治疗者:你要把他刺痛。

乔安娜(有力地):我不喜欢他。

治疗者:你不喜欢他。

乔安娜:我不喜欢他、恨他。瞧,这一下把他戳穿了,从前面进去背后出来。

治疗者:他身上穿了很多洞,你要惩罚他。

乔安娜:是的,我要扯掉他的头。

治疗者:你还要扯掉他的头。

乔安娜：对了，对了，把他放在罐子里，拿泥压住，闷死他。（把他扯成碎块，埋在罐里，再用泥封住口）

治疗者：你把他扯成小碎块，埋在罐子里。

（乔安娜向治疗者点头微笑。然后她到玩具娃娃前，装着喂食。轻轻把娃娃抱起来放在床上，摆好桌子，安安静静地玩娃娃家）

乔安娜连续在游戏室里七次都做泥人、弄坏、毁掉，然后玩婴儿娃娃。她后来有时也玩泥，做泥猫、泥盘或泥蜡笔等等。她很喜欢娃娃，玩娃娃家。

评　析

乔安娜来做游戏治疗，是因为她容易激动、紧张、孤僻和退缩。她做的泥人指谁，很长时间还是个谜。乔安娜的父亲已死了三年，她和妈妈、10岁的姐姐一起生活。家里没有男的，但是游戏表明她对某个男人真有仇恨。在她的游戏中，这个人的身份似乎不重要，她也从未说出他的名字。治疗者也没有打听他的身份。乔安娜不肯说出他的名字，看来对她是相当重要的。但是在后来的治疗接触中，乔安娜不再做这泥人了，而且她的态度和行为有了显著的进步。

治疗结束后，治疗者才知道她的母亲准备再结婚，"那男人唯一的缺陷是跛脚，要拄棍子，乔安娜怕他。"

这说明那个拿棍子的人闯入了乔安娜的家庭，因此他遭到了乔安娜的毒打。

欧内斯特准备送医院治疗（略）

第二节　集体治疗记录摘要（略）

第三节　完整的集体治疗记录和评价

现在介绍一份八次治疗接触的案例，并附注释。这几个儿童都有行为问题，都暂时寄养在一家人家。这个家庭寄养了15个儿童，小的

3个月,大的16岁。经养母和福利部门同意,安排他们做8周治疗接触。每周一次,每次一小时。这些男孩第一次到治疗室,治疗者向他们公布了治疗安排。年纪小的,离家远的,或有其它困难的,治疗者答应用自己的车接送。

第一次接触,来了5个男孩。蒂米和博比在第一章已谈到,他们是兄弟俩,一个8岁,一个7岁。索尔7岁,巴迪9岁,他几乎双目失明。欧内斯特是小组的临时成员,这个治疗者也给他做了一年游戏治疗。这次接触的前一天,他在医院做了喉头扩大手术,现在等母亲来接他回家。他要求在走之前再做一次游戏治疗。

据养母说:"蒂米和博比爱吵爱闹,不服管教,好哭,常生气,经常呕吐,夜里还尿床。"他们在寄养家已住了6个月。母亲住在离这里160里远的小城,父母分居,都不来看他们。

索尔7岁,据养母报告:"他安静,但有忧虑,爱发脾气。易激动,反应迟钝,不理解别人要他做的事。"

索尔的母亲在州立医院治疗精神病,父亲住在另一个城里,相距一千多里,但至少每月来看他一次,还带他到祖父母家度一个短假。按年龄看,索尔显得瘦小,脸色苍白。在寄养家,常常抱着头独自一人坐很长时间,从不和其他儿童一起玩。只要其他儿童靠近他,他不是哭,就是向他们吐口水,7年里,他换过好多寄养家庭。

巴迪是弃儿,出生后就到寄养家庭。现在他住州立盲人学校,说话声音大得叫人发疯,除了大叫大嚷外,他什么也不会说。他似乎很高兴,喜欢捉弄别人,或尖声怪叫,惹人发怒。他眼睛快瞎了,行动笨拙,经常摔跤,踩坏玩具,打翻东西,威胁着旁边婴儿的安全。治疗前,养母曾多次抱怨,"巴迪真叫我受不了,真像一颗炸弹在我身旁。"

治疗者告诉他们,要叫到名字才能进来。他们不高兴,不想再来了。下面是八次治疗的完整报告。

第一次接触

治疗者:你们在这里一个小时,玩具可以随便玩但不能搞坏,还要爱惜房间。(5个男孩进了游戏室,赶快看玩具。)

蒂米:机关枪! 机关枪! (装出打机关枪的声音)

巴迪:好家伙! 枪! 枪在哪里? 我要打枪。(蒂米给他枪,他大声发出打机枪的声音)

欧内斯特:我要画画。(他走到画桌前,用黄蓝绿三种颜色在纸上画。)这是彩虹,彩虹有黑的吗?

索尔:黑彩虹! 有。添上黑色。

欧内斯特:我想彩虹不应该有黑色。

索尔:看这些是什么。(他拿着装有士兵和动物的盒子)

巴迪(摸家具):我要玩这些东西,不管它是什么。

治疗者:你不认识它是什么?

巴迪:我能猜出来。

蒂米(一直在反复布置娃娃家):巴迪,我要把这个地方布置好。

巴迪(拿起玩具冰箱):这是肥皂,(其他儿童忍不住笑了,巴迪也笑)我认得出来,这是肥皂。

蒂米:我要把这家布置好。

索尔:我要……(他抱着头坐在地板上,其他儿童看他一下又各自玩开了)

博比:我要拿这些卡车出来玩。

(巴迪已到积木箱前,开始摸积木,想辨认是什么。欧内斯特仍在画彩虹。巴迪拿出一块长薄板在摇晃,打着了埋头玩娃娃家的蒂米。)

蒂米:巴迪,不要那样,你打到我了。

巴迪(笑):我打到你了? 是你呀,蒂米!

蒂米:是我。

(巴迪把木板扔回箱里,博比在用军用卡车排队。索尔拿大炮乱开炮。)

欧内斯特(拿着婴儿):我是这娃娃的妈,不准你们碰他。

巴迪(偶尔摸到大娃娃):这是小娃娃还是大娃娃。

博比(排好卡车,接着拿救护车把卡车都推翻,叫):出事了! 出事了！那边有人受伤了！

蒂米(举起玩具机关枪)：博比，我要把你打死。

博比：我要开救护车把你压死。

蒂米：砰！砰！

(蒂米放下枪，转身玩娃娃家。巴迪和索尔开始拿蜡笔画画。蒂米不玩娃娃家了，也来画画。博比仔细看过泥罐后，回到放军用卡车的地方，拿机枪打哥哥蒂米。)

治疗者：你报复哥哥。(博比笑了，继续玩卡车)

蒂米：房子是什么颜色？房子是什么样子？(转身向治疗者)我的房子是什么样子？它是什么颜色？我是说我自己家的房子。

治疗者：你不记得你自己家的房子是什么样子。

蒂米：是的，你知道吗？

治疗者：李妈妈的房子是灰色的。

欧内斯特：李妈妈的房子脏。(做鬼脸)

治疗者：你不喜欢房子脏。

欧内斯特：里面乱七八糟。

治疗者：你不喜欢乱七八糟。

欧内斯特(又拿起玩具婴儿，接着拿奶瓶吸)：看，伙伴们！(他们停下正在做的事，转身惊奇地看着他)在这里可以玩娃娃，你喜欢玩什么都能玩，现在我要玩娃娃了。

治疗者：你喜欢玩娃娃。

欧内斯特(拿榔头敲积木箱板。拿救护车慢慢推，并看着索尔。索尔找到娃娃盒里的父亲娃娃)：那是爸爸。(索尔把父亲娃娃扔回盒里)

治疗者：你不喜欢爸爸。(这话超过了索尔，会使他不安全，"你不要爸爸娃娃"，这样的反馈较好。但是它被索尔接受了。)

索尔(点头)：妈妈在哪里？

欧内斯特：妈妈在这里。

索尔(抱住妈妈娃娃)：可怜的妈妈。(他深叹一口气，把妈妈娃

娃放在娃娃家椅子上)

治疗者:你喜欢妈妈!你为她叹气。(这也是解释)(索尔抱着脸)这使你要把脸藏起来。

(这是解释,或许养母讲过索尔的习惯,治疗者想给索尔解释这动作,其实违背了基本原则。"你喜欢把脸藏起来"较准确——帮助索尔更能接受。)

博比(拿奶瓶给欧内斯特):哎,婴儿奶瓶。

欧内斯特(接过瓶吸,装婴儿哭。然后把橡皮奶头拔掉喝):我要这样喝,这样好玩。我不是娃娃。

治疗者:像大人一样做事,比像娃娃做事好玩。

欧内斯特:有时是这样。

治疗者:有时是这样。

(博比,索尔,蒂米和欧内斯特都用蜡笔画画。巴迪一个一个摸罐子要拿颜料)

巴迪:这些是颜料吗?我能画吗?我从没有画过,我很想画画。

治疗者(拿几张大纸给巴迪放在适当的地方):现在你可以画了。(巴迪高兴地笑了,接着画起线条来。从左到右依次用每个罐子的颜料)

巴迪:我也画画了!

蒂米(对着巴迪和治疗者):我来造房子,还要给它涂上黑色和红色,干了再装黑门窗。(拿榔头用力敲锤床。然后又爬到娃娃家前)我还要娃娃家。(他爬过去拿了奶瓶回到治疗者跟前,把瓶递给她)请你把橡皮奶头帮我套上。(治疗者帮他套上了)

(蒂米爬回娃娃家前,拿着奶瓶玩娃娃家。索尔开始画房子,全涂成黑色,而后又拿了一个奶瓶。)

索尔:我想自己是娃娃。

治疗者:你想是娃娃。(索尔吸奶瓶)

巴迪(画完画,摸着到房间角落里,那里有榔头):我要榔头,它在哪里?(蒂米给他榔头,还把锤床推到他面前)

蒂米：不要打到手指上。

巴迪：不会的。（笑，开始敲）

如果治疗者这时说："蒂米叫你不要打到手指上"，这有可能使其他孩子对巴迪持保护态度，想做点什么来得到治疗者的表扬。

蒂米（在泥桌旁）：我要做乌龟。

欧内斯特：这些东西要能带回家就好了。

（欧内斯特知道这些东西不准带出游戏室的限制。有趣的是，他似乎在为其他孩子安排游戏。他首先玩奶瓶，现在他似乎希望治疗者给其他儿童讲这限制。但是，这次治疗者没有做解释）

治疗者：你想把这些玩具带回家去，别人还要玩，应该放在这里。

欧内斯特：如果我们把玩具拿回家，别人就没有玩的了。

治疗者：别人就没有玩具玩了。

欧内斯特（凶狠地敲锤床）：我想把它们拿回家。

治疗者：你知道玩具不能拿回家还是想拿。不能拿走，你很生气。

欧内斯特：我要把它打烂。

治疗者：你不能拿回家，就想把它们打烂。

蒂米：把这些东西打烂是犯规的，我们每周都要到这里来，要是打烂了我们自己也就没有玩的了。

（欧内斯特知道他是最后一次治疗，或许这就是欧内斯特威胁要打烂玩具的原因）

欧内斯特（凝视着治疗者笑）：好吧！我们今天下午还要来玩，让它放在这里，行吗？

博比和蒂米：行！

（欧内斯特拿机枪，蒂米也拿机枪，博比拿一杆枪。嘴叫枪声。）

欧内斯特：把蜡笔收起来，打扫房间，我们来打仗。

博比（用枪对准蒂米的背）：我把蒂米打死了。

巴迪（在画桌旁）：这是红色吗？我要红色，红色在哪里？

治疗者（给他红颜料罐）：这是红色。

（巴迪笑了，并在纸上画了几个大红叉叉，其他孩子看着他。博比拿到了枪，蒂米拿到了锤子。索尔退回到角落里，拿出士兵排成两排，再用积木砌墙围起来。）

巴迪：我做了一面旗子，一面红旗！

蒂米（又拿起奶瓶）：博比，看这里，你来和我玩，你当父亲。

博比：我是娃娃。

蒂米：我是父亲。

博比：现在我要玩的就是娃娃。

蒂米：行，上床。

博比：床在哪里？

蒂米：这里，地板上。

博比：喔，太脏了！行！（他躺在地板上，蒂米用奶瓶喂他，水溅到博比身上）

博比：该死的，你会把我淹死。（蒂米拿一个娃娃婴儿用毯子裹起来）

欧内斯特（用炮）：现在我要开炮打××阿姨。（笑，并假装开炮打治疗者）

治疗者：你要开炮打我。

蒂米：我只好和这小丑玩，逗这娃娃笑，至少叫他不哭。

治疗者：你不喜欢娃娃哭。

欧内斯特（对治疗者）：砰！砰！

索尔（指着士兵）：他们出不来了。

治疗者：他们被堵在里面了。

欧内斯特（向治疗者开炮）：砰！砰！

治疗者：你不喜欢我和他们讲话。

（这是掌握了欧内斯特的态度所做的解释，没有说服力。）

欧内斯特：是的，砰！砰！（开炮打每个儿童）砰！砰！砰！

治疗者：你想把我们都打死。

欧内斯特：我要把枪拿回家去，把李妈妈也打死。

治疗者：你要把李妈妈也打死。

欧内斯特：我会的，你敢不敢打赌。还有博比、索尔、蒂米和巴迪。砰！砰！砰！

巴迪（用颜料乱画）：你也要把我打死。

欧内斯特：我已经把你打死了。

治疗者：孩子们，只有5分钟了。

欧内斯特：砰！砰！砰！

治疗者：你想把每个人都打死。

欧内斯特：伙伴们，把游戏室打扫干净。

治疗者：你喜欢指挥他们。

欧内斯特：砰！砰！

蒂米（抓起枪）：砰！

博比（拿枪瞄准几个男孩）：你们听着，缴枪不杀。（除欧内斯特用机枪顶住门把手外，其余都放下了枪，举起手）

欧内斯特：现在谁也不要想进来，要进来，会被打死。

治疗者：你回家后，不要任何人到这里来了。（治疗者又做了超过欧内斯特的解释）。

欧内斯特：是的，他们来，我就把他们打死。

博比：你假装把我看成日本人，预备！打！（枪声）

索尔：我要打扫房间。（索尔和博比开始收拾玩具，蒂米又在娃娃家旁，巴迪仍在画画）

博比：大家都来打扫。

欧内斯特（看走廊）：如果那个人再回到门旁来朝里看，我就打死他。（有人真的来了，欧内斯特就开枪）

博比（抓起奶瓶）：下次我要喝满满一瓶。下次我就是娃娃。

蒂米：下次我也是娃娃。

索尔（看娃娃家里面）：妈妈在哪里？

蒂米：她在这里。（扔妈妈娃娃给索尔，索尔把它放在娃娃家椅子上）

索尔：瞧,妈妈,你可以呆在这里了。
治疗者：你要妈妈舒服。
欧内斯特：不,我才不管。
治疗者：你生妈妈的气了。
(治疗者这种解释又超越了儿童表达的感情。)
欧内斯特：不久我就要回家了。
治疗者：但你不想去。
(治疗者的评论没有反馈他的感情,却超出了他表达的感情)
欧内斯特：是的。不,家里有马、牛和我的那只狗。
治疗者：你不想离开这里,确实又想回家,住在农场可以照管那些动物。
欧内斯特：是的。(凝视着治疗者)那里可能比这里好玩。
治疗者：那里可能更好玩。
时间到了,治疗者送他们回寄养家。

评　析

分析一下治疗者的 33 次反馈,有 20 次针对欧内斯特,6 次对索尔,3 次对蒂米和巴迪,博比只得到 1 次反馈,反馈分配很不均匀。而且很多反馈是解释,又超出了儿童表达的感情。

和养母提供的情况比较,索尔在游戏室没有表现不愿讲话和对抗集体中其他成员的行为。

把巴迪这样一个有生理缺陷的儿童编在"问题"不同的儿童小组里,是第一次尝试,事实证明没有产生消极影响。巴迪被接受为他们中的一员,他很高兴,尤其在画画时他的愉快心情表现得更为明显。这个集体中只有巴迪没有从奶瓶里喝过水。

蒂米和博比是兄弟,这又提出了一个问题：兄弟或姊妹在同一集体中合适吗？这次接触出现了兄弟竞争,集体治疗能解决兄弟间的竞争吗？

欧内斯特垄断了这次治疗时间,他的行为似乎出于嫉妒心,因为这一回是他最后一次治疗。其他儿童还能来7次,他嫉妒了。但是,欧内斯特接受了这个事实,他没有感到很不安。

分析这次游戏活动,这些儿童的反应涉及到家庭、父母、要当婴儿,以及游戏中表现出的攻击性。要把房子涂成黑色,也暴露了他们对家庭的感情。这虽然是治疗者的推测,但是,仔细分析他们做的手工,证实了这个论点:儿童画画用什么颜色和什么东西都反映一定的意义。但是,目前还没有从理论上充分阐述这一论点的专著。

第二次接触

四个儿童急忙忙走进游戏室,巴迪沿墙壁摸着走。他摸到的东西能说出它的名字。索尔、蒂米和博比到窗台前,那里有装满水的奶瓶。

蒂米:啊,瞧!婴儿奶瓶,我们能玩婴儿。

治疗者:你想玩婴儿。

索尔:是的,我就是婴儿。(对蒂米)你是妈妈。

博比:我也是婴儿。

蒂米:行,那我就是妈妈。

索尔和博比(装婴儿哭):我要奶瓶,我要奶瓶。

蒂米(给博比和索尔奶瓶):这里,宝贝,吃吧。

(索尔和博比躺在地板上,咕咕的吸,装婴儿哭。蒂米站在桌旁,把水挤到杯里喝。)

博比(拿娃娃家):我要玩这个,也要玩我的奶瓶。

(蒂米要治疗者帮他把橡皮奶头装在瓶上,治疗者照做了。)

蒂米(躺在地板上吸奶瓶):我就要当娃娃。

治疗者:你们又喜欢当娃娃了。

博比:瞧,(向着治疗者)他是8岁娃娃,我是7岁娃娃。

博比:嗞,嗞。(蒂米和博比躺在地板上,自由自在地吸奶瓶)

索尔(爬到玩具电话前):我要打电话给爸爸。喂,喂,啊,没有人回答。

治疗者:你的爸爸不回答你。

索尔(悲伤地):是的,他没有回答过。大约有 20 年我没有见到他了。

治疗者:你想见爸爸。

索尔:还有妈妈,可怜的妈妈,她已经在医院住了 50 年。

治疗者:你也想念妈妈。

索尔(在地上滚过去抓住奶瓶,轻声说):妈妈,妈妈,我要妈妈。

治疗者:你要妈妈,你想念妈妈。

索尔:她病了,在医院里。

治疗者:她生病在医院里,你很担心。

巴迪(突然大声说):你知道什么?昨天我们吵的声音大了,她用胶布贴我们的嘴。

蒂米(到治疗者跟前):是的,你看他嘴上的印子。(给治疗者看他嘴唇上被胶布贴的红印子)

治疗者:你们吵得太厉害了,她用胶布贴你们的嘴,你们不喜欢她这种做法。

(读者会注意,他们没有指明"她"是谁。)

巴迪:是的!

索尔:我们可以在这里吵,不会被贴胶布。

治疗者:在这里不管你们吵声有多大,不会贴胶布。(四个儿童使劲大叫,同时一边看着治疗者)

蒂米(怀疑地问治疗者):你不是聋子,对吗?

治疗者:我没有阻止你们大叫,你们想知道我是不是聋子。是的,我不是聋子。

(在这栋房子里没有一个是聋子!几个儿童又齐声大叫,都很高兴。)

索尔:我们来玩警察,砰!砰!砰!都打死了。

治疗者:你把他们全打死了。

巴迪(走到索尔面前,摸到小汽车,就用力撞,笑着大叫):出事故了!出事故了!

博比（画救护车，在上面点一滴红色）：这是救护车，看见了吗？有人受伤了，瞧，全是血。

治疗者：出事故了，救护车，流血，有人受伤了。看，全是血。

博比：我知道是谁。

治疗者：你知道是谁受伤了。

博比：我不告诉你。

治疗者：你知道，你不讲。

蒂米：那人我认识吗？

巴迪：那人我认识吗？

博比：我还是不讲。

治疗者：博比还是不肯讲是谁受了伤。

（蒂米和索尔坐在桌旁，把水倒在杯子里，用小匙吃水。巴迪走到桌旁，摸到了摇篮里的玩具婴儿，蒂米帮他拿瓶子。）

巴迪：瓶子在哪里？

蒂米（给巴迪瓶子）：喏，巴迪，这是你的。

巴迪：我是爸爸，（顺着蒂米的手臂摸到他手中的杯子）你在干什么？

蒂米：往杯子里倒水。

巴迪：给我一个杯子。（蒂米给巴迪杯子，巴迪把瓶子里的水倒在杯里，水没溅出来，他高兴地笑了）我也能倒水了。

治疗者：你想能做蒂米做的事。

蒂米：我要画画。（蒂米画画，索尔和博比坐下玩泥）

博比：我还要一点水。

治疗者：你还要水，现在没有了，你们每人每次只有一瓶，没多的。

蒂米：我们每人只有一瓶水。

（蒂米接受了这个限制。）

巴迪：我们这里如果有很多水，就能踩水了。

治疗者：你们想有许多水，但是你们每人每次只有一瓶水。

博比：我还要许多水。

治疗者：你要坚持自己的想法。（博比把水喷在治疗者身上）做不到就生气，把水喷在我身上。你可以把水喷在自己身上，或地板上，不能喷在别人身上。

博比（笑着治疗者笑。走到桌旁）：行，我自己来做个乌龟。

巴迪（笑着叫）：乌龟也要水。

（博比做了一个泥乌龟，蒂米画了一张很奇怪的画，只涂了一片蓝色，几条蓝线一直拖到下面绿草地里）

蒂米：瞧，天上有东西在飞，有一根线连着它，是从矮树丛里出来的，没有人知道它是什么东西。（蒂米先画上浅蓝色，又加上一条紫色，上面再画上一些奇形怪状的东西。索尔看着他）

索尔：那一定是云。

巴迪：在这里我不怕打破东西，我不怕，但是我不打破。

蒂米：这不是云。

索尔：白的才是云，除了云，天上没有什么是白的。

巴迪（高声唱）：我要一块汉堡牛排。

大家（唱）：我要一块汉堡牛排，我要一块汉堡牛排。

巴迪（叫嚷）：我要博比的头。（巴迪过去把手指向博比的脸。轻轻拨弄博比的眼睛，博比害怕）我要博比的眼睛。

治疗者：你想自己的眼睛也和博比的一样。

巴迪（大声唱）：博比在大海上，
　　　　　　　　博比在大海上，
　　　　　　　　博比打破了奶瓶，
　　　　　　　　嫁祸在我的头上。
　　　　　　　　妈告诉爸，
　　　　　　　　爸告诉妈，
　　　　　　　　博比挨了打，
　　　　　　　　哈！哈！哈！

（几个儿童都笑了，博比也唱这歌来报复，把自己的名字换

成巴迪)

巴迪(对着博比)：我不怕把颜料摔到你身上。

博比(对巴迪)：你不要这样做好吧。

巴迪(又高声大叫)在这里我不怕打破东西。

治疗者：在这里不管你做什么,说什么都可以。

巴迪：我不怕。

治疗者：你不怕。

巴迪(咯咯笑)：在这里。

治疗者：在这里你不怕。

索尔：昨天我们看见一只小狗,李妈妈说,没有人来认领,我们就留下来养。

(巴迪用蜡笔盒打博比,博比没理他,拿了一个娃娃轻轻抱着。巴迪要抢博比的娃娃,他躲开了。巴迪要拿博比的一盒蜡笔,博比放下娃娃,拼命地夺回来。巴迪放开蜡笔,回画桌。)

巴迪：红色在哪里？指给我。(蒂米趴在地板上用蜡笔画飞机,站起来给巴迪红颜料。巴迪就用它在纸上涂)我要把这张画带回家贴在墙上,过去我没有画过画。(他高兴地笑)

治疗者：你喜欢画画,别人做的事你都喜欢做,你就高兴。(索尔在地板上画飞机,博比画娃娃家。巴迪转身踩着蒂米的画,把它弄坏了)

蒂米：当心点！你把我的画弄坏了。

(巴迪笑,他坐在地板上,伸手拿着装玩具卡车的盒子。真不可思议,他怎么知道放玩具的地方,而且走来走去,一点也踩不到玩具。他们坐着推小汽车,高兴得笑起来了。博比和蒂米玩娃娃家,索尔、蒂米和博比一直都拿着奶瓶,舍不得喝水。巴迪慢慢走到博比和蒂米跟前。)

巴迪：给我几件家具。(他拿到家具盒,一件件自己拿着说："这是椅子,这是桌子。")

治疗者：别人不说你也能知道是什么家具,你高兴了。

巴迪：不能老靠别人告诉我。（咯咯笑）

蒂米：我们还有多少时间？

治疗者：10分钟。

蒂米：我希望时间过得慢一点。

治疗者：你想呆在这里。

（蒂米拿出积木）

巴迪（博比把家具一件一件给他）：够了！不要给我太多，多了我就弄不清是些什么。

治疗者：不太多，你能记得住。

蒂米：我要一人玩，不跟别人在一起。

治疗者：你想一个人玩。

（蒂米用积木砌塔，索尔画好画，又用奶瓶洒水）

索尔：下雨了，天哭了。

（博比刚把娃娃家整理好，巴迪伸手进去打翻了几件家具）

博比：哎呀，巴迪！

巴迪（笑）：嗯，请你再摆一下。（博比爬着离开娃娃家，躺在地板上又装婴儿吸起奶瓶来）

博比：这里玩具真多，我不知道玩哪一个好。

治疗者：玩具太多，你不知道玩哪一个。

博比：我决定不了。

治疗者：你总是决定不了。

博比：还有几分钟？

治疗者：5分钟。

博比：我在这里大叫大喊，有人会以为全城失火了。（博比拿榔头用力打锤床。索尔和博米拿出玩具士兵打仗，他们像发了疯似地叫，有嚎喊声，有打机枪声，巴迪也跟着张大嘴嚎叫）

治疗者：现在你们可以拼命叫喊。

博比（拔掉瓶上的橡皮奶头，到治疗者跟前）：请你帮我装上去好吗？

巴迪（敲锤床的另一端）：砰！砰！砰！

博比（对巴迪）：不是那一头，你敲错地方了。

巴迪：不管，我喜欢这声音。

（蒂米把两张椅子拼在一起当床，睡在上面用瓶子喝水。博比用大积木块搭了一张床，装婴儿睡在上面。巴迪亲了一下抱着的婴儿娃娃，又放回床上。博比爬过来揭掉婴儿娃娃的毯子，让婴儿娃娃在地板上睡。）

蒂米：妈妈！妈妈！我要妈妈。

博比：我不是妈妈，也是小娃娃！医生！医生！我生病了，哎哟！

巴迪（马上担任医生角色）：是的，我来了。（从泥罐里拿出一块泥）这是药。（把泥给博比）

博比：我要妈妈。

治疗者：博比也要妈妈。

（巴迪把泥罐顶在头上，在满地玩具的房间里走）

治疗者（忍不住）：当心！

巴迪（笑着大声说）：你怕它会摔下来吗！

治疗者（温顺地）：是的，我怕它摔下来。

巴迪：我不怕它摔。

治疗者：你不怕，但是我怕。

（巴迪的笑声更响亮，他拿下罐子放在桌边上，蒂米把它推到中间）

博比：时间到了吗？

治疗者（无力地）：是的，时间到了。

评　　析

这次接触，治疗者给这四个儿童的反馈次数相同。蒂米、索尔和博比做婴儿游戏，巴迪仍没有参加，他想担任较多成人的角色，提出要当医生，还宣布要当父亲。

这次接触中，他们都想试探一下违反限制。这次巴迪和博比接受限制不如蒂米和索尔快。巴迪宣布不怕摔颜料和要打碎东西,治疗者没有再用限制的口吻,只是反馈了他在这里不必怕做出事来叫人震惊的感情。他们已认识到这里的游戏情境和平常游戏不同。第一次接触时,欧内斯特就给他们说:"在这里什么事都能做,你可以玩毛娃,你喜欢玩什么都行。"这次接触中,他们在观察"你可以吵闹,不会被胶布贴"。巴迪感受到了许可的情境,还表示要反对限制。他说:"在这里我们应该有很多水,我们就能踩水了,"又说:"乌龟也要水",接着直接表现了要违反限制。治疗者相信,承认感情比为了防止违犯限制而重复这些限制更有助于儿童遵守限制,后者可能被儿童认为是对他们的挑战。

接触中,这几个儿童在一起友好相处,也是一个发人深思的问题。妈妈说,他们在寄养家里经常激动不安,好打架,巴迪爱恶作剧,大家讨厌他。然后他们在游戏室里却很少发生冲突,他们还很体谅巴迪的生理缺陷,帮助他找要的东西。巴迪参加他们的游戏,他们接受他为成员。索尔在游戏室的表现也与报告的相反,他参加游戏时,跟其他儿童友好合作,能自由表达自己的想法。

在索尔的案例中,令人不解的是他对待父亲的态度。据个案工作人员说,索尔父子俩定期接触的情况都有记录,他们的关系是好的。但是在第一次接触中,索尔把父亲娃娃扔回到盒子里,这说明了解释的潜在危害。治疗者评论说,"你不喜欢爸爸。"很显然这被索尔接受了。索尔虽然四年没见到母亲,但对她表示的感情却很特殊。他出生后的三年中,母亲的身体一直不好,曾因阵发昏厥和乖僻行为,在住院前曾想杀死索尔,幸好丈夫及时制止了她的行为。尽管有过这段历史,但索尔仍哭着要妈妈,似乎心里很忧郁,时刻在想念她。

这次接触出现的另一高潮是巴迪表示要博比的眼睛,接着是他的攻击性声明。随后用开玩笑攻击博比,对娃娃却满怀深情。最后用他的画画和下边这句话结束:"我要把这张画画带回家去贴在墙上,过去我从没画过画。"显然这表明他亦想做别人能做的事,如果养母允许他们把画画贴在自己房间墙上的话,巴迪的画是可以贴在显眼的位置上的。

这次接触快结束时,治疗者想知道博比和蒂米的"习惯性呕吐"是否因想念妈妈而引起。博比就大声叫喊:"我也是小娃娃。医生!医生!我病了,哎啊!"后来还说:"我要妈妈。"

这次接触结束时,治疗者有件事没有起好的作用,没能控制治疗情境。只是大叫:"要当心!"巴迪却恰当地反馈了她表达的感情。对巴迪的警告和缺乏信心都只能是向他们挑战。幸好,这是在治疗快结束的时候,蒂米帮助巴迪不作声地把罐子放稳,这不引起人注目的行为比治疗者的突然大叫有帮助,但是治疗者也是人啊!

第三次接触

治疗者去接这几个儿童时,蒂米在路边等了。其他人带着查尔斯向小汽车跑来。他们问:"查尔斯可以和我们一块去吗?"查尔斯大约10岁,高个子,很文静。他说:"我想去,可以吗?你知道,他们走了,这里只剩我一个男孩子。李妈妈问你,能否让我也去?"治疗者同意了。

养母说查尔斯好静,不爱讲话,总是一个人在房间里闷闷不乐,动不动就哭,他好像生活在"迷雾中"。

(治疗者答应带查尔斯后,蒂米请她进屋见他们养母。治疗者进去和养母谈了一会)

这几个儿童进了游戏室,除巴迪外,都冲去拿奶瓶。查尔斯还拿了玩具电话。

查尔斯:我要给妈妈打电话,她在——工作,我想和她说话。

治疗者:你想和妈妈说话。

查尔斯:喂,妈妈,我还是娃娃。(一边在吸奶瓶)我现在手里有奶瓶,你回家来好吗?

治疗者:你要妈妈回家来带她的小娃娃。

(蒂米拿出木娃娃玩,博比用褐色颜料画房子。巴迪摸到了新桌子、板凳和画架,这些都是他们上次离开后新增设的。博比把瓶子放在画架上,巴迪摸画架把它摔了,玻璃和水撒在地板上。治疗者清扫时,没注意听他们的谈话。博比皱着眉头,像是要哭的样子。)

蒂米:博比要哭了。

治疗者:博比的瓶子被打破了,你以为他会哭。

博比(忍住泪):不,我不会哭。

治疗者:你像是要哭,但是你不哭。

蒂米:博比可怜,没瓶子了,博比我帮你装起来。

治疗者:你要帮助博比。

(蒂米拉出长凳当床,叫博比睡在上面,然后把瓶子放在他嘴上,抱着他,像带小婴儿一样。)

治疗者(对博比):你喜欢自己是娃娃。(博比闭着眼点点头。蒂米给他盖上婴儿毯,突然装出调皮的神情,拔掉橡皮奶头,把水倒在博比脸上。博比嚎叫,蒂米大笑)

博比:你卑鄙!

治疗者(对博比):你认为恶作剧的人卑鄙。

蒂米(仍笑):小娃娃也应该洗澡,我是给他洗澡的。

博比(用毯擦脸):不仅把我打湿了,把毯子也打湿了。

巴迪:这里有一张新桌,这是长凳。

治疗者:你知道这些新东西是什么了。

巴迪(乐得蹦跳起来高声叫):我喜欢!我喜欢!我喜欢!

治疗者:你喜欢。

(博比又参加做婴儿游戏,躺在长凳上,巴迪想用小杯给他喝水,博比让巴迪抬起自己的头来,巴迪把杯子放在博比嘴上。但是巴迪把水洒到博比颈上了,博比粗暴地把巴迪推倒在画架上。巴迪起来,到角落里拿一个黑色娃娃,翻过来放在膝盖上,用长板打。)

巴迪:这是博比,我在惩罚他。

治疗者:博比推了你,你要打他。

巴迪:是的。(他狠狠打几下娃娃,放下它后走到窗台前,把瓶里的水倒在脸盆里,索尔帮他把玩具潜水艇放在水里漂)

巴迪(向治疗者):我还要一些水。

治疗者：你还要一些水，但是今天你不可能有了。

巴迪：我知道在哪里能弄到水。

治疗者：你知道在哪里能弄到水，但是我们上次说过，你们每人只有一瓶水。

巴迪（叫喊）：我还要水！

治疗者：你认为大喊大叫就能得到水？

巴迪：我不怕被赶出去，我要水。

治疗者：你不怕……

巴迪（温和地）：但是我不会被赶出去。

治疗者：你不会被赶出去。

索尔：我要玩打仗。

博比（从长凳上跳下来）：我也要玩。

巴迪（把长凳上的瓶子又弄掉在地上，没有破）：哎呀！哎呀！我又打破了一个。

治疗者：你以为又打破了一个。

巴迪：我没打破吗？

治疗者：是的。（停了好一会）

巴迪：没有打破，我高兴。

治疗者：这次你没有摔破，你高兴。

（蒂米和查尔斯在游戏室里到处摆上木头人，突然又通通收起来）

蒂米：暴风雨，暴风雨来了，屋子里的东西都吹走了。

治疗者：暴风雨把屋子毁了。

蒂米（向查尔斯）：现在我们把它排整齐，粉红色的都给我，放在一个房间，我喜欢把屋子布置得整整齐齐，打扫得干干净净。

治疗者：你要屋子整整齐齐，干干净净。

查尔斯：我帮你。（他们把屋子布置得很整齐）

（巴迪站起来摸桌子，摸到了几样东西，也有奶瓶）

巴迪（轻声地）：喂，（向治疗者）帮我把这些东西拿走。（治疗者照办了）都拿走了吗？

治疗者：是的，都拿走了。

巴迪（轻声地）：我不想把它们打碎。

治疗者：你不喜欢把东西打碎，你只是偶尔一次打翻了东西。

巴迪（微笑）：有时我看不见。

治疗者：有时你看不见，把东西摔在地上了，你不是有意的。

巴迪（开始在纸上涂些古怪的记号）：我在画画。

治疗者：你喜欢画画。

巴迪：我在这里能画画。（唱"伦敦大桥"。画架旁博比在用蜡笔画飞机扔炸弹。查尔斯仍和蒂米在一块玩娃娃家，细心给它安装每个房间。索尔在木制动物旁画画，他完全无拘束地和查尔斯、蒂米讲他的图画、动物和家具）博比，你在干什么？（巴迪在桌旁，博比在画架旁）

博比：我在画画。

巴迪：画什么？

博比：护航舰。

巴迪：我涂的是什么颜色？

治疗者：巴迪，你要画什么东西？

巴迪：不知道，我看不见。

治疗者：你想画什么东西呢？

巴迪（耸肩）：不知道，我只是在这里做记号，我能把这张画拿回家去贴在我房间的墙上吗？

治疗者：可以。你想把自己的画挂起来。

巴迪（笑）：是呀！是呀！我想。

（其他儿童都在看巴迪的画，但没有一个人说它什么也不像，没有意思。他用的黑色和红色，画了圆的和方的记号。）

巴迪：下次我还要画。

治疗者：到这里来画画好玩。

蒂米（指着巴迪的画）：你知道，那可能是筛子和胡桃。

巴迪（抿嘴轻声笑）：也是松鼠。

蒂米：对。(他回到娃娃家前,拿军用卡车向娃娃家推去)这里来了一艘护航舰,两个小姑娘回家来了,爸爸和她们在一起。你假装……哦,假装来了一场暴风雨,这时其他人都在屋子里。(其他人指的是妈妈、祖母、李妈妈、小孩)这场暴风雨很大,来得很猛。(他对着娃娃家吹,查尔斯帮着吹)爸爸也要回来。(把爸爸扔到娃娃家里)现在大家都在家了,这场可怕的暴风雨就要来了。(他在娃娃家周围乱挥双臂)

治疗者：可怕的暴风雨就要到家里来了。

蒂米(拍两下手)：你装房子烧起来了,呼呼的燃烧。(他摸每个房间,急忙把家具拿出来)火把这些人都烧死了……家具也烧了。火把这些人都烧了……这些人……爸爸和妈妈……

索尔(已爬过去看这场大破坏)：不要烧妈妈。

蒂米(凶狠地盯着索尔)：要,要烧妈妈。

索尔(几乎要哭的样子)：不要烧妈妈。

治疗者：她不是索尔的妈妈,是蒂米的妈妈。

博比：也是我的妈妈。

治疗者：也是博比的妈妈,但不是索尔的妈妈。(索尔伸手进去把妈妈娃娃拿出来)

蒂米(叫嚷)：会烧到你的,索尔,会烧到你的。

索尔(呜咽着)：我不怕。

治疗者：索尔救了妈妈,她现在安全了。

蒂米：快,猫,你可以出来了。(蒂米救玩具猫)

查尔斯：现在火熄了。(显然查尔斯很难受)

蒂米：不,还没有。不,还没有。

治疗者：查尔斯要火熄灭,但是蒂米不要。(蒂米把娃娃家翻过来摇,又丢下)

博比：只有这个消防队员才没有死吗?

查尔斯：他可怜,也喝醉了。(查尔斯把床倒过来,放一个木头人在上面)瞧,床立起来了,这个人站在顶上,他怕老鼠。

治疗者：这个人怕老鼠，他爬到床上面去躲。

查尔斯：每个人都怕一样东西。（查尔斯把木头人都放在一件东西上：桌子，梳妆台，床或冰箱等。）

治疗者：他们都想躲开自己怕的东西。

博比（紧抱婴儿娃娃亲）：我喜欢婴儿娃娃，我是胆小鬼。

治疗者：你喜欢婴儿娃娃，以为喜欢婴儿娃娃的是胆小鬼。

博比：我现在是小娃娃就好了。

治疗者：你希望现在是小娃娃。

蒂米：到了这里，可以是小娃娃，我是这样对李妈妈说的。我喜欢到这里来，在这里我们又变成2岁了。

治疗者：你喜欢到这里来玩婴儿游戏。

博比：我喜欢到这里来，要永远呆在这里。（他走到画架前，拿黄色蜡笔画画。他不会用图钉，请治疗者帮助。她一边帮他钉，一边谈他的画）云彩，对吗？阳光和山。

（几分钟。没有一点声音）

博比（画好了）：不要人帮助我能自己取下来，但是我不想把它撕坏，你替我取下来好吗？

治疗者（帮他取）：你想把这张画好好保存起来。

博比：我要把它带回家挂在房间里。

（查尔斯仍在吸奶瓶，后来他拿榔头狠敲锤床。索尔要查尔斯帮他在飞机上画"炸弹门"，查尔斯很高兴帮助他画了。接着，他又一面吸瓶子，一面敲。）

查尔斯：我要为自己造一间房子。

治疗者：你想为自己造一间房子。

蒂米（向查尔斯）：你还喜欢是小娃娃吗？

查尔斯：喜欢，我马上就躺在地板上睡觉。

治疗者：你还想玩婴儿游戏，睡觉。

查尔斯（躺在地板上吸奶瓶）：我永远睡觉。

治疗者：你想永远睡觉。

治疗者：你想永远睡觉。

（又是寂静，蒂米画飞机，巴迪在桌旁继续在纸上做记号）

蒂米：这个好玩。

查尔斯（突然坐起来，伸手去拿枪）：我想把一个人打死。

治疗者：你想把一个人打死。

查尔斯：我要把一个人打死。

索尔：你要把谁打死？

查尔斯：要我回家的那个人。

治疗者：你不想回家。

（沉默。铃响了。）

治疗者：还有5分钟。

（他们不理，巴迪又拿一张纸，到处摸着找蜡笔。）

查尔斯：你没有时间了。

巴迪：我肯定有时间，还有5分钟。

查尔斯（也要纸）：我也要纸。（他没有纸）

巴迪：黑颜料在哪里？我要黑的，这张是黑色图画。（他在纸上做了一些无规则的记号后，把蜡笔拿到眼前，想看清是什么颜色。他拿得很近很近，几乎快要戳到眼睛了）

蒂米：我希望我们回去的时候，妈妈还在那里。

治疗者：你想回去的时候，妈妈还在那里。

博比：是呀，她刚到那里你就来了。她要我们留下，但是我们说要到这里来。

治疗者：你喜欢到这里来，不愿留在家里和妈妈一块谈谈。

（博比走过去把索尔刚做好的房子弄坏了）

巴迪：我希望能到牙医那里去。

治疗者：你希望能到牙医那里去吗？（是怀疑，不是承认感情）

巴迪：是的，昨天夜里我牙痛，痛得睡不着觉。要是能到牙医那里去，就不会痛了。

治疗者：牙医会帮助你。

巴迪：是的。

治疗者：好，孩子们，时间到了。

(他们不想走，故意慢吞吞地走出游戏室。治疗者送他们回家）

评　　析

这次治疗表明感情发展到高潮的时候，即使是集体形式治疗，儿童也会使自己的感情放松。矛盾感情的相互影响，似乎没有干扰蒂米的情绪。集体中其他儿童对这游戏发生兴趣时，玩得异乎寻常的安静。巴迪的声音轻，又安静，平常那种尖叫声也没有了。当然，这些游戏说明，只有剥夺了母爱和安全感的儿童，才能深刻地表达出这种感情。对这些儿童来说，这种游戏多么真实。例如蒂米救猫，却不救丢弃他的父母。蒂米紧张地警告索尔，他若去救妈妈就会被烧着。但是索尔一定要救妈妈，他很着急，哭了。兄弟俩一同到这里来和治疗者在一起，也是有意义的。

巴迪被博比推倒在画架上后，对博比的惩罚说明如何利用游戏情境帮助儿童，并引导他玩发泄感情的游戏，从而使他得到满足。博比推了巴迪，巴迪要打他，用娃娃做博比的象征。巴迪又试图超出限制，作者认为，如果治疗者破例答应了，巴迪就会继续寻找机会，要求得到治疗者不答应的东西。坚持治疗前规定的几条限制，就加强了疗效。

这次接触，又一次表明，几个儿童是怎样接受了游戏室，把它当作一个完全与众不同的地方。在这里，他能是 2 岁。当然，这些儿童的需要和问题各不相同，但是，通过集体治疗，他们都能得到帮助。

第四次接触

巴迪、蒂米、博比和查尔斯把 8 角 5 分钱给治疗者替他们暂时保存，准备下午治疗结束时给他们看电影。巴迪带两张信纸给治疗者，要他写信给妈妈，说有 5 年半没见到她了，这次会见，治疗者参加了手指画——帮儿童把纸沾湿，擦脏水，拿纸到走廊去晾干，因此记录不完整。

几个儿童进了游戏室,像往常一样,抢奶瓶,大声叫喊:"我是娃娃,我是大娃娃。"他们开始从瓶里喝水,治疗者承认了他们想做婴儿的感情。巴迪没喝水只拿着瓶咧嘴笑。这次索尔被他父亲领走了没来。他们很快就发现了手指画颜料。

蒂米:让我来,让我来,这些是手指画颜料。

治疗者:以前你用过这些颜料。

蒂米(坐在桌旁,伸手拿颜料):我喜欢,我喜欢。

治疗者:你喜欢用手指画颜料。

蒂米:啊哈!

治疗者帮蒂米系上围裙,摆好纸,取出颜料,还给了他一盆水,几块抹布。蒂米开始做手指画了。其他儿童站在旁边评论他的画,同时在等围裙,希望轮到他们自己画。这时候,他们一直在用奶瓶喝水。治疗者向蒂米反馈了其他儿童希望轮到自己,也想试试这种新的颜料。蒂米用黄色和黑色,匆忙地在纸上乱涂一气,嘴里还在不断吹着。画完后,他的双臂在画上转了个圈,再在纸中间加了一个大点。这时,博比和查尔斯相互在喷水。巴迪静静地站在治疗者身旁问:"你把我说的写下来好吗?我想写信给妈妈。"治疗者反馈了巴迪想写信给妈妈,希望治疗者帮助的要求,并答应等一会帮助他。蒂米画完,轮到查尔斯了。他画得很仔细,轮廓清楚,能看出画的是什么。

查尔斯:这是旗子,上面有星星。

治疗者:你要画旗子。(他几次画的都相同,画好了擦掉,擦了再画)

(蒂米跑到娃娃家旁,抓着房子的一端翻过来,朝墙上摔。)

蒂米:失火了!失火了!房子烧起来了,房子搞得乱七八糟了。

治疗者:你想把房子毁掉。

博比:我也想!失火了!失火了!

治疗者:博比也想把房子毁掉。

蒂米(拿妈妈娃娃,掀起她的衣服,笑着给其他人看):瞧。

治疗者:你以为把妈妈的衣服掀起来好玩。

蒂米（向治疗者）：我还要脱她的衣服。

治疗者：脱她的衣服，你也不怕。

蒂米（脱妈妈的衣服）：瞧，瞧，好玩，呸！她光屁股了。

治疗者：你把妈妈的衣服脱光了。

蒂米（用劲打这娃娃）：我要打死她，把她撕成碎片。

治疗者：你要把妈妈撕成碎片。

蒂米（想把她撕成两半）：我要把她撕开，撕成碎片。

治疗者：你要对妈妈报复。

蒂米：我要给她点颜色看看，我要报复。

治疗者：你要对妈妈报复。

蒂米（拉掉这娃娃的活动手臂）：看见了吗，两只手臂都拉掉了。

治疗者：你把她的手臂拉掉了。

蒂米（把娃娃扔在地板上）：我要惩罚她，狠狠摔她几下。

治疗者：你要惩罚她。

博比（把娃娃拿起来，又摔下去）：对她这种卑鄙的东西，就要这样惩罚。

治疗者：你也恨这个卑鄙的老东西。

博比（一只脚踩在她头上）：我要把她的脑浆踩出来。（把她扔到角落里）

治疗者：你要把她的头踩扁了。

蒂米（疯狂地到处张望，寻找东西）：他到哪里去了？爸爸到哪里去了？我要把他的衣服脱光，打死他。

博比：爸爸在哪里？我们要爸爸。

治疗者：你们希望爸爸在这里，把他打死。

蒂米：我要打破他的头。

治疗者：你要打破他的头。

博比：还要把他撕开。

治疗者：你还要把他撕开。

博比：他卑鄙，是卑鄙的人。

治疗者：爸爸卑鄙，是卑鄙的人。

蒂米（把奶瓶涂成红色）：这是血，瞧，我要喝他的血。（从瓶里喝，叫喊）我在喝他的血。

治疗者：你要喝他的血。（蒂米过去站在妈妈娃娃身上）你喝爸爸的血，还要站在妈妈身上。

蒂米（狂笑着走去拼命敲锤床）：我是硬汉子。

治疗者：你是硬汉子，要拼命用力敲。

蒂米（敲得更重，睡床成了两半，睡床的一头破了）：行了，打破了。

治疗者：你敲得这么重，把它打破了。

蒂米（挑战地）：打破了，我才开心。

治疗者：把它打破，你开心。

蒂米（把它踢到桌下）：我还要打破一个。

治疗者：你还想再打破一个。

（蒂米打另一个锤床，由于累了只得把它踢到桌下。这时巴迪在画手指画，查尔斯帮他拿颜料。博比用颜料在画架上乱涂，并大声叫："我是瞎子，眼睛看不见。"这时治疗者注意了博比，评论了他的话。）

治疗者：你以为瞎子好玩。

博比（笑着用画笔戳纸）：看不见，我是盲童。

（巴迪没理会，一声不响画完手指画，接着要治疗者帮他写信。他口述，很长时间才能想出一句话来。）

巴迪：亲爱的妈妈你身体好吗？我身体好。我要我的钱罐、木琴。在李妈妈家有5个男孩和我一起玩，我很开心。我要我的脚踏车，有座位的那个。我要我的三轮脚踏车。我想星期六回家看你，我的小汽车、自行车、脚踏车在家里。斯阿姨要给我一件男孩穿的水手服装。巴迪。

（巴迪口述时，治疗者竭力反馈，同时看着蒂米正在用红颜料画手指画，嘴里在不断咆哮、咕噜。治疗者承认了巴迪要自己的玩具钱罐和星期六回家看妈妈的愿望。巴迪写完信正好时间到，治疗者宣布结束。儿童们沿走廊走时,蒂米却像婴儿一样在地上爬行。)

治疗者(向蒂米):你是小娃娃。

蒂米:我是小娃娃。

(他爬过走廊,走下三段楼梯,穿过草坪,过了大街,坐上停着的小汽车。治疗者开车送他们看电影。电影院关门了,她只得又送他们回家。他们知道没有电影,都安心了。到了李妈妈家前,治疗者停了车,但他们坐在里面不肯下车。)

治疗者:你们不想下车。

孩子们:是的,把我们带回游戏室,我们要整天呆在那里。

治疗者:要我把你们再带回游戏室,这不行啊,今天下午该轮到其他儿童到游戏室来。(他们仍坐在里面,不久,蒂米先跳出来了。)

蒂米:快,伙计们,咱们去痛快地大闹一通。(治疗者相信他们会这样做。博比和查尔斯跟在蒂米后面,巴迪拉在最后)

巴迪(向治疗者):再见,帮我把信寄了好吗?我不知道地址。

治疗者:你进去问李妈妈,向她要地址好吗?

巴迪:她走了,不在里面,要不我们不去看电影了,这里没有人。(甚至眼瞎的巴迪也得去"看电影")

治疗者:只好下次问她要地址了。

巴迪(脸上显出焦虑):好,我们不要忘了,再见!

评　　析

后来,治疗者要巴迪母亲的地址时,才知道他是弃儿,一直住在孤儿院,到了入学年龄,才进了盲人学校。他要给妈妈写信,显然是不能实现的。在这次接触中,他一直很安静,没有出现他那典型的、令人毛骨悚然的尖叫声。他画手指画时,也一声不响,他只说过颜料有气味。他画得很慢,先用指尖摸,习惯了,才像扫地似的用两手随便画,他用右手掌画圈圈,左手指一上一下来回动。

博比画了十二个图形,用的是赭色,红色和蓝色。颜料从指缝中挤出来,堆得厚厚的。画到最后一个图形时,他用手指乱抓颜料,画面上出现了横七竖八的线条。其间,他还像猫一样,嘴不断地流口水。

蒂米的行为可以说明,集体治疗能像个别治疗一样,在小组里各个儿童都可充分发挥作用。这个小组的儿童,自己个人问题的干扰胜过反社会行为,他们在游戏中互相帮助的行为就说明这一点。这次接触也暴露了治疗者反馈中的一些缺点。几乎一半时间的游戏活动,都是以反馈方式进行的,儿童似乎完全接受了治疗者,像治疗者完全接受了他们一样。儿童在这种情境中感受到的是完全许可。

第五次接触

四个儿童见到治疗者,都热情地叫着说:"你猜得着吗?我们要李妈妈同意我们用奶瓶喝水,她同意了。她说,只要是你让我们做的一定是好事。她还让我们用奶瓶吃牛奶。"

他们来到游戏室就嚷着要奶瓶。查尔斯、蒂米和博比抢奶瓶。巴迪只要了手指画颜料,坐在桌旁画画。其他三个在沙箱和木偶戏场周围叫喊,木偶戏材料是他们上次离开后添置的。治疗者则要讲玩木偶的方法,蒂米却把木偶拿到剧场幕后伸手玩起来了。

蒂米(代木偶说):"看这里,看这里,我是老小丑,在发疯了。你们不看我,我就炸毁这个世界。"(他在继续说,但是他的话被使劲扔沙的儿童的噪音掩埋了)

博比(把沙扔进娃娃家):看这旧房子,我用冰雪把它堵住,把人都冻死。

查尔斯(也把沙扔进娃娃家):我也要来堵,这些人没有房子了。看这里。(他把沙一把一把地放在妈妈和爸爸娃娃身上,把他们埋在沙下面)

博比:他们都埋在雪里了,冻得硬邦邦的,活该,我才不管,冻死他们。

治疗者:大人都在挨冻,但是你不管。

博比(在沙里爬了又坐起来):我要在这里做自己的东西,这是我的农场。

治疗者：你想建自己的农场。

蒂米（也到沙箱里来爬）：我也要自己做个东西。

（查尔斯和巴迪也到沙箱旁。巴迪不高兴玩沙，又到画架前用蜡笔和颜料画画。）

蒂米：快来，我们把房子堵起来，把那边的军队也堵住，我们来打仗。

（蒂米和查尔斯把家具放回房子里了，查尔斯抓沙往房子里扔，蒂米也跟他学。他们大声叫喊着用沙狠狠打仗。）

蒂米：下雪了！下雪了！

（除巴迪外，其他人都手举奶瓶。博比一人拿了三个到沙箱里去，治疗者叫他不要用水把沙搞湿。博比说了声"行"！变得细心起来。这次治疗中，博比拔掉4个奶瓶嘴，把水都喝光了，他一边喝一边津津有味地说真像"饮料"）

查尔斯：下雪了，房子里积满了雪，有人埋在里面了。

治疗者：有人埋在雪里了。

查尔斯：又有两个人埋在下面，现在是四个。

蒂米：现在是六个，这会把他们压死。

治疗者：他们都不会活了。

蒂米：爸爸在这里，他会冻死。他快要死了。

治疗者：爸爸快要死了。

查尔斯：他们掉进陷阱了，知道吗？他们出不来了。（他把一个婴儿娃娃扔进沙箱里，接着把房子翻过来，凶狠地向它扔沙子）把这里的东西拿出去，没有房子了，没有了。（他把房子从沙箱拿出来，放在游戏室的另一边）

治疗者：你不要沙箱里有房子。

博比：这里没有妈妈、爸爸和别人，是我们的地方。

治疗者：你不要妈妈、爸爸和别人在那里，只有你们自己。

蒂米（大声地）：这是我们的世界。

治疗者：这只是你们的世界。

(巴迪问治疗者能不能去喝水。治疗者问巴迪能不能等到结束后再喝。他高兴地同意了,继续画画。)

蒂米:如果我们有积木,就能建农场。

博比:你怎么喜欢农场呢? 我们应该做我们自己想要的东西。

治疗者:你们做的东西是你们想要的。

(博比给小汽车做了车房,并把它和动物隔开。)

查尔斯:我们的世界里只要动物不要大人,只要一个小男孩,他是农民的儿子。

治疗者:你的世界里只有动物和一个农民的儿子,再没别的人了。

查尔斯(把家具拿开):不要家具,不要椅子,床也不要了。

治疗者:你什么家具也不要。

博比:你为什么要把爸爸扔掉呢?

查尔斯:我不喜欢爸爸,就是要扔掉他。

治疗者:查尔斯不喜欢爸爸,要把他扔掉。

查尔斯:他也不喜欢我。

治疗者:他不喜欢你,你就不喜欢他。

巴迪:我带几个玩具回家去。

治疗者:你想带玩具回家,但是你不能这样做,玩具应该放在这里。

博比:我也想带几个回去。

查尔斯(把几个玩具扔出去):没有军用卡车了,没有枪了,在我的世界里不会打仗了。

治疗者:没有枪,没有其它军用品,你的世界里不会打仗了。

查尔斯:谁要妈妈?(他把妈妈娃娃扔给蒂米)

蒂米:我不要。(扔给查尔斯)

查尔斯:把他拿开。(又扔给蒂米)

蒂米:我不要妈妈。(又扔回给查尔斯。)

治疗者:蒂米和查尔斯都不要妈妈。

博比：我也不要。

治疗者：你们都不要妈妈。

巴迪（在画架旁）：我也不要。

治疗者：巴迪也不要。

博比：把她打烂，打死，消灭了。

治疗者：你们要消灭妈妈。

（查尔斯用力把木制妈妈扔到游戏室的另一边。查尔斯、博比和蒂米用积木在沙箱里砌牲口棚和地窖。巴迪在画架旁画画）

蒂米（拿一个盒子）：我不要这个，你知道这是什么？

博比：不知道，是不是里面有东西。

治疗者：你不要盒子。

查尔斯（把动物放在地窖顶上）：它们害怕，就到这上面来了。

治疗者：它们害怕，就到这上面来了。

博比（用积木砌汽车房）：我要把小汽车开进汽车房去。瞧，汽车从爸爸身上压过去。

蒂米：好极了！

治疗者：你们把爸爸消灭了。

蒂米（对着查尔斯，指着沙箱里隔的游戏区，他们各自在建设自己的世界）：博比和我为什么不能过来看呢？

查尔斯：可以进来。

（蒂米把锤床上的木桩敲出来搭积木）

博比：大房子在哪里？

治疗者：在外面。

博比：行，让它在外面，我知道就行了。

治疗者：你没看见它，对吗？

博比：是的。

巴迪（来坐在治疗者旁）：我想在我的信上加一句话，我要颜料。我不知道还要其它什么东西了，把它写在信上。

治疗者：你想有自己的颜料。

巴迪：是的，我不知道还要说什么。

治疗者：你以为我把你忘记了？（解释）

巴迪：是的。（笑）

蒂米：查尔斯，做个门，我们要进来看你。

查尔斯：你不能到里面来，进来会把我们的动物吓跑。我要放野熊抓你。恪尔尔……（他用玩具熊把蒂米追赶出去，同时凶恶地嗥叫）

治疗者：查尔斯不要你到里面去。

蒂米：他不是骗人，真有一只野熊。博比，你从沙里出去，我们的地方就会宽点。（博比说"不"。蒂米坚持，博比出去了，用干净抹布擦净地板上的沙）

博比：查尔斯，不要叫熊来追我。

查尔斯：熊在这里照顾我。

（铃响了）

博比：还有多少时间？

治疗者：10分钟。

蒂米：假装德国人在这里，要轰炸这个地方（他在沙箱里到处扔沙和积木）

博比：不！不！不要那样做！

（蒂米继续把他和别人做的东西毁掉，博比再次抗议。）

治疗者：博比不愿你把他做的东西毁掉。

（这反馈不好，没有接受蒂米，也不是许可，很像是博比针对蒂米说的话。可能被蒂米看成治疗者在干涉，从而做出某种反应。）

蒂米：什么也不能跟德国人讲。（继续在轰炸）

治疗者：你不顾博比，就是要这样做。（这反馈听来像是责备，没有帮助）

蒂米：是的。（继续在轰炸）

（博比很快离开沙箱，抱着头坐在游戏室拐角的地板上，似乎在哭。他突然又跳起来，到剧场拿一个木偶在幕前和木偶讲话。）

博比：（对木偶）我不喜欢你，我要把你杀了。蒂米，嗯！嗯！我又要去上班了,不知做什么好,不知道。啊,救命!救命!救命!嗯,我又来了。啊,亲爱的!啊,亲爱的,我不能再等到下次了。(他放下木偶,又爬进沙箱,恶狠狠地到处扔大积木。拿奶瓶)我偷了别人的奶瓶。

治疗者:你在向蒂米报复。

博比:是的,这奶瓶是蒂米的,里面还有点水,查尔斯。(查尔斯喝了一口)对吧。是蒂米的吧。

治疗者:你要蒂米知道你拿了他的瓶子。

蒂米(醒悟过来,大声叫):嗨,你!

博比(把瓶给蒂米):给你,先生,请别发火。(蒂米接过瓶,咧嘴向博比笑。博比又拿着木偶)我不知道要做什么,我要打你。

蒂米:我要打烂你的头。(博比撅嘴不高兴)

治疗者(向博比):当然不喜欢蒂米这样对待你。

博比:不喜欢。

蒂米:好呀!

博比:下次我演木偶戏,有一个就是蒂米,我要打败他。

治疗者:你可以打败那个木偶,你想能打败它。

博比:是的,蒂米平时也很粗暴。

治疗者:蒂米比你大,你只好对他用木偶发泄不满。

蒂米(笑):行了,博比,我们一起来演戏,我也要到沙里玩。

(时间到了,治疗者送这几个儿童回家)

评　　析

这次接触,几个儿童发泄了拒绝父母的强烈感情,他们认为自己被父母抛弃了。所以他们共享了这游戏,甚至在画架那边的巴迪也大叫不要妈妈。

这次接触,似乎忽视了巴迪。但他一直在画画,再一次表现了安静和放松。

查尔斯重复表演同样的恐惧游戏,大家都害怕,各人忙自己的事去了。

有趣的是,在沙箱里三个儿童能平均划分地盘,在一个沙箱里,没有发生冲突。

第六次接触

这一次,查尔斯、巴迪和博比都等着治疗者去接。蒂米去看妈妈了,没来。他们一到游戏室就抢奶瓶,巴迪忽然不要奶瓶。博比拿了两个。然后他到沙箱前把娃娃家翻倒,查尔斯也帮着他。

博比:把这该死的东西拿出去,我们不想要房子。

查尔斯:没有了,没有房子了,没有人了。(博比爬进沙箱,排士兵打仗。查尔斯拿几个木偶到舞台后面去了)

查尔斯(拿着小丑木偶):啊,小丑先生。你好。昨天晚上有人用枪把我的房子打了一个洞。你的哈巴狗在哪里?它把我的裤子咬破了。好了,今天够了。

治疗者:你和木偶已经讲够了?

查尔斯:是的。(他到沙箱旁搬东西)我要到沙里去玩。

巴迪(顶着有娃娃的篮子到处走):我带娃娃去坐车。(把它放在画架顶上)现在我要画画,我要手指画颜料,红的,把红的给我。(治疗者给他准备好纸和红色手指画颜料。巴迪动手干起来,时而拍打着,溅起颜料,他边画边笑)

治疗者:用手指画颜料好玩,对吗?

巴迪:是的,乱涂,好玩。

治疗者:只有乱涂才好玩。

巴迪:我不怕脏,我不怕。

治疗者:你不怕把这里搞得乱七八糟。(巴迪是在这样做)

巴迪:这里好玩我才喜欢到这里来。你不是坏的人。

治疗者:我让你做你想做的事,你喜欢到这里来。

巴迪:是的。我想用泥做东西。

治疗者:我把你的图画拿开去,就不碍你的事了。(治疗者拿着手指画离开房间的时候,巴迪想自己拿泥,但打不开罐盖。)

巴迪:盖子滑。

治疗者:是你手上的颜料弄滑的。

巴迪:我把手洗干净。

治疗者:洗干净就不滑了。

巴迪:我只好洗了。

治疗者:你以为那是应该做的事。

巴迪:你不会告诉我应该去洗的。

治疗者:你认为我应该告诉你去洗吗?

巴迪:我认为你不应该,但是有很多人会告诉我的。

治疗者:有很多人会告诉你去洗手,我却要你自己做决定,你认为很奇怪。

巴迪:你这个人蛮好玩。(他在盆里洗了手,接着做泥工,用木槌在玻璃桌面上敲泥)

治疗者:巴迪,那是玻璃台板,敲重了会破的。

巴迪:那我在长凳上敲。

治疗者:长凳上随你敲多重。(巴迪敲泥)

查尔斯(在沙箱一头排积木,把一块大积木放在中间):这里过去有一个墓,是国王或大人物的墓,雪正飘落在它上面,这里是墓地,看见了吗?这是雪——冰冷的雪——飘呀,飘呀,飘呀(他把沙筛在积木上)

治疗者:雪正飘落在墓地上。

博比:我们有一个人被杀了,查尔斯,把他埋起来,也要给他立块墓碑。(查尔斯立碑时伤心地摇头)

查尔斯:现在我要轰炸这块墓地。

博比:这是战俘营,这边……还有一个……(他想不起叫什么,望着治疗者)你叫它什么? 在那里他们要拷打人,把他们打死,它叫什么地方? 不是侦察营地,什么营。

治疗者:集中营吗?

博比：对了，蒂米在这里面。

治疗者：啊，蒂米在集中营里。

博比：是的。（查尔斯开始用积木轰炸墓地）让我们自己也埋在这里，全部埋上，只把脸露出来。

查尔斯：对，我们来埋。（他们就那样埋了士兵，博比拿了查尔斯的几块积木）博比，不要拿。

博比：我们来瓜分这块地方。

查尔斯：行，我还要几块积木。（他拿了几块积木竖起来当碑）这是我的墓地。雪就这样飘在它上面。（他筛沙在它上面）

博比（向治疗者）：我要把这瓶上的橡皮奶嘴拿掉。（他拿掉奶瓶嘴，把两个瓶给治疗者）喂！我再也不当毛娃了，把瓶收起来，鸭子在哪里？

治疗者：你再也不当毛娃了。

博比：再也不了，当大人好玩。

治疗者：当大人好玩。

博比：对了。

查尔斯：你看，炸弹在炸我的墓地。

治疗者：对，炸弹一定是在炸墓地。谁埋在那里？

查尔斯：哦，是国王、王后和公主。实际上，我认识的人都埋在那里，他们都死了。

治疗者：你认识的人都埋在那里，现在他们都挨炸了。

查尔斯（很严肃）：是的，爸爸和妈妈。

博比：也有你吗？

查尔斯：是的，也有我。不，没有我。

治疗者：没有查尔斯。

查尔斯：没有，先生，我没有死在那下面。（他低着头抱着双手。盯着墓地，叹气，后又猛吸一口气）

治疗者：你感到悲伤。

查尔斯：是的，我想这里的人都死了，不会反抗，他们都被炸死了。

治疗者：不像全死了。

查尔斯：那场战争是为你打的。

治疗者：为我打的。

(查尔斯继续凝视着墓地，接着他突然又猛烈轰炸，凡是能拿得到的大积木都用上了，他还像发疯似地尖声大叫。博比也开始打仗。巴迪仍在做一个男孩骑自行车的模型，做得很精细，做好后他用蜡笔画画。)

巴迪(向治疗者)：这是给你画的。

治疗者：你给我画一张画。

巴迪：是的。

(博比突然从沙箱跳出来，拿木偶到幕后玩。)

博比：我在这里，伙伴们，你们好。

查尔斯：啊，住嘴。

博比：我是小丑先生，你们在那边好吗？(他走到木偶剧场前面，突然扔掉木偶，又给在画架上的纸涂上褐色)(向治疗者)好啦！就是那样乱七八糟的。

治疗者：有些事情使你烦乱。

查尔斯：像瞎子，对吗？

博比：对，像瞎子。哞，把它拿去扔到外面。啊，哎呀！啊，哎呀！啊，哎呀！(治疗者把博比的画拿走)

查尔斯：我很不高兴。

治疗者：你不高兴吗？

查尔斯：是的。(乱扔积木，尖声大叫)

治疗者：所以你扔东西，还要这样尖声大叫。

博比(用蜡笔画飞机扔炸弹)：你要炸哪个国家。

查尔斯：日本。哞，赫霍打扮成山姆大叔来欺骗人了，知道吗？

(巴迪爬到沙箱里，乱扔积木，尖声大叫。博比到桌前，画手指画。第一张是红的，第二张是蓝的，第三张是褐色的。他用指甲在上面乱抓,嘴不停地流口水,发出嘶嘶声,像猫一样。但当他向治疗者要颜料时,声调和平常一样。)

巴迪(把积木搞乱):我要大家都知道,我不害怕。

治疗者:你以为我们不知道你什么也不怕。(巴迪用积木猛砸沙箱,又凶又狠)

查尔斯:不要用积木砸沙箱,会坏的。

巴迪:我不怕。

治疗者:巴迪,你不怕。但是那些大积木可能会伤到人,用这些小的。

巴迪:好。(他扔小积木砸天花板,积木落到地板上到处都是。查尔斯戴着眼镜,有些担心)

查尔斯:巴迪,你小心点。

巴迪:我不害怕。(拿一把积木用劲向上扔)

治疗者:巴迪,你会打坏查尔斯的眼镜,请你不要再扔了。

巴迪:我不怕。

治疗者:我们知道你不害怕,我不是说你害怕,是说你可能会伤到其他人。

巴迪:我不害怕。(但是不扔了)

查尔斯(向巴迪喊):好了,你想砸谁?

巴迪(也叫喊):不会的!我不想砸谁。

查尔斯(向巴迪尖声大叫):这就好了。

巴迪(也叫喊):你自己才好哩。(他想拿查尔斯的积木,他们扭打起来。俩人都站在沙箱里,查尔斯胜了。巴迪坐下,抢到赛璐珞哈巴狗和一块积木,用积木打狗)查尔斯,我要打死你,这是你,知道吗?我在狠狠打你。

治疗者:你不能打查尔斯,只能打玩具。

巴迪(抓沙乱扔):我发疯了!我发疯了!

治疗者:你真的发疯了?

巴迪(笑):没有,现在完全好了。

治疗者：你一下就能恢复正常。

查尔斯（把积木给巴迪，从沙箱里出来，用毡制爸爸娃娃当木偶，拿着脚把它举起来）城里只有我一个人了，啊，我多么担心！不知什么东西，险些儿把我杀了。有人来了，我能听见他们的脚步声，啊！啊！（呻吟）啊！（到沙箱旁用手指缝筛沙）

治疗者：你为什么发愁？

查尔斯（闷闷不乐）：这世界上我孤零零的，只有我和我的墓地。（他又开始立自己的墓碑）

治疗者：孩子们，今天时间到了。（他们好似没听见）你们还想在这里，但是我们的时间到了。

巴迪（在沙箱里跳，高举积木威胁）：看！

治疗者：不，巴迪，我知道你喜欢它，你只是不想回家，但是你现在必须快一点准备回家。

查尔斯：你要是把它扔了，永远不能再来了。

巴迪：我不怕。

治疗者：巴迪要我们肯定他什么也不怕。

（治疗者、查尔斯和博比离开游戏室，博比到盥洗室洗手。）

巴迪（向治疗者大声喊）：这里没有别人了，我能扔了它吗？

治疗者：把它扔到盒子里，当心你的脚趾。（巴迪笑着轻轻把它扔到角落里，接着从沙箱里爬出来）

治疗者：你这样很开心。

巴迪（笑）：你不要我弄伤我的脚趾。

治疗者：是的，我不要。

博比：蒂米给我说过："我敢打赌，你希望今天回家。"但是我说："今天该我上那所大学，而且我敢打赌，你也想到那里去。"他说："是呀。"于是他告诉妈妈，不想和她一起去。她逼他，我就笑他。

治疗者：博比不能回家，蒂米以为你会难过，最后却是蒂米难过，他不能再到这里来了。

博比：我还生了一场病，吃的东西都吐出来了，连喝水都吐，这也没有用啊,她还是不肯带我走。

治疗者:你真的病了,你妈妈还是不肯带你走。

博比:是的,她坏。

(回家路上,博比没说一句话。车开到家他们又坐在车里不肯出来。巴迪玩笑似地说:"请你把我们带回去,让我们整天呆在那里,谢谢你。"治疗者接受了他们的愿望,也坐上车去。突然他们都跳下车)。

巴迪:你不会叫我们做什么事,对吗?

治疗者:这难以相信,对吗?

(他们跑进屋子里去了)

评　　析

这次接触,巴迪评价了治疗者的作用,断定她是"蛮好玩的人"。记录中也提到巴迪做选择有困难,如洗手。但仍让巴迪自己做出决定。此外,记录还表明博比对哥哥的报复,把他放在集中营。当巴迪对查尔斯生气的时候,采用的是引导行为,他只痛打哈叭狗,没打查尔斯。

查尔斯的行为有他的原因。据记载,他父亲两年前突然去世,母亲要工作,只得把查尔斯安排在寄养家庭。第八次接触时,李妈妈告诉治疗者,查尔斯参加游戏小组的前一天,"和一个坏人有过不幸的经历"。这可能是查尔斯表现出害怕的原因。

这次接触,体现了集体成员中的互相影响。他们是否在一起玩,用什么方式表达自己,由他们自己选择。

博比这天选择把奶瓶交给治疗者,并说:"把它收起来,我再也不当毛娃了。"后来又说:"我还生了一场病","吃的东西都吐出来了,她还是不肯带他走。"由于博比和蒂米都常呕吐,治疗者不知道这能否说明这种行为。

治疗者处理这些限制的方式很值得注意,她企图在承认感情的同时,坚决坚持这些限制,到了需要时,才介绍具体的限制。

第七次接触

去诊所途中,蒂米告诉治疗者,他跟母亲回家去过了。他说在寄养家庭常生病,她就带他回家了。他还轻声对治疗者说:"到了游戏室就告诉你我为什么生病的。"他偷偷看了巴迪一眼,又轻声说:"因为巴迪眼睛看不见,喊叫声特别响,真叫人害怕。爸爸妈妈住得很远,我和博比都得住在这里,我就生病,把吃的东西都吐了。"(治疗者反馈了他的话,他热情地接受了)"我知道,这就是那样生病的,没有这些事,我从没病过。"

他们到了游戏室,都抢奶瓶。可是,只有查尔斯拿着瓶不放,其他人拿到瓶马上就扔掉。他们来到之前,娃娃家已从沙箱搬到原地。蒂米、博比和查尔斯走进沙箱,玩农场的动物和人,他们边玩边分类。博比递给蒂米一个妈妈娃娃。

博比:喏!蒂米,把她的衣服脱掉。(蒂米照办了)

蒂米(向治疗者):瞧,这个女人光身子了。

治疗者:这个女人光身子了。

巴迪(在地板上,脱所有大婴儿娃娃的衣服):瞧,现在这些娃娃都没有衣服了。

治疗者:你不想给这些娃娃穿衣服。

(蒂米拳打妈妈娃娃。)

蒂米:这是妈妈,我要狠狠揍她。

治疗者:你要狠狠揍妈妈。

蒂米:我要把她打烂。

治疗者:你要把妈妈打烂。

博比:我也要,蒂米,把她杀死。

治疗者:博比和蒂米都想把妈妈打伤。

博比:嗯,她打伤了我们。

治疗者:你们要报复。(蒂米拿长积木凶狠地打母亲娃娃)你在报复。

蒂米(咧嘴向治疗者笑)：我当然要报复。

博比：让我来，让我来。(打母亲)

治疗者：你也在报复。

查尔斯：该轮到我来了。(他们让他打，他凶狠地打着，很高兴)

治疗者：你也在报复。

蒂米：我们来打仗。

博比：不！我们不要打仗。

蒂米：要！我们要打仗，为查尔斯打仗。

博比：我们不要打仗。

治疗者：蒂米想打仗，博比不想打仗。

蒂米：我们不是美国人。

博比：不，我们是美国人。

蒂米：我们是美国人吗？

巴迪(摸着脱娃娃的衣服)：这是脱下来的衣服吗？

治疗者：是的。

巴迪(不小心把娃娃的脚弄断了)：这是什么？(这时他摸到断下来的那部分)

治疗者：这是刚断下来的脚。

巴迪：是吗？(笑)我不知道，不是有意弄断的。

治疗者：不是有意的。

巴迪：能修得好吗？

治疗者：行，可以胶上去。

巴迪：好，我要把它修好。

蒂米(在沙箱里拿着妈妈娃娃)：啊，瞧！我没有穿衣服，爸爸先生，我的衣服在哪里？(变声)你把衣服丢掉了！(又是娇柔的声音)我把衣服丢掉了？(父亲的声音)你把衣服都丢了。

查尔斯：你把衣服吃光了。

蒂米(突然用力拉下母亲的两只手臂)：啊，瞧！看在上帝份上！(向治疗者)我们能在这里发誓诅咒吗？(没等回答)真该死！你怎么啦！你没有手臂了。你没有心,你是……每次我们来这里,妈妈总要倒霉。

治疗者：你们来游戏室,妈妈总要倒霉。

蒂米：是的,她活该。她这个老东西,很自私,又不讲道理。

治疗者：妈妈自私,不讲道理,她在这里倒霉活该。

蒂米：我们来打仗。

博比：我不想打仗。

蒂米：要,来打仗。下雪了。

博比：不,不会下雪。

蒂米：会！会！会！会下雪,下雪好吗？

博比：行,下一会。(蒂米抓沙用力向博比扔去,博比还击,沙到博比眼里了)我不跟你在沙里玩了。

蒂米：你不想在沙里玩了,行。(他又向博比扔沙)

博比：要死啦！样样都要逞强,我走了。

治疗者：博比不喜欢和蒂米一起玩,蒂米太逞强。(博比爬出沙箱)

蒂米：我才不在乎！(大声叫)我才不在乎！

治疗者：蒂米要博比知道他不在乎。

巴迪：我想脱掉婴儿娃娃的衣服。

治疗者：你想脱掉婴儿娃娃的衣服。

查尔斯：他把手上娃娃的衣服脱光了。

(蒂米和查尔斯在那边安排士兵打仗,查尔斯向蒂米扔沙,打倒了蒂米的大炮和两个士兵,蒂米把查尔斯的士兵一齐打倒。)

查尔斯：我没有把你的打倒这么多。

蒂米：嗯,要对我不客气,我就给他百倍还击。

查尔斯：这样比赛不公平,(向治疗者)对吗？

治疗者：查尔斯认为百倍还击不公平,但是,蒂米认为是对的。

蒂米：你能肯定我认为是对的,是他自己没有力量守住阵地。

查尔斯：力量,嗯？

蒂米(叫)：是的，你听我说，你没有力量，要不然怎么会被我打倒许多？

查尔斯：啊，你要我给你无情打击，对吗？

蒂米：我不是那么说的，我说的是你没有力量。

查尔斯：那是一回事，我要你领教我的力量。

蒂米：你要我领教！

巴迪(叫)：他没有力量，他没有力量，力量！力量！力量！(在响亮的笑声中结束)

博比(也拼命叫)：力量！力量！力量！

(巴迪拿着两块大积木敲着，笑着。大家突然都笑了，一会儿又平静下来。)

博比(拿出手指画颜料)：我喜欢这样做，乱涂，乱涂，搞得乱七八糟，搞得乱七八糟。我喜欢这样。我不告诉你这叫做什么，让你猜。(向巴迪，"你可以拿我的瓶子，我再也不要了")(画完手指画，打扫干净后，他到沙箱旁假装把它搞得乱七八糟。蒂米向他大叫大喊起来，博比也跟着叫。接着他用蜡笔随便画了一架飞机。停一会，他翻过纸很认真地又画了一架)这是飞机。

查尔斯：好家伙，画得多好。

治疗者：你喜欢他的画画。

查尔斯：是的。

蒂米：查尔斯今天在圣经学校画了一座好看的教堂。

治疗者：你认为查尔斯今天画得好。

巴迪(搭积木)：就这样做。

蒂米：好的。

博比：巴迪，你搭得好。

治疗者：博比喜欢巴迪搭的积木。

巴迪(高兴地笑)：蒂米，你在干什么？

蒂米：我在沙里玩。

巴迪：你做的东西好吗？

蒂米：当然好。

治疗者：你们每天都能做出别人喜欢的东西来。

查尔斯和蒂米：是呀！（他们感到有些惊奇，平静片刻，查尔斯和蒂米又用沙轰炸，治疗者要他们当心，不要打破易碎的玩具家具）

蒂米：行。（他把家具挑选出来，然后向着治疗者）只有打仗，真正的家具、房屋和人才会被炸，没法拿得出来。

治疗者：真正的战争中，家具和人要挨炸，你们开战，就不能把玩具家具放在这里，所以我要你不要把它损坏。

蒂米：要买真的家具也不容易。

治疗者：对，我叫你们不能损坏家具，你们生气了。

蒂米：当然，我就是喜欢打烂东西。

治疗者：你喜欢打烂东西，还不听我阻止。

蒂米：你不止说了一次，我们不能再来了。那么，我们为什么不把它都打烂呢？

治疗者：你认为不能来了，就会允许你们把东西弄烂。

蒂米：东西都打烂了，就不会有别人来。

治疗者：你认为把东西都打烂，别人就不会来了。你不能来，也不让别人来。

蒂米：我们不能来，为什么要让别人来呢？

治疗者：你们不能来，别人也不该来。

巴迪（拿木槌敲长凳，不小心打破了奶瓶）：那是什么？

治疗者：你打破了奶瓶。

巴迪（笑）：我不是有意的。

蒂米：你知道我是什么意思吗？总是，总是，他不是有意的，他叫我生气了。（他似乎很激动）

治疗者：这叫你真生气了。巴迪看不见，不是有意的。

蒂米：是的！是的！

（查尔斯站起来用拳捶胸，大声叫："杀人了！"）

巴迪（拼命大声喊）：救命！救命！

博比(也拼命大声喊):救命!杀人了!救命!有人要杀我!有人在追我!凶手在这里!(他跳到沙箱上,一面到处扔沙,一面尖声叫:"惨无人道的凶手!"他跳下来,到木偶剧场后面,把枪捅到幕外。安静,没有一点声音)对了,把双手举起来!砰!砰!砰!这里的人都打死了。砰!(向治疗者)砰!披着漂亮羽毛的好朋友,你也被杀死了!

治疗者:我们在这里妨碍了你,你要把我们都消灭。

(治疗者这样的评论没有必要,纯属解释,也无正当理由。)

蒂米(又拿枪):好啊,博比,砰!这是对你的惩罚。

博比(到木偶剧场前):好啊,你要消灭我,对吗?(突然尖声大叫,接着是大破坏,但他们尽可能不超出限制——在室内乱扔沙,拿到小东西就摔)

蒂米(抓一把沙,瞟了治疗者一眼):我要对准你的头发砸。

治疗者:你要用沙砸我,就是因为……(治疗者故意停止,看他是否会把这句话接下去,果然他这样做了)

蒂米:因为你不让我们回来。

治疗者:因为我不让你们回来,你就要用沙砸我。

蒂米(笑,沙慢慢从他手指缝漏掉,跪在治疗者旁的沙箱里,以温和但带疑惑的声调):你怎么总能知道我要做什么和为什么要做呢?

治疗者:你认为我总能理解你。

蒂米:你真的理解我,一定有什么魔法。

博比(大声叫):我要杀一个人,头目会把自己打死。(他跳到桌上,打开小屋的窗子,其他儿童全跳上去看)是空房子。

巴迪(尖叫):这里的人我都不怕,瞧,我要给你们看头目是什么样子。(他用长积木打墙)

查尔斯:还有几分钟?

治疗者:5分钟。

(他们都大声尖叫,巴迪用积木打墙,然后把它扔到沙箱里。查尔斯开始画画,蒂米做手指画,博比拿着木偶默不作声在玩。查尔斯拿

了几张画画纸,像报童大声喊叫)

查尔斯:纳粹!纳粹!快看纳粹分子彻底被消灭的消息!号外!号外!

蒂米:号外!号外!希特勒自杀。(巴迪装老虎大声吼叫,其他人不让他叫)

治疗者:像这样大声叫喊有时是有好处的。

巴迪:嘿?

蒂米:你能不听见吗?

治疗者(用较响的声音重复):有时你喜欢大声叫喊。

巴迪(向治疗者):有时你也喜欢大声叫喊,嘿?(他们都笑,治疗者也笑)

(蒂米过来用黑色手指画颜料往博比身上涂,博比向后退,笑。)

博比:你这脏狗,把黑色往我身上涂,是吗?(他用手指蘸点蓝色颜料涂在蒂米的鼻尖上)

治疗者:你报复了蒂米。

蒂米:是的,啊,我不在乎。(铃响了,他们离开时,蒂米的手和臂上沾满了褐色手指画颜料,向治疗者)请你送小黑人回家去,我玩得很痛快,谢谢你。(查尔斯、博比也谢了治疗者)

治疗者:你们今天真玩得愉快。

巴迪:今天,每天!

(治疗者送他们回家。)

评　　析

这次接触中,这几个儿童对婴儿游戏没有兴趣了,而是发泄自己对妈妈娃娃和其他人的攻击性感情。

听蒂米谈他生病的原因,很有启发。上星期蒂米回家,父母当他面谈离婚,那是感情很冲动的场面。他回来给博比讲了,无保障的境况使他们很不安。因为他们只能来一次了,所以对游戏情境的反应相当典型。他们不愿结束这次接触。

这次接触结束时,他们感谢治疗者,说玩得痛快。这种自发的感谢,说明儿童通过治疗能抒发真实情感。

第八次接触

这是最后一次接触,这几个儿童整个夏天一直要求上"铁梯子",这次他们还是由太平梯上去的。进了游戏室,他们都向有奶瓶的地方走去,但没有一个人拿奶瓶。查尔斯和蒂米爬到沙箱里去了。巴迪仍想做手指画,他要了蓝色颜料,画得很好,动作轻快又有节奏。博比把所有奶瓶的水都倒在盆里,然后把瓶放在架上。

博比:我要玩潜水艇。

查尔斯:瞧!下雪了。(用手漏沙)

蒂米:为什么我们在这里不建农场呢?查尔斯,那边是你的农场,这边是我的。

巴迪:我喜欢这种颜料,画圈,从上到下地画圈,向下,向下,向下。(他哼着)

治疗者:手指画好玩。

巴迪:我也能画。

治疗者:做你真正能做的事,很有趣。

巴迪:是的,蓝色最好吗?

治疗者:是的,蓝色很好。

(其他儿童在沙箱一块玩得很好,他们争着说"这是我的马","这头牛给了我很多奶","你把农场搞好了,我来看你。")

巴迪:我在这里做完了,要敲东西,要大喊大叫,今天我要做喜欢做的事。

博比:(向治疗者)再见——好游戏室,奇妙的游戏室,再见,再见。

治疗者:这是你的最后一次,你真留恋游戏室?

博比:很留恋。

蒂米:游戏室,再见。沙子,再见。颜料,再见。(向治疗者)再见,我的朋友。

治疗者:你想对这里的每样东西都说再见。

查尔斯:下雪了——冷冰冰的雪。瞧,蒂米,把这些士兵拿来,我们两个分。

蒂米(咧嘴笑):全给我,还是对半分?

查尔斯:你想怎么分?

蒂米:对半分,你拿6个,我拿6个,看来还要打一仗。

查尔斯:当然要打一仗,喏,你在那边摆战场。

蒂米:我布置我的。

博比(跳进蒂米的阵地,向他们扔沙,并大喊大叫):突然袭击了!突然袭击了!

蒂米:你退出去,为什么要打扰我?

博比:为什么我要打扰你吗?因为我是梭罗——全世界力气最大的巨人。(又一次凶狠地突然袭击——把沙扔进蒂米眼里)

蒂米(向博比大声叫):我发起火来你就知道是什么味道。

博比(学巴迪):我在这里什么也不怕。

蒂米(笑):记住!我在这里什么人也不怕。

巴迪:我在这里什么人也不怕。(他画完手指画,用槌敲打锤床,直到敲裂为止)

查尔斯:我自己来打仗。(打仗)

(巴迪拿起玩具娃娃,从盆里舀了一杯水喂它。蒂米过来抢走巴迪手中的娃娃)

蒂米:瞧,巴迪,你干得好,把手摸到它嘴里去了。(他把巴迪的手指放在娃娃嘴上)再摸摸。(巴迪摸)你摸摸它的裤子。(巴迪摸着尖声狂笑)

蒂米:把它的裤子弄湿了!

巴迪:呀呀呀!它喝了水会撒尿。

蒂米:我知道水从哪里来的,是从它屁股眼里流出来的。

巴迪:你希望我能把它带回家去,但是我不能,我要画画。

(蒂米给娃娃灌水,水流了出来,又突然把它扔到地上,踢到沙箱下面。)

蒂米:我要把它杀了!毛娃们!毛娃们!我不喜欢这个撒尿还要尖声大叫的东西,我要把它杀掉。

治疗者:小娃娃使你生气了,你要把它消灭掉。

蒂米:是的,看见了吗?我踢了这个。

巴迪:画这里的人我都不怕。

治疗者:你要我们大家都知道你不怕。

巴迪:不是我怕,是我不想画。

(治疗者应该把这句话反馈给巴迪。)

查尔斯:这是妈妈,对吗?(他拿着妈妈娃娃,脱掉她的衣服,拉掉她的胳臂)

治疗者:这是妈妈。

查尔斯:你们看这个。(他用沙放在妈妈身上,同时又语无伦次,自言自语)

(博比用沙埋士兵,蒂米画画,巴迪把笔放错颜料罐,蒂米提醒他,他拿出来洗净,再放进想要的颜料罐里。)

查尔斯(耳语):妈妈又出事了,知道吗?

治疗者:她埋在沙里了。

查尔斯:是呀,埋好了,我要跳到她身上去。

治疗者:你要惩罚妈妈。

(博比用沙撒在查尔斯头上。)

博比:说一声请。

查尔斯:请。

博比:好。(他把玩具盘在沙里排成圆圈,把自己围在中间,说这是野餐,吃得津津有味地说,这盘好吃,真是美味野餐。查尔斯继续撒沙在母亲身上)

查尔斯(模仿母亲的声音):救命!救命!沙快要到我的肚子里去了。

博比：雪下了一夜,救命！谋杀！

查尔斯：救命！救命！

巴迪：救命！救命！

博比：这头大灰狼会把我们吃掉。

（安静下来。查尔斯埋母亲,博比和蒂米帮忙。他们用小铲很认真地默默地埋母亲。博比装一小篮沙,提得高高的,撒在母亲坟上。）

博比（轻声地）,雪,雪,飘下来埋妈妈。

查尔斯：像毯子盖住了妈妈的坟。冬天雪落在爸爸坟上。（向治疗者）你知道,我的爸爸死了。

治疗者：是的,你的爸爸死了,冬天雪飘在他的坟上,像毯子。

查尔斯：你知道的,他在明尼苏达,离这里很远。

治疗者：他在明尼苏达,离这里很远。

查尔斯：他死了,我想念他。（叹气）

治疗者：你很想念爸爸。

（蒂米和博比坐在沙里,凝视着查尔斯,接着撒沙在妈妈娃娃身上。）

蒂米：你爸爸坟上有很多雪。

查尔斯（气势汹汹地）：这是我妈妈的坟。

博比：啊！这是你妈妈的坟吗？（把沙撒在坟上）

巴迪（在画架旁）：我敢打赌,你们不知道这是什么。

治疗者：你想告诉我们吗？

巴迪：我也不知道它是什么。我希望它是木材场。

治疗者：那么,你画的就是木材场。

巴迪：是,你可以把它拿走。

治疗者：你要给我。

巴迪：是的。（他要拿其它的画回家）

（蒂米从沙箱跳出来画画,不小心打翻了白颜料。）

蒂米：瞧！瞧！啊,我把白颜料打翻了！抹布在哪里？我要把它擦干净。

巴迪：打他屁股！打他屁股！

治疗者：他打翻了颜料，你想叫人打他屁股。

巴迪：是的，打他屁股。

蒂米（擦干净后）：好啦！没关系了。

巴迪到蒂米旁，帮他擦也没有用。

蒂米：让我再涂上些颜料。

查尔斯：你要涂上颜料。

博比：再画一张手指画，再画一张，真好玩。

蒂米：难道那样乱涂——搞得乱七八糟——大叫不好玩吗？

治疗者：你喜欢乱涂，搞得乱七八糟，大叫。

蒂米：伙伴们，你们都不喜欢吗？

治疗者：你以为大家都喜欢搞得乱七八糟，乱涂，喜欢大叫。

蒂米：他们喜欢吗？

治疗者：有时他们会喜欢。

博比：这比打盹好。

查尔斯：这比去看电影好。

蒂米：明年夏天，你可能会再来找我们。

（查尔斯、蒂米、博比和巴迪用蜡笔画画。他们是第一次同时做一样的事。接触快结束了，治疗者宣布还有5分钟，查尔斯和蒂米想打扫房间，蒂米突然停住不干。）

蒂米：我不想打扫，要到接待室去等。在这里，我不想做的事可以不做，我不想打扫。

治疗者：你宁愿到那边去等，也不肯帮忙，你走吧。（蒂米走了）

博比：我也不想帮忙。

治疗者：如果你们不想帮忙，就不用了。

查尔斯（继续打扫）：我要把这些东西摆好。（他把沙箱里的东西拾起来，巴迪继续"帮忙"）当心，巴迪，让我把东西递给你，不要把坟搞坏了。

治疗者：查尔斯要把坟墓留在那里。（博比下来到盥洗室去。治

疗者宣布时间到了,巴迪刚要离开,突然他令人可怕地尖叫,接着又笑得很高兴)

治疗者：叫最后一次了,嗯?

巴迪：是的,在这里叫最后一次。

查尔斯(在门旁转过身来看沙箱,叹气)：嗯,我们把妈妈永远埋葬了,对吗?

治疗者：是的,你们把妈妈消灭了。

治疗者送他们回家时,和他们的养母谈了一会。养母说,蒂米和博比进了游戏室以后进步很大。蒂米在家里,父母当他的面谈离婚。自此以后,他们常常大声尖叫,几乎使她发狂。巴迪也使她要发狂,他常常大声尖叫,跌跌撞撞的。他们使她几乎无法忍受了。查尔斯："好得多——逗人喜欢,但是他非常可怜。"他的母亲就住在这个城里,但从不关心他。实际上,这些儿童都没有父母为他们操心,他们都是被遗弃的儿童。

两周后,治疗者去看这几个儿童和养母。养母说,他们进步很大,甚至巴迪也进步了。他们在一起玩,常常用士兵玩打仗游戏,不打架了。近两周来,博比和蒂米没有呕吐。查尔斯似乎更成熟,一点也不哭,喜欢和其他儿童在一起玩了。

在第八次接触中,读者可能注意到了,这几个儿童都知道这是他们最后一次到游戏室来了。很明显,通过游戏治疗他们获得了自知力。例如：蒂米的"全给我"变成了"对半分"。他们心情紧张时,就互相模仿各自特有的行为。表现的幽默感,对他们也有帮助。查尔斯表演埋葬母亲时,谈了父亲的死,这很令人深思。博比和查尔斯彼此适应得很好,在这里查尔斯能对博比说："我希望你不要做那事。"博比尊重了他的意愿。如果我们知道李妈妈家里寄养了六个婴儿,那么,就不难理解蒂米对这些婴儿的反应。蒂米观察到大家喜欢乱涂,搞得乱七八糟,大叫。这次治疗是他们最后表现分享做选择的自由。有两人没有打扫游戏室,巴迪叫了最后一次。

他们积极地接受了这种有限制的游戏情境,释放出自己被抑制的感情。他们具有这种强烈的被遗弃的儿童痛苦,不安全,充满仇恨。游戏治疗有助于他们充分暴露这种感情,可能会使读者震惊。

评　　析

研究这几个儿童的游戏治疗,可能会提出这样几个问题:游戏治疗接触需要多长时间?他们的接触到什么时候才能结束?一开始就要规定时间限制吗?他们真的玩够了吗?他们多玩几次不是收效更大吗?作者认为,开始接触就应规定时间限制。如果还有时间,儿童又确有需要,真有效果,可以延长时间。使儿童和治疗者能制订切实可行的计划,在有限的时间内做游戏。

第三次接触后索尔就不参加了,但是可以肯定,他还需要治疗,如果预先给他规定要8周时间,效果会更满意。如果条件允许,应给其他几个儿童延长5周时间。这是根据他们治疗结束时的行为评价来决定的。第一次接触时就要明确规定他们的治疗次数,这有利于儿童到最后一次,而不必为继续接触作准备。如果不预先通知,治疗者突然结束治疗接触,这种做法是不妥的。

根据作者的经验,治疗时间以5周为宜。如果治疗尚未完成,可以重新开始。在游戏治疗期间,要定期检查,这有助于测定儿童什么时候治疗效果最大,并对儿童的行为作出评价。制定了的计划,告知父母或代理机构,使他们也能为儿童做好安排,防止出勤人数时多时少,逐渐加深对这种情境的信任感。同时,防止急性的父母每周都来问,"他怎么样了?""他好一些了吗?""他还要再来吗?"甚至有的父母期望一次接触就出奇迹。安排了时间计划,就可以防止这样的父母给儿童和治疗者施加压力。

作者认为,对正在集体治疗的儿童做个别接触,也是治疗成功的重要因素。由于儿童在集体治疗中能表现个别治疗情境中不能表现的行为,因此有集体治疗是适当的。但是做集体治疗的儿童从个别接触中也能得到好处。试行这种治疗的方案,实践证明效果显著。在一般情况下,儿童先要求结束个别接触,这种要求说明儿童愿意离开个别接触,到集体接触中去寻求满足。但是,这一论点尚需深入广泛研究,进一步得到证实。

集体治疗还提出了另一个问题,即适当的成员组合标准是什么?男女儿童混合编组好呢,还是男女儿童分开编组好?兄弟或姊妹编在同一个组合适吗?应该控制年龄差距吗?试验表明,毋须严格规定,在成功的成员组合中有男有女和兄弟(姊妹),他们的年龄差距也较大。重要的是治疗者要经常分析儿童的行为,发现对集体有害的因素,要及时做个别调整,或重新组织。有时必须把兄弟或姊妹编在同一个组里,以利于儿童相互适应。但兄弟(姊妹)俩在家中是"宠儿"就不能和弃儿编在一个组。因为,在治疗室外受宠的儿童,可能会看不起弃儿。总之,治疗者的知识是编组的重要因素。

第一章第四节讨论了父母或父母代理人的作用。这里值得提出的是养母李妈妈,了解寄养在她家中儿童的问题。她理解他们,对他们友好,在一起生活得很有乐趣。在她家里,允许儿童用奶瓶吃牛奶,这表明她乐意帮助他们。她接受他们想当婴儿的愿望后,在治疗室他们却不再要做婴儿治疗了,这也是很有意义的。后来调查才知道,儿童们在家里做了几天婴儿游戏,他们不再要玩了。李妈妈让儿童自由表达自己,照他们的现状接受了他们。尽管他们的吵闹声"使她心烦",但是她仍同情他们,理解他们这些"弃儿"。这说明活用基本原则,是可以适用于任何情况下的儿童和成人之间的关系的。

这个小组还证明,残废的和正常的儿童可以编在一个小组治疗。治疗者认为,集体治疗使巴迪获得了自知力,他个人也得到了满足。

第四节　个别治疗与集体治疗相结合（略）

第五节　一位教师——治疗者处理一个残废儿童

下面这个案例，介绍一位教师——治疗者帮助她班上的一个残疾儿童的事，希望有助于广大教师治疗有类似问题的儿童，并从中得到启发。欧内斯特的案例很复杂，但它证实了在教室做治疗的重要价值，作为一个教师，不仅要培养儿童的读、写、算能力，还要教儿童学会自己管理自己。

首先简要介绍一下欧内斯特7个月的治疗概况。读者不要受这些材料的约束，应自己独立思考。

欧内斯特6岁，弃儿，喉头狭窄，性格胆怯，怕与人交往，还像婴儿。治疗接触中，与有同情心的教师在一起，他表现出需要母爱，主动探索和她一起生活的可能性。他被母亲拒绝，变得狂暴，有攻击性，对教师——治疗者却要寻求感情上的支持。他逐渐习惯了这种失望，把寄养家庭看成自己的家，甚至接受了教师不能代替母亲这个事实。

随着一段时间的治疗，他获得了勇气，尝试成人吃饭的举止。在婴儿化和成熟反应之间他多次反复，逐渐趋向成人化，丢掉了奶瓶、橡皮管及神经质的习惯。他经历了疾病和住院治疗痛苦的考验，继续以更成熟的方式去应付现实生活。

治疗过程、方法、自知力和成长阶段的评析，在报告的评论中说明。

欧内斯特，6岁零3个月开始上学，个子矮小，身材与年龄不相称。他的个人档案很长，3岁时曾因喝碱水住院治疗；他的父亲抛弃了他的母亲，母亲带他到德镇，把他安置在医院就走了，他成了国家监护的人。母亲回了娘家，离德镇约130多里。他在医院住了3年，母亲只看过他两次。由于与母亲不常见面，已记不清母亲的模样，母亲最后一次去看他，他已认不得她了。他经受了扩大喉管的治疗后，虽然"外科治愈",但仍不能吃东西,要用管子喂食。

欧内斯特出院后四个星期就上学,不会穿衣服,遗尿。不和小朋友交往。在寄养家时,和一个专横的中年养母同住,关系不好。他不吃不喝,养母认为他是有意"报复",医生也认为是心理影响。

上学那天,欧内斯特怕学校大楼房,怕其他小朋友,不敢参加各种活动。他所在的班有36个学生,休息时他在一旁看同学喝"喷泉"水。欧内斯特站在老师身旁,望着同学说:"看样子蛮好玩。"他显然亦想去饮"喷泉"水,老师做了反馈。这次接触时间短,情况如下:

欧:看样子蛮好玩。

师:你也认为在那里喝水好玩。

欧(点头):但是我不能。

师:你认为你不能喝水。

欧:是的。看样子蛮好玩。

师:你认为自己不能喝水,但是想喝。

欧:我想试试。

师:你想试一下。

欧:在医院里,我常常从那样的东西里喝水,现在不喝了。

师:你还记得那样很有趣。(欧内斯特咧嘴笑着到喷泉前)

欧:我可能会吐出来。

师:你认为可能会吐出来,但还是想试一试。(欧内斯特点头,他拿着把手转得太高,把手弹回去了)

欧:水太多。

师:看来你把水放得太多了。

欧:我会把自己淹死。(他喝了一口,看一下老师,咧嘴笑)我喝下去了!

师:对,你没有吐出来。(他又喝)

欧:喝下去了。(很高兴)

这一次小事情中,欧内斯特和老师的态度都很值得注意。老师的态度是接受、不争辩、不强迫,完全接受了欧内斯特没有信心和胆怯的态度。如果遇到没受过训练的治疗者就会对他进行说服："我肯定你能喝一点。"或起支配作用："我会帮助你，就不会太难了"！或施加压力："你想和其他同学一样当大孩子，对吗？"

（欧内斯特尽管有点害怕，但仍表现出愿意勇敢地去做，那是生长冲动的特征，正是确信了老师已接受了他的矛盾态度，他才能冒险试着喝一口）

欧内斯特回到教室，给同学讲他"喝了一口水"。他们也接受了这个事实，都赏识他，但不知他与众"不同"，只知他从喷泉里喝了一口水而感到很自豪。同学们也炫耀自己喝了许多水。他那天喝了500口水——或许是这么多。从此，他在学校饮水就不成问题了，而且天天喝水。但是，回到家里他仍拒绝喝水。

两天后，欧内斯特在老师桌上见到一个大红苹果，看来对他很有诱惑力。上学的旅途及学校的各种活动使他食欲增加，因此，休息时看别人吃苹果、梨子或橘子，他也开始想跟同学们一样吃东西了。那天放学前，他害羞地到老师跟前说："放学后你和我一起吃苹果好吗？我想帮你吃。"老师立即意识到他想吃苹果，接受了和他分吃苹果的邀请。放学后，老师把苹果切成两半，给他一份，他吃后真吐了，但没吐多少，他很满意。

吃苹果的情况大致如下：

欧：这是大苹果。

师：这是很大的苹果。

欧：这是好看的苹果。

师：这是好看的红苹果。

欧：你愿意和我一起分吃这个苹果吗？你愿意吗？

师：你想和我分吃这个苹果。

欧：我们分了吃。（老师把苹果切成两半，欧内斯特拿起苹果，似乎有些害怕）可能会吐出来。

师：你害怕会吐出来；还是想试试。

欧：我想试试。（咬一口）你吃那一半。

（这是一个佳兆，他想解决自己的问题了。在很多问题儿童的案例中，第一、二次接触时，不一定会表现出克服困难的动力。）

师：你要我吃这一半，你吃那一半。

（欧内斯特点头，于是老师吃她那一份。他对着老师笑，眼睛都在闪光。）

欧：这苹果很好很好。

师：你认为这苹果很好。

（欧内斯特真诚地点头。其实这苹果跟木屑一样干，没有味。他吐了一点出来，咽了一些下去。他还说起做游戏和画画的事情，接着出现了下面这件意想不到的事。）

欧：哎，你的智力商数是多少？

师：我的智力商数吗？你想知道我的智力商数是多少？

欧：是的，想知道。

师：我怎么能算出来呢？

欧：找人给你测验一下。

师：你知道自己是多少吗？

欧：啊，知道，119。在医院给我测验，护士告诉我是119。那是好的，护士还说我应该感到自豪。

师：她们也测验过智力商数吗？

欧：我猜没有，他们也不知道自己的是多少。史妈妈（养母）的很坏。

师：你认为她的很坏，为什么？

欧：嗯，我第一次到那里去时，我问她的是多少，她不知道。我说："猜猜！"她猜是100。我告诉她我的是119，比她的大，我用不着听她的话了，我比她聪明。

师：你认为自己比她聪明。

欧（大方地）：我希望你的是119左右。

（这是他第一次明显表现对老师爱的态度。随着这种态度的不断深化，如何处理这种关系，是治疗接触中很有趣的问题。）

师：你认为我和你一样聪明吗？

欧：我真是这样想的。

（一边谈智力商数，一边还是把苹果吃完了。接着老师送他回家。）

第二周，学校卖爆米花饼，大家吃，他也向老师要了一块。这次只有15分钟，他一个劲地说爆米花好吃。结束后，老师用汽车送他回家，顺便进去看了他的养母。老师告诉养母他在学校对吃东西逐渐有了兴趣，养母却对他不满，因为他拒绝为她吃东西。她说："前几天我才给他说过，你用不吃东西来气我，我才不在乎。你尽管一直拖着插在肚子里的橡皮管到处跑，这是气不倒我的。'欧内斯特莫名其妙地望着我说：'你真的是这样想的？'于是我说：'我不管你怎么办。'这话似乎惹他恼火了，他要尿床也是这样，我相信他是在报复我，我也是这样告诉他的。可是，他下流、撒谎、偷东西、很顽固，我暂时不喂他了。当时医生告诉我，他不吃东西没有真正原因，他要继续拒绝吃东西，会晕倒。我只得又喂他吃，真拿他没办法。他能为你吃东西，为什么就不能为我吃东西呢？"

接着史妈妈讲了智力商数那件事，跟欧内斯特给老师讲的一样。史妈妈的智商是100，他的话显然将她气坏了。

老师告诉她，他吃了爆米花没有吐。史妈妈说："哼，无法再忍受了！爆米花，偏偏要吃这种东西！嗨，那种东西我怎敢给他吃，万一把他噎死了怎么办呢？天啊，你用的是什么方法？"老师说："护士认为叫他吃东西跟其他儿童一样，是不会把他噎死的，这不是冒险，他越吃会越想吃，不管吐不吐，他的情况会越来越好。"史妈妈不喜欢听这种话，还尖锐地评论说："嗯，这些由你来解决。"但她接受了老师的"意见"。接着谈了一些小事，消除了紧张气氛。老师离开时，欧内斯特站在走廊大喊着："你把我带走吧，我不喜欢在这里。"这一切并没有改变他在寄养家庭的情况。

第二周，欧内斯特的法定保护人来到学校和老师交换意见，约定第二天老师到他办公室详细讨论。她的意见使保护人证实了自己的怀疑,承认自己没有把欧内斯特安置好,决定安排到离学校较近的寄养家庭去。又过了一周,保护人通知学校,欧内斯特要搬到另一个寄养家去了。因此,他要重新适应环境,放学后老师留他做个别治疗,尽可能承认和接受了他在学校表现的感情和态度。

9月29日

9月28日,欧内斯特搬到李妈妈家——他的新寄养家庭。第二天接触在放学后,是应欧内斯特的要求。突然搬到新家,很不安。

这个家的养母60岁,她的丈夫70多岁,家里还有一个15岁的养子。李妈妈是出色的厨师,对供膳饮食很有研究。她对上帝很虔诚,说话温柔,但患有严重的心脏病。她很同情欧内斯特,她说:"如果我不能帮助他,就不会留他,推给别人家去了。我关心他的幸福,不是想得他的寄养费。我不会误他的事,相信他一定会治好,不知你的意见如何。我相信只要虔诚地祈祷上帝,上帝会拯救这孩子。"

搬到新家后的第二天放学后接触时,欧内斯特站在"画桌"前,心不在焉地玩了一会颜料,老师坐在靠近的桌旁。这些接触都在教室进行,用的材料欧内斯特和其他同学上学时都能自由得到。这里没有规定地区限制,只能在教室玩是对他唯一的要求。教室里有泥、大小不同的各种纸张、工作台、锤、钉、锯、蜡笔、牛仔服、枪、士兵、飞机、坦克、积木、一套娃娃和家具,以及许多其它游戏和玩具。

(欧内斯特望了老师一会,然后走近老师靠在她身上。)

欧:我想给妈妈写信,你知道,她住得很远,在……那是很远的,你把我说的写下来。

师:你要我帮你写信给亲妈妈。

欧:是的,写"亲爱的妈妈"。

(老师在欧内斯特给的纸上写上了。欧内斯特有一年没有见到母亲了。在过去的三年中他只见过她四次,而且最后一次见到她时,已认不得她了。)

欧:现在写"我生活得好"。我真的生活得好吗?

师：你要妈妈知道你生活得好。

欧：是的。我身体好了，就能回到亲妈妈那里去。

师：你希望身体好能回家去。

欧：是的，告诉她——（停）写，"昨天晚上我吃了柠檬豆，猪排，上面还有马铃薯泥和肉汁，还喝了一杯牛奶。今天早晨我吃的是麦片粥，还有橘子汁和两片面包。"这些你都写下来了吗？

（这是他吃的第一餐饭，据养母说，吐了点出来，但不多。）

师：都写下来了。

欧："今天中午，我吃了一碗胡萝卜洋葱汤，一块面包和饼干。"（向老师）我吃下去，差点要吐出来，只吐了一点点。

师：大部分吃下去了，你很高兴。你不想叫它吐出来。

欧：（点头）是的，总有一天不会吐的。

师：总有一天不会吐的。

欧：还有几个字，你写，"昨天晚上我搬到李妈妈家来了。"我真搬来了，李妈妈人好，不像史妈妈，我喜欢她，真的，我喜欢。

师：你昨天晚上搬了家，你真的喜欢这个新妈妈。

欧：是的，但是她不是妈妈，我叫她李奶奶，还有一个爷爷和哥哥，是大哥哥，他叫——我记不得他的名字，但是他很好。

师：你有一个新的大家庭，他们都是好人。

欧：你写，"姐姐妹妹都好吗？"我有一个姐姐和一个妹妹，她们在家里。

师：你有一个姐姐和一个妹妹在家里。

欧：你写，"我的小狗长得好吗？我希望它长得好。我希望有一天能回家，到你们屋子里去。"（向老师）我希望能回家。

师：你想回家，昨天搬进了新家，使你想自己的家了。你不知道新家的情况将会是怎样，所以你希望回家。

欧（点头）：当然我希望，我的猪在那里，还有小狗，我想看我的猪。

师：你想看你的猪和小狗。

欧：是的。你写,"毕医生在休假。向奶奶和妈妈问好。欧内斯特。"(欧内斯特把老师的手臂拉过来抱着他。)

师：你对新家感到不安,还不认识那些人。

(这就澄清了欧内斯特行为中的态度,如"我喜欢这个李妈妈,真的,我喜欢。"通过下面的反馈,使他清楚认识到自己内心的这种态度。

应该看到,接触开始时,治疗者承认这些态度很不深入,是表面的,如承认他想喝,但又怕喝。但这些表面的态度被他接受和承认了,他才更加自由地表现出较深刻和较有生气的态度。治疗者必须敏锐地理解这些态度,抓住时机做反馈)

欧：昨天,我是第一次见到他们,过去从未见过。

师：当然,我知道你心里想的是什么,样样东西都是陌生的。

欧：今天晚上你和我一起回家,去见李妈妈好吗？

师：你要我认识李妈妈。

欧：你答应吗？(老师同意和他一起回家)

(这次会见,教师——治疗者充当了有支持作用的妈妈角色,没有严格坚持那种非指导性的作用。回家途中,她亲近他,给他吃东西,叫他对养母要有信心,并明确对他说："我会帮助你",而不是说"我会帮你学会自己帮助自己"。到底用什么治疗方法好,看法是不一致的。欧内斯特习惯于医院对他的明显的爱。其实,儿童把一年级的老师看成代替妈妈,一定会不断向她求得同意和支持,因此,认为老师具有支持作用也是很自然、合理的。)

回家路上,老师和欧内斯特在杂货店前停下,给他买了一个蛋卷冰淇淋。这是和医生、护士、法定保护人以及有关其他人事先制定的方案,其理论根据是,每天给他吃东西,不管吐与否,对他的病是有帮助的。尽管他吃得很少,但坚持咽下去了,并说很好吃。老师反馈了他的评论。老师会见李妈妈时,李妈妈叫欧内斯特出去玩,自己单独和老师谈了一小时。这时他的护士来接他去量体温,检查身体。

第二天上午,他一到学校就问老师："你喜欢李妈妈吗？她是好人吗？"老师反馈说："你想知道我对李妈妈的看法,嗯,我想她很好。"欧内斯特笑了,接着很严肃地说:"嗨,昨天夜里,你知道了什么吗? 她为我祈祷,求上帝保佑我康复。现在我会康复了。"老师反馈说:"你肯定你会康复的。"

第一天,他吃东西没咽下去,似乎对一切不感兴趣,也不和同学玩。

法定保护人告诉老师,他们在设法使欧内斯特和妈妈建立良好的关系,最后能让他回家,但现在还未成功。他的母亲说,她和她的父亲都住得很远,经济也比较困难,就不能常来看他。法定保护人相信,主要是经济困难。他要继续努力,设法叫他母亲常来看欧内斯特,因此,欧内斯特要给妈妈写信。给妈妈写信老师也认为这是改善父子关系的手段。这是他写的第一封信,他要写信是集体给缺席同学写信引起的。寄信时,附了老师自己给欧内斯特母亲的信。

范太太:

今年秋天,欧内斯特开始上学了,他在我的班上。他要给你写信,我如实地把他口述的记下来了,现寄给你。

他是蛮好的孩子,学习好,有礼貌。

如果你回信,他是能收到的。(附学校地址)

昨天晚上他搬到了新家,很喜欢这家人。他现在开始吃东西了。

同学们都喜欢他,他也逗人喜欢。他几次说到你,你能回信,对他将有很大帮助。

你的忠诚的
欧内斯特的老师

10月6日

10月4日,欧内斯特妈妈的信来了。放学后他留下来,老师给他一份比奈智力测验,他立刻认出是"智力商数材料",虽然这份材料与他以前见过的不同。他渴望做测验,但问老师,是否认为他的智商不好。老师向他保证他的好。奇怪的是,他引证例子很流利,情绪很安定,测验的结果也是119,与上次的相同。测验后老师说要告诉他一件意想不到的事。测验时,他很放松,但当老师拿出他妈妈的来信时,他却不安起来。

欧:我知道,是我妈妈的,李妈妈给我讲了。(李妈妈不知道这信,不可能给他讲。)

师:你很高兴,但不知道该怎么办。

欧:你念。

(他爬到老师怀里,听念信,很激动,吐酸水,几次吐在专为他准备的盂缸里。)

师(念):"亲爱的小儿子!"

欧:那是我,我是"亲爱的小儿子。"

师:她叫你亲爱的小儿子,你很高兴。

欧:我是她的小儿子,因为我是男孩,她就叫我亲爱的小儿子。

(他从老师膝上爬下来,吐酸水)

师:收到妈妈的信,你很高兴,就要吐酸水。

欧:再念,从头开始。

师(念):"亲爱的小儿子:收到你的来信,知道你生活得很好,我很高兴,现在简单给你写这封回信……"

欧:我生活得好,对吗?这信是妈妈写给我的。

师:你也认为自己生活得好,收到妈妈来信,你很高兴。

欧:等我身体好了,我要回家,家里有猪和牛,还有爷爷。

师:你想回家,你身体好了就能回家。

(欧内斯特很激动,又吐酸水。老师不知道应不应该继续往下念,停了一会,还是决定冒险往下念。)

师:你激动时就吐酸水。

欧:等我身体好了,我要回家。

师:你吃了东西不吐,身体就会好的。

欧:她还说了其它什么吗?我的猪和爷爷好吗?

师(又念信):"当然,你姐姐看到你的信也很高兴,而且……"

欧：我有姐姐和妹妹,我不认识她们,她们多大了?

师：我不晓得,你想知道她们的情况,是吗?

欧：我是独生子,没有兄弟。

师：你是独生子。

欧(咧嘴笑)：独生子。(一本正经地点头,然后拉老师的袖子)念!

师(念)："你的小狗也高兴,还有你的猪,现在大了。"

欧(笑)：我有大猪了,小狗很好玩,是好玩的小黄狗。

师(念)："我们还为你养了一头牛,你的姐姐上学了,三年级。好宝贝,知道你学习好,我很高兴……"

欧：她叫我宝贝。

(通过念信,不难看出他曾被严重地剥夺了感情。可能有的人认为,治疗者能起支持作用。这是对的。但是,除非治疗者和他亲妈妈一样继续关心他,否则,一旦失去这种关心就必然会给他带来痛苦。)

师：她叫你宝贝,你喜欢这样叫你。

欧(靠在老师身上,闭着眼)：我有几头猪和一头牛。

师：你知道回家有自己的东西,很高兴。

欧：我回家去,要挤牛奶,她还说了其它什么吗?

师(念)："好宝贝,你学习好,我很高兴,你会成为好孩子。上学读了书,今后当老师,你说好不好? 奶奶要我告诉你,她很好,希望你听老师的话,学会了吃东西,就能回家……"。

欧：我学会了吃东西,就能回家看我的猪,还有牛。

师：你想学会吃东西,你想回家去看那些猪和那头牛。

欧：我敢打赌,它们长大了,会是什么颜色呢?

师：她没说,你想是什么颜色?

欧：不知道。(笑)总不会是蓝色的!

师：不会是蓝色的。

欧：有黑猪吗?

师：有,有黑猪。

欧：那么它们是黑猪。(谈话中,他很放松,声音低)她还说了其它什么?

师(念):"你要听话,学会了吃东西,就能回家和我们住在一起。宝贝!你的信写得很好,我真的喜欢收到你的信。现在你能很好吃东西了,当然是好事,我也高兴。我会尽早去看你。

随信寄上妈妈的爱
再见,欧内斯特"

欧(仍很放松):是的,她真的会来看我,她说过会来的。

师:她说会来看你,你很高兴。

(老师念完信,欧内斯特很冷静。老师把信抄在日记本上。)

欧:你在干什么?你在写回信吗?

师:不,我把它抄下来,如果你要写回信,我就可以再念给你听,这封信你可以拿回去给李妈妈看。

欧:我可以把信带回家去?(惊奇)

师:是的,如果你想的话。

欧:我想。现在我们去买蛋卷冰淇淋。

10 月 11 日

(在这次放学后的治疗中,欧内斯特先滚了一会泥球,突然到老师跟前。)

欧:我们来给妈妈写信。

师:你喜欢收到妈妈的信。

欧:我妈妈很瘦。

师:她很瘦吗?

欧:是的,瘦得像牙签。

(有趣得很,谈到自己的家里他态度很积极。其实,他对家人和亲戚一无所知。)

欧:准备好了吗?你写,"亲爱的妈妈,我回到家里要挤牛奶,希望你养的牛有很多奶。我还要杀猪。"(向老师)我想用小刀一样锋利

的大刀,戳它的喉头。(拿尺敲桌子)我要把老猪杀死。(尖叫,表现出强烈的攻击性)

(这是他第一次表现攻击性态度,似乎是针对他的家。对他表现的这种强烈的破坏性欲望,老师的反馈"你真的喜欢戳它的喉头"不太适当,可能被当成接受,也可能导致他进一步表现出某些更严重的态度。)

师:你回家想杀猪。

欧:(点头,敲桌子,尖声叫,突然放下尺):"我的娃娃妹妹现在多大了?你工作怎样?我希望爷爷马上带你来看我!"(向老师)也许他会来!

师:你真的想见到自己的妈妈。

欧:你写,"你们来看我,要带游戏玩具来"。

师:你要妈妈带东西给你。

欧:是的,我没有游戏玩具。

师:你要妈妈给你玩具。

欧:告诉她,"我在学校一直喝巧克力牛奶。"(口述得快)"我也吃饼干。我想你来看我是怎样学习的。向你、爷爷和奶奶问好。欧内斯特。"

(欧内斯特到桌前,拿娃娃和娃娃家具玩,母亲在灶旁做饭,她喊孩子,男孩进来,姐姐进来,欧内斯特代每个娃娃说明。)

女孩娃娃:咱们玩"围着玫瑰花摇铃。"(叫娃娃做这游戏,另一个娃娃进来)

娃娃:咱们玩"伦敦大桥"。(他们玩时,父亲娃娃回家来)

父亲:你们今天干了什么?

男孩:我们劳动得都不错,我还烤了饼。

父亲:好吃吗?

男孩:啊,好吃。

父亲:在哪里?

男孩:在那边炉子上。(父亲到炉旁)要几块吗?

游戏治疗

父亲：嗯，嗯。好，现在你俩去玩。（母亲带着姐姐出去了）

（突然，欧内斯特用盒子把她们盖住，伸手到下面抓）

欧（大声叫）：巨人抓到你们了，要吃你们。（他假装是巨人，吃她们）

师：巨人要吃这母女俩。

（较好的反馈应该是，"你喜欢巨人吃掉她们"。因为欧内斯特明确表示想见到妈妈，爱妈妈，他的感情混乱这个事实，容易被人忽视，他显然对家里人怀有敌意，但他仍渴望和他们取得联系。）

欧：对，你等着瞧。

（父亲送一个哥哥和姐姐出去，他们的命运也相同。父亲喊："欧内斯特！"）

欧（向老师）：他藏起来了，看见了吗？他不想来。

师：这男孩不理他的父亲。

欧：是的。（叹气）他本来很有礼貌，他是被迫这样做的。（声音突然很悦耳）是爸爸吗？

父亲：去看看家里出了什么事。

欧：不知道，我猜是巨人把她们吃了。

父亲：巨人？啊，天呀！

（父亲跑出去，被抓着吃了，把父亲娃娃粗暴地扔进了玩具盒。欧内斯特："小孩，你也逃不了！"另外一个男孩被当成欧内斯特，也被抓着吃了，扔进玩具盒。接着欧内斯特狂暴地乱扔了一阵，离开娃娃到老师身边）

（他这种象征性地自惩自毁，表明他的攻击性态度未被充分理解，治疗者没能恰当地澄清和接受他的感情。如果欧内斯特对家里人的敌意完全被接受了，他不一定会在这种游戏中惩罚自己。）

欧（问老师）：你猜我喝的碱水还在肚子里吗？

师：你认为碱水还在肚子里吗？

欧：是的，我很难过，吃的东西咽不下去，昨天只有早饭没有吐出来，晚饭吐了，今天早饭也吐了，还有午饭。（停）

师：你没信心了。(停)你想给我说碱水的事吗？

(在这里,老师充分利用了非指导性指导,帮助欧内斯特放松了最初受伤的感情。不习惯非指导性治疗的人,可能注意到这是教师——治疗者提的第一个问题,就这个极平常的问题,也强调了许可这种关系。在这种情境中,没有试探,试探是达不到目的的。多数人往往用询问去压制儿童,这只会使他产生防卫。)

欧：放在外面玻璃杯里的东西我还以为是牛奶。我把它当好牛奶喝了。肚子里可能还有没吐出来。

(师：你把它当牛奶喝了,恶心。你想现在肚子里还有碱水,你感到要吐。)

欧：是的,我是这样想的。(停,欧内斯特望着老师,很沮丧)

师：医生怎么说。

欧：他说我现在肚子里没有碱水,可以咽东西,我真的能咽东西了,但有时会吐。

师：有时会吐。

欧：是的,但有时不吐。

师：有时会吐,你不喜欢；有时不吐,你高兴。

欧：是的。今天晚上我们还要吃冰棒吗？

师：你想吃冰棒？

欧：想吃。

师：你认为吃冰棒不会吐？

欧：我是那样想的。

(他们到杂货店,给欧内斯特买了一根冰棒,他全吃了,没吐。老师评论。)

师：你说吃了冰棒不会吐,真的没有吐。

欧(好奇地望着老师,认真地点头)：我给你说了,不会吐的。(很自信)

10 月 18 日

欧内斯特每隔三周做一次喉头扩大手术。这次他到医院治疗,服了乙醚,至少在医院或家里睡了一天。治疗前,他身体不好,卧床休息了几天。护士替他向老师请了几天假。治疗后,他喉头肿疼,医生说这种治疗可能要持续到他 15 岁,如何治疗会提前通知老师,由老师告诉他。这次护士说,下次和老师的接触要在到医院去治疗的前一天,老师不知道欧内斯特是否会利用治疗时间暴露他的问题,他确实是这样。

欧(到画桌前,在纸上画红圈圈):明天我要到医院做喉头扩大手术。

师:明天你要到医院去。

欧:我敢打赌,你会惦记我。

师:你知道我会惦记你。

欧:是的,你会!(用画笔打纸,溅起颜料)痛啊!痛啊!痛啊!

师:你认为做喉头扩大手术会痛。

欧:有时还会出血!瞧!(指着画的红圈圈)看,血淋淋的啊!跟我的喉头一样。

(在游戏治疗中,儿童会用象征手法,简单直接地表达自己的感情,这个例子已明白无疑了。欧内斯特用颜料表示他害怕的象征,用玩具表演他的敌意,很清楚这就无需再加评析了)

师:你认为你的喉头是那样血淋淋的。

欧:是的。(放下笔,撕碎纸)我要把它扔了,消灭它。

师:你要消灭纸上的血。

欧:是的。(把它塞进字纸篓,用脚踩。接着拿起一个婴儿娃娃用拳头打)坏,坏娃娃!我要把你打死。(用锤敲这布娃娃的头)我要把这娃娃的头打伤,打烂,叫它流血。

师:你要叫这娃娃的头出血。

欧(拿枪):我要把它打死,砰!砰!好了,我报复了。(用枪瞄准

老师)砰！砰！好了！把你也打死了！不是真的，假装玩的。(过去拍老师的手)

师：你想把每个人都打死。

欧(大声叫)：我不要到医院去！

师：你不要到医院去，但你一定得去，所以你要把每个人都打死，这也就不奇怪了！

(一般说，残疾儿童(或成人)对整个世界都有强烈的攻击性，因为这个世界对他很残酷。毫不奇怪，欧内斯特这个被家庭遗弃的儿童，常常受医生折磨，现在又面临着另一次考验，当然很恼火。在这点上，治疗者反馈得很好，解释了欧内斯特的态度，从而使他能接受她。治疗者要弄清他暴露这种态度的原因，考虑怎样表示才算真正接受他，才能使他不再发泄自己的感情。欧内斯特的态度被理解和接受了，所以他马上停止了破坏。)

欧(咧嘴笑)：呼！呼！呼！(然后他拿锤敲工作台)

师：敲工作台你很开心。

欧(丢下锤，踢到对过，接着到老师身旁坐下，头靠在她膝上)：累死了，我们出去散步。

师：你想出去散步。

(他们出去散步，欧内斯特给他讲医院的事。她买了糖，欧内斯特没有吃)

欧：我要留到以后吃，现在会吐出来。

师：你要等到不会吐时才吃。

10 月 20 日

欧内斯特只缺席了一天，这次接触应该作出他在医院治疗的反应。他大部分时间在敲工作台和婴儿娃娃，同时一个劲地笑。

欧：我身体好了，我好了。我告诉医生，我现在什么东西都吃，不吐了，他感到很惊奇。

师：现在你很高兴。

欧：当然。他说:"你在吹牛。"我说:"啊,不是吹牛!我不吹牛!我一点也不痛苦。"

师：医生也高兴,因为你现在一点不痛苦了。

欧：我告诉医生,我能吃东西不吐了,因为我喜欢在学校,喜欢同学,喜欢我的老师,喜欢现在住的地方。(笑,把娃娃拿到桌上跳舞,唱歌)我喜欢!我喜欢!我喜欢!

("我不吐了,因为我喜欢在学校"。欧内斯特基本已取得身心医学的效果。)

很显然这次接触,他从自身成熟和勇于适应中得到了满足。在这种情况下,他的歌声是积极的,充满了感情。很明显,这不是偶然的,他对教师——治疗者依恋,并坚持那种相互关系。

欧(到走廊喝水,老师和他同去,在那里碰到安老师。他们友好交变)：今天晚上我就住在这里,艾阿姨跟我玩。

安老师(取笑)：你要和她住在一起,为什么,她有什么好?

欧(突然狂怒,用头碰撞安老师,打她)：你敢说这种话!我喜欢她,她喜欢我。(安老师笑着走开了。他们回到房间,欧内斯特拿枪)我要把她打死,呼!呼!

师：她说我不好,你要打死她。

欧：是的。(他在房间跑了一圈,装着射击,踢翻椅子,笑。回桌旁坐下,把枪扔到背后。把颜料沾一点在纸上涂)我是脏人。

师：你喜欢用颜料弄脏。

(欧内斯特继续用手乱涂颜料,后来走到老师跟前)

欧：现在我要去洗手。(出去,洗手,回来)现在我又该收到妈妈的信了,对吗?

师：你又想收到妈妈的信,对吗?

欧：是的。(坐在桌旁,低着头,偷看老师,咧嘴笑)

师：现在该走了。

欧：我要吃蛋卷冰淇淋。

(他们去买蛋卷冰淇淋,他全吃了,没有吐)

10 月 21 日

今天下午,很多同学的家长参观教室,没有人来看欧内斯特。同学问他妈妈来没来,他回答说:"没有。"整个下午,他穿着牛仔装,背着手枪套,枪别在腰上。(老师在柜里放了一套欧内斯特能穿的牛仔装,他发现了,10 月 11 日后,一到学校他就穿这衣服。很快这就成了他的感情标记。他心情紧张不安,在休息时,他总要穿上这套牛仔装玩牧童游戏,疯狂地发泄攻击性)家长离开时,他开枪打他们。这时老师的反馈是:"你想把同学们的妈妈都打死,因为你的妈妈不在这里。"他承认了这种想法。同学们在谈自己的母亲时,问他的妈妈,他就指着老师说:"她就是我的妈妈。"同学们问:"她是吗?"他回答:"是,我的妈妈在这里,知道了吗?"家长走后,他留下来治疗。

(欧内斯特拿奶瓶,装满水喝。像婴儿一样哭,做手势,显得无力的样子。)

师:你喜欢玩娃娃游戏。

欧:是的(躺在两张椅子上当床)娃娃要睡觉觉。

师:喔!娃娃要睡觉觉。

欧(闭着眼,从瓶里喝水,又坐起来):瞧,我像娃娃一样喝水。

师:有时你装成娃娃,好玩。(欧内斯特又假装哭)

(其他同学的家长来了,证实他自己被妈妈遗忘,这使他表示出婴儿化的欲望,并得到治疗者令他满意的承认。在这一点上,如果治疗者做有解释性的反馈,就会更有帮助。例如,"看见同学和妈妈在一起,你就想是婴儿跟妈妈在一起。")

(他象征性地表示了自己婴儿化的态度后,接着把这些态度改变为依赖老师,要求得到她的保护和关怀。治疗者继续她的支持作用,给他需要的关怀,利用这种关系的力量实现他更加成熟地吃东西的行为。)

(欧内斯特起来,到娃娃前,假装喂娃娃吃东西。忽然把娃娃猛扔到对面,放下瓶子,站在窗口向外看,外面下着小雨。)

欧：外面在下雨，你要用自己的车送我回家了。
师：你怕雨淋湿？
欧：淋湿了我会生病，那就惨了。
师：你怕生病？
欧：不能上学，我只得呆在家里。我不想生病，要上学。
师：或许你想坐一会我的小汽车？
欧：我当然也想。（他咧嘴笑，出去到车前）
师：我要给你买蛋卷冰淇淋，但是，如果你在车子里要吐，我……
欧：我不会吐。
师：你怎么知道不会吐呢？
欧：我保证叫自己不吐。
师：你有什么办法？
欧：我能把它咽下去，坚持把它咽下去，你知道，这能由我自己决定。

（她买了冰淇淋，他吃了，没有吐，教师——治疗者的汽车绕远道送他回家，下车时他说："你看见了吗？没有吐。我下决心，'不吐出来'，就不会吐出来。"治疗基本完成，如果不出现复杂的家庭情况，只要渐渐断了这种有支持作用的关系就行了。）

这次接触后，他吃东西不吐了，而且三周没接受补充食物，直到他回家过感恩节。

10月27日

欧内斯特的母亲来信了，那天中午，他没回家，叫老师给他念信。他没有中途打断老师念信，也没表现不安。这次接触比过去时间短。信上说：

亲爱的小儿子：
　　前天正要给你回信，很高兴又收到你的来信，知道你学习好，还想回家帮助挤牛奶，杀猪。我们有很多小鸡要等你回来喂。你的小妹妹4岁，姐姐8岁，每天上学，在三年级。

奶奶身体很好,盼你回家来。她说你是好孩子,天天上学。妈妈不久要来看你。你有一个好老师,还帮你写信,你要做好孩子。我们打算接你回家过感恩节。

再见
妈妈

欧(为即将回家过感恩节而高兴):她要来接我过感恩节,我就要回家了。

师:你就要回家了。

欧:我要杀鸡,拔它们的毛,砍它们的头,掏它们的心肝!

师:你真的要杀那些鸡。

(母亲的来信激起了他想当婴儿的欲望和强烈的仇恨感,但不敢表达出来。这时治疗者比较好的反馈应该是,"你想回家,而且还想毁坏家里的所有东西",这样可以帮助他把仇恨感表达出来。)

欧:我想给妈妈回信,我要把我们的鸡都杀光,我要吸有橡皮奶头的瓶子(拿一个),知道吗?我是娃娃!(装婴儿哭)你知道我能喝多少!

师:你希望是小娃娃。

欧:我们来写回信。(开始口述)"亲爱的妈妈:回家后我要杀鸡,喂猪。妹妹4岁了,我很高兴。回家后,我要把鸡都洗干净,那很好玩。我要把家里打扫干净。"

师:回家后,你真要帮助妈妈,现在你要她知道。

欧(继续口述):"姐姐在三年级,我很高兴。为什么他们以前不给我写信呢?告诉奶奶,我希望她也来看我。我希望感恩节那天能和你们一起吃饭。圣诞节那天,我希望圣诞老人给我带一个小雪橇来。我希望圣诞节那天全家都能来和我一起吃饭。"

师:你希望和全家人在一起,想熟悉他们。

欧(口述):"在学校,我学习好,听老师的话。我现在有男朋友,他叫罗伯特,15岁。还有女朋友,叫黎阿姨(主日学校的老师),两周前,她给我买了一套画画用品。"

师：你喜欢罗伯特和黎阿姨。

欧：(点头。)"圣诞节礼物,我要米老鼠手表。现在我能认一些字了。我的老师一直给我买冰淇淋,她有很多玩具给我玩。我们在学校很快活,有时我还穿牛仔装。"(对老师)啊呀,我想我的妈妈一定很瘦,像铅笔杆。你写,"我在学校玩,万圣节前夕,我要戴滑稽假面具,穿牛仔装。在学校我们画图画、学习、做游戏,蛮好玩的。我们在建游戏室。在学校我喝巧克力牛奶,我吃得很好。向妈妈和全家人问好。欧内斯特。"

(他口述完这封不寻常的信,拔掉橡皮奶头,喝水。这次他独自回家,不要冰淇淋和糖了。离开时他很高兴。)

母亲来接欧内斯特回去过感恩节了,保护人在学校安排了这次会见。欧内斯特很渴望她快点来,但她要下午两点半才能到,老师为分散欧内斯特急迫的心情,带全班出去散步,看活火鸡。他过分兴奋,有些紧张,回校后就到痰盂去吐。碰巧被老师看见,欧内斯特一面走开,一面说:"没有,我不是要吐,不是的。"他的确没有吐。全班玩击节拍乐器(分散紧张情绪),欧内斯特是优秀鼓手,没有击错一个节拍。他妈妈和法定保护人敲门时,他们已奏完一曲。一个学生开了门,老师请她们进来,拿椅子给她们坐。老师保持着非指导性没叫欧内斯特去,这使史妈妈和他母亲很奇怪。她回到钢琴旁,欧内斯特回头看她们,他认识史妈妈,断定陌生的一个就是自己的妈妈。他终于放下鼓,走到那女人跟前,伸出手说:"你是我的妈妈吗?"她没亲他,显得很不安。他在她身旁站了一会,她拥抱他,动作很生硬。然后他回到集体中去了。

欧内斯特跟母亲回家过周末。据报告说,他母亲周六整天不在家,星期天是叫邻居带他坐车自己回来的。

11月29日

(回过家后的第一次接触)

欧内斯特(用锤敲工作台,从台上把一盒钉推到地板上,散了一地)瞧,钉子!那是要教训你!掉到地上了,活该!(踢钉子)我才不拾,就让它在那里。

师:你现在很生气,要发脾气,你就发吧。

(承认感情是对的,指示"你就发吧"没有必要。这样的建议可能使他更快表现出仇恨感。)

欧:它们是最坏的钉子,很小的娃娃钉子,妈妈爸爸钉子。(坐在地板上,用手指拔钉子。拾起一颗弯钉子给老师看,咧嘴笑)这个老坏人!畜生。

师:你学会了一些新词,想炫耀一下。

(这情境处理得很好,只肯定了他表示的态度。值得注意的是,澄清了这种态度,他很满意,在接受的气氛中,他想发泄的欲望立刻就消除了。这说明精神发泄,倾泻感情,可以改变人的行为。)

欧:李妈妈常常发脾气,说我该死,那些都是坏话。

师:李妈妈说的那些都是坏话,但是你还是喜欢说那些话。

欧:是的,我的妈妈说,李妈妈不会反对我说这些话,她说有钱给李妈妈,叫她关心我。有钱给你,要你关心我。你应该关心我,这是你的工作。

师:你认为李妈妈和我关心你,是我们的工作,这使你感到高兴。你要我们关心你,是因为你属于我们的,我们爱你。

(欧内斯特拾起一把钉子,把它扔掉,又把盒子踢开去了。接着他突然趴到老师怀里痛哭)

师:你大声哭吧,欧内斯特,你这次回家失望了。

(再一次讲清他表达的强烈感情,使他的心放松。)

欧(哭得更伤心,抽噎):你爱我吗?

师:爱,我爱你,欧内斯特。

(现在治疗者直率地承认了她那有支持力的作用,这个危险以后会知道!这是现实问题,即在他最沮丧的时刻,不宜简单地反馈感情,应该说:"你怕妈妈不爱你,现在想知道我是不是爱你。"治疗者企图使他放心,尽管她再三保证,还是不能解除他内心的怀疑和不安全感,因而是没有用的。)

欧：李妈妈说她不再爱我，还说，如果我还像现在这个样子，不要我跟她住在一起了。

师：你认为她不爱你，不要你住下去了。

欧（用力点头，想擦眼泪）：你对我说谎。

师：我对你说谎？说什么谎？

欧：你告诉我玩火柴不好。

师：是呀，不安全。

欧：我的妈妈说是骗人。

师：再讲讲你在家里的事情。

欧（趴到老师怀里）：你知道我回家做了什么吗？

师：不知道，你做了什么？

欧：我玩火柴，还吸烟。我帮妈妈点烟，整天我就做那事。我知道怎样吐在火炉里，还不会烫到自己。我一直在吃猪肉，太硬，咬不动，李妈妈做的东西好吃。我还赤脚，不过是在家里。还有，奶奶听不见我说话，姐姐和妹妹不跟我玩，妈妈走了，留下我，我自己坐汽车回来的，皮妈妈带我去坐的车。我、我、我（突然活跃起来），你应该去看我的猪，知道怎样唤猪吗？

师：我知道怎样唤猪。

欧（笑）：我有猪，你没有猪。

师：你有的东西我没有。

欧（高兴地拍手）：我有自己的猪，总有一天我要把它们杀了，把它们的心肝掏出来扔掉。

师：你那样做很开心。

（在这案例中，治疗者的错误是没有承认欧内斯特的攻击性感情和其它消极感情。这里，她的承认是不够的，若用"你就是喜欢把它们都杀了才好"的反馈要好些。再有，在游戏中他的仇恨感和想当婴儿的态度联系在一起。)

欧（去拿奶瓶，咬橡皮奶头）：瞧，我又要当娃娃，娃娃饿了。

师(拿出巧克力糖)：娃娃想吃糖吗？

欧(接过糖放在桌上，沮丧地轻声说)：我不能再吃了，吃什么都吐。(流眼泪)

师：这使你感到不高兴，你再不能不吐出来了。

欧(突然很不高兴，说了一长串话，对这样一个小孩来说，很不寻常。大意是)：出现什么情况我都不在乎，永远不能吃东西，我也不在乎，死也不在乎，我想死，我真的想死。(又笑)你是我唯一的亲人，我想和你一起回家，我想和你住。我想死，我恨李妈妈，她卑鄙，我恨她。(继续往下说，把脸捂在老师怀里)如果我吃东西，就得回家，但是我不想回家。

师：你不想回家，所以你现在就不吃东西。

(他哭叫着"我想和你住"，这是他的恳求。他根据自己的推理，认为治疗者会答应他的要求，如果她爱他，就会带他去一起住。他深切地表达了绝望的态度，同时明显表现了他的自知力。他回家逗留期间的遭遇使幻想破灭，他失望了。只能表现无能，保住仅有的一点安全感)

(等他的激动情绪平静下来后，老师才叫他放心，说真爱他，李妈妈也爱他，李妈妈说不爱他的话不是当真的。欧内斯特重复"我能去和你住吗？"他解释说自己没有家，放学后不能和他一起住，还特别指出，每天在学校他们能有5小时在一起，还说要带他去商业区看圣诞老人。他马上高兴地笑着说，要圣诞老人送他一支真正的机枪。他把地板上的钉子都捡起来，老师送他回家。)

(这种支持力角色的危害性，在于治疗者不能实现他的要求。她虽保证了爱他，但她不可能履行真正母亲的责任。)

这次，老师和李妈妈谈了很久，李妈妈说不想再留欧内斯特，除非改正了他的行为。她说他说的话很"可怕"——给了钱她才关心他。还说他骂人，朝火炉里吐。她直截了当说出了他回家带来的坏习惯，声称除非他快快改正，否则不想再和他住在一起。老师竭力给她讲欧内斯特的反应，说欧内斯特夸她做的饭比他母亲做的好得多，恳求她宽容、同情他,给他时间改正。李妈妈答应了。因为她们又要从头开始,所以老师承认了李妈妈的失望和失去信心的感情,她还说那真是"伤脑筋"的事,要是暂时几天还无所谓。老师离开时,李妈妈表示愿意试试。

几天后,在一堂阅读课上:

欧(捧着肚子和胃管,瞪着老师,眼睛在闪光)唉呀!唉呀!它出来了!

师:它出来了!

欧:是呀!是呀!赶快,要不我会死的!(很有戏剧性)

(这里,我们可以发现欧内斯特又在试探,神经质似的利用自己的丧失能力。老师再次承认了这种隐晦态度,解决了这种表面现象,能使他看到自己真正的问题:借助这种方法,他获得了满足。)

师:你想要我着急。

(欧内斯特笑,同学们都吓住了。老师对他们说,他在捉弄人。)

欧:没有吓倒你,对吗?

师:你想吓倒我,对吗?

欧:你看我妈妈那个样子,她就被我吓倒了。只要我大声叫,"唉呀!唉呀!我要死了!"她就吓得要命!

(他高兴地笑了。老师预料他对妈妈的报复会有好几次。)

在学校,他仍旧穿牛仔装,休息时像疯子一样东奔西窜在操场上用枪瞄准别人,都要打死他。这种攻击性渐渐使他筋疲力尽。

12月6日

老师跟她的朋友带欧内斯特去买圣诞节用品,看圣诞老人,这次活动令他陶醉。

看到圣诞老人,他像小天使似地上前说:"我要一支机枪,真正的机枪,知道吗?还要一把锋利的斧头,就是你用来杀人的那个。我不是骗人,知道吗?"(他对这世界的恨,对他母亲拒绝他的仇恨,仍很强烈)然后他慢慢离开了。

欧内斯特累了,他和圣诞老人谈过话后,老师决定带他回家。归途中,他说话无礼貌,讥讽人。老师给他糖,他的朋友向欧内斯特提了一个很平常的问题,他用德语回答。"那是什么意思?"他又答,"这句话的意思是,你好管闲事。""是李妈妈教我这样回答的。"

从家里回来后,欧内斯特就绷着脸,有攻击性的对立情绪,而且意气消沉。他仍旧穿牛仔装。走路时,故意跺脚。在纸上乱画,不是黑的,就是红的。游戏时,一个劲朝盒里扔积木。他避开同学,同学一走近他,就会被他推开。老师尽可能承认他的感情,不施加压力,"勉强要他适应环境。"他利用学校的作业表达了自己的感情。

他喝牛奶的记录如下:

11月29日——拒绝喝牛奶。

11月30日——喝了半瓶,全吐了。

12月1日——只喝了一口,吐了。

12月2日——喝了半瓶,全吐了。

12月3日——喝了半瓶,全吐了。

每次他把牛奶吐出来,显然十分沮丧和抑郁。老师在承认他的感情时都说,"你心里难受才要吐。""你想不吐,但又忍不住,有东西使你的胃难过。"以后的情况是:

12月6日——喝了三分之一瓶,没有吐。

12月7日——喝了半瓶,没有吐。

12月8日——喝了半瓶,没有吐。

12月9日和10日——没有牛奶供应。欧内斯特要牛奶喝——他说"我要牛奶"。

12月10日

欧内斯特要求放学后留下来,他心情抑郁不乐。据李妈妈报告,他没有吃东西,多次拒吃食物,体重减轻。在学校,他爱发怒,抱怨太累。放学后,他留下来,坐在桌旁,伏在桌上。

师:你累了。

(默不作声。一会儿突然站起来,到乐器箱里拿了鼓又回桌旁,用力敲鼓。敲了10分钟,推开,哭了。)

师:你很不高兴。

欧(点头):出现什么情况我都不在乎,也许我会死,我真的死了就好了。

师:你丧气,因为不能吃东西。(哭得更厉害)哭吧,大声哭出来吧!欧内斯特,这样会使你好受些。

欧(终于抬头望老师):我想和你住。

师:你哭,是为了想和我住。你累了,饿了。(老师给他糖,他吃一块,马上就吐了,又哭)在这样难受的时候,你会吐。你哭,是你很痛苦。

(欧内斯特自己有许多问题要应付,现在又面临由老师引起的有支持作用的关系问题。老师承认了他的感情,也是第一次想回避他表示的态度。治疗者如果在感情上和儿童纠缠在一起,就不能准确反馈和有效地帮助他。严格进行非指导性游戏治疗,在这个问题上引起了强烈争论。从非指导性的观点来说,只能把态度反馈给病人,治疗者不能卷入感情。现在,治疗者试图把欧内斯特的感情归咎于疲倦,用糖果抚慰他,两者都失败了。)

(欧内斯特向书桌走去,拿着《三只小猪》没精打采地翻着,翻到一页,上面画的是一只狼。他突然站起来用它打老师。)

欧:把她吃掉!把她抓住!

师:你要狼把我吃掉,因为我不能带你回家去和我住。

(这里,老师处理得好,显然接受了他的敌意,这种敌意是她想减少一些母亲般的亲热引起的。这样承认可能消除敌意,但在故事结尾时,他把书扔了,这说明他的敌意未完全消除。)

(欧内斯特拿着老师的手轻轻在边上咬)

师:你要咬我。(他咧嘴笑,然后突然亲老师的手)你认为还是继续保持友谊好些。

欧:给我念这故事。

(老师给他念故事。他装猪和狼叫。故事念完,他又把书扔了。接着拿支粉笔在黑板上乱写。时间到了,老师送他回家。)

12月13日至17日,欧内斯特在学校把自己的一份牛奶全喝了,一点没有吐。他的态度和行为有了改进,又开始做功课,并和其他同学玩了。

圣诞节日到了,欧内斯特没有回家。到1月3,4,5,6日,他喝牛奶又有困难,只能喝半瓶,但是不吐。他吃了糖和冰淇淋,也不吐。

1月7日

欧内斯特缺席了半天,他又很抑郁。他说"或许我会死",老师承认了他的抑郁和不愉快感情。

1月11日

欧内斯特今天做扁桃腺切除手术,有四天没上学,星期天晚上打电话问他的情况,他在电话里说,我要来上学了,现在"没有扁桃体,说话像青蛙"。李妈妈告诉老师,在欧内斯特住医院时,她带了一个被遗弃的,只有21个月的婴儿来家,也是有喂食问题的儿童。

1月17日

欧内斯特来上学,把老师拉到一边,说他现在不带管子了。他说:"我不知不觉就能咽下去,不再要管子了。"他要求放学后留下来,这次接触的报告如下:

(欧内斯特拿出奶瓶,在地板上到处爬,嘴里还吱吱喳喳说个不停。然后坐在地板上说话。)

欧(向老师):我在医院时,李妈妈又有一个娃娃,这个娃娃不好,没有什么了不起。(生活不断给他很大的心理打击,但是他对这些打击却表现出惊人的应付能力)

师:你认为他不是好娃娃。

欧:是的,他大脑里有水,身上到处是伤疤。

师:他一定长得好看,但是有病。

欧:他有病,但是不好看。

(他到图片盒前,把图片分类,把挑选出来的婴儿图片统统撕成碎片。)

师:你不喜欢李妈妈家有这个娃娃,妒忌他了。(欧内斯特突然转过身去,看着老师,接着撕掉剩余的画片,拿着奶瓶坐下来)你只让李妈妈家有一个娃娃。

欧:他讨厌,又笨,还不会讲话。

师:你不想李妈妈留下这毛娃。

欧:我是娃娃。(他弯腰爬)

师:你喜欢装娃娃。

欧:你会给我买糖吗?

师:你要吃糖吗?(他把牛奶全吐了)

欧:我可能咽不下去。

师:你认为可能咽不下去,为什么还要吃糖?

欧:我不吃,你也会给我买,你会尽力帮助我。

("我不吃,你也会给我买",他这样表达值得注意。他找到了"无能"的新用途,现在用它来抓住老师不放。如果老师给的支持较少,这种情况能避免吗?

既然出现了这个问题,老师就要处理好,承认他的需要,利用对他的依恋感情,促使他的行为成熟起来。从那天起,欧内斯特吃东西就能咽下去,允许他一直利用自己的"无能"抓住养母、医生和护士不放,也用它来紧紧抓住老师)

师:你知道我愿帮助你,而且你还认为只要你吃东西有困难,我就会给你东西吃。

欧(点头):你会的。

师:你知道我会帮助你,的确,只要你想吃东西,我就会给你钱买。

欧:不会吐吗?

师：不会吐。

欧：我要吃。

（她买了一块糖，他吃了没吐。）

1月19日——放学后

欧：你会给我买冰淇淋吗？我下决心不吐。（他吃了冰淇淋，没吐）

1月20日

欧内斯特喝牛奶，吃冰淇淋，没吐。他的行为有了进步，表明他接受了那个婴儿。

欧（在课堂）：家里有娃娃要我带，他能坐一会了。（又一次）我能帮李妈妈带娃娃，还知道他要玩什么。（老师承认了他愿意帮助李妈妈的感情）

（渐渐地他能从养母那里得到感情支持和安全感，养母的确起了教师不能起的母亲作用。

显然，欧内斯特对这婴儿表示的仇视感情，有助于他逐渐形成对这婴儿更现实和成熟的关系，从中他也感到自己有用、能做事了）

自1月20日后，欧内斯特吃东西没有困难，也不再吐了。

从1月31日到2月14日，他因患麻疹缺席。

2月14日，15日，16日，他回到学校，仍然吃东西，但很疲倦，头和耳都痛。

2月17日，18日，19日，22日，23日，因耳朵发炎缺席，但仍然吃东西。

从2月24日到3月6日，他回到学校，高兴，对人和气，吃东西有规律。

2月28日

（欧内斯特收到妈妈和姐姐的信，放学后，他留下来听老师念信。）

师（念）：亲爱的小儿子。

给你写一封短信，我很惦记你；身体好吗？你刚回去，我们大家都病了。爷爷和奶奶患流感，我们刚好，我和两个女孩患麻疹，病很重。（欧内斯特高兴地笑了，"她们也出麻疹！"）现在，我们都好了，大家都喜欢你寄来的礼物。你近来吃东西怎样？吃得好吗？近来生活怎样？你要听老师的话，做好孩子。我会尽早来看你。我一直想来看你，没有钱，不能来，但是一定会来。你的姐姐和妹妹问你好，她们也想来看你。欧内斯特，我们还有许多猪、鸡、牛和马，你要回来，就给你……请你老师给我写封信。

爱你
妈妈

欧（耸肩）：过几天我们写回信。
师：你不想现在回信。
欧：是的。
师：这里还有你姐姐写的信。
欧：我没有姐姐。
（在养母家欧内斯特感到了安全，才不把自己的家视为安全的来源。他适应了环境，除非强迫，他是不愿再回自己的家了。）
师：你记不得自己的姐姐了。
欧：我没有姐姐，你念信。
师（念）：亲爱的弟弟：
我要给你写信，你好吗？我自己很好。因患麻疹，我有半个月没上学。弗洛拉·琼现在生病。
欧：弗洛拉·琼是谁？
师：弗洛拉·琼是你的妹妹。
欧：我没有妹妹，我只有弟弟。
师：你认为李妈妈家那个男孩是你的弟弟。

欧：我没有姐姐和妹妹，念。她还说了什么。

师（念）：欧内斯特，你在学校怎样，我希望你好。这里下雨，风很大。今天晚上妈妈不舒服。祖父母问你好。你要听老师的话，做好孩子。不多写了，你的姐姐。

欧：她不是我的姐姐。

师：你不要姐姐。

欧：她还说什么？

师（念）：向欧内斯特问好。

欧（对这信没兴趣）：那个娃娃现在能在栏圈里到处走，身上没有疮了。李妈妈说现在我能帮她做事。

师：你喜欢谈你们的娃娃。

欧：过几天我们给她们回信。（回家）

2月29日，3月1日，3日和6日，欧内斯特在学校。3月7日他到医院做喉头扩大手术。用新麻醉剂引起并发症，他发高烧，患了肺炎。他的生命危急，体温高达105F，持续了3天，用了氧气帐和磺胺药。

3月14日

老师打电话给李妈妈，询问欧内斯特的情况，他也来听电话，说希望星期一上学。"我早就希望上学了"，他说。李妈妈笑着拿过电话说，医生也认为他星期一可以上学。她还说，经过这些波折，他似乎有些害怕，最后一次手术很厉害，他又怕吃东西。但是他还能吃，胃管拿掉几个星期了。

4月20日

欧内斯特已相当稳定，能正常生活，也能和同学一起玩。放学后不再要求留下，学习好了，表现也令人满意。

4月里的一天，老师到欧内斯特养母家访问，他很得意，把那婴儿抱来给老师看，对他表示了真诚的爱。李妈妈说，"他很能帮助这个小毛娃。"

4月下旬,一个心理学家要求给欧内斯特做罗夏人格测验,并安排由老师和一个成人朋友带他到心理诊所测验。路过"医院"时,他问能不能进去看他"过去的家"。

老师和她的朋友陪欧内斯特去医院,他在前带路。他从后门进去,上了几段楼梯,穿过三道走廊,到了他要找的房间。门开着,里面有一个儿童躺在床上。欧内斯特看着里面,并沉着地说:"有人躺在我的床上,那是我过去睡的地方"。

接着他又沿着另一条走廊带她们往前走,碰到几个护士坐在一张桌旁,他停下来看她们。其中一个护士转过身来,认出了他,抱着他亲。并对其他护士说:"瞧,这是谁!你现在好多了!变样了!"他咧嘴向她们笑。护士说:"你应该去看普阿姨,她一定想见你。"欧内斯特说:"我也想去看她。"

他继续带路往楼下走,到了门诊部,一个护士把他紧紧抱在怀里亲,"我的孩子!好,好!我的孩子!"她叫他站在面前,端详了一番,他感谢她寄的复活节卡片。还说给他的5角钱花完了。她问他希望下次寄多少钱,他回答:"我想要50块钱,需要的东西几乎都能买到了。"她说没有那么多钱时,他说大了会做工作挣钱还她的。

离开门诊部时,他说:"我要向克莱门蒂尼问声好。"克莱门蒂尼是黑人,个头大,欧内斯特高兴地说了一声,"喂,克莱门蒂尼,你身体好吗?"他笑着,挥手。接着他向老师说:"赶快,咱们走吧。"

他带路出了这幢楼房时说:"这就是我过去的家,但是,离开这个医院好玩多了。"

时间还不到,他们又到博物院,看到的东西都使他很感兴趣。到了心理诊所,他很乐意和心理学家去测验。后来,他们到餐馆吃午饭,他挑选了自己吃的东西:马铃薯泥、肉汤、菠菜、巧克力牛奶、冰淇淋和蛋糕。他边吃边和她们谈看到的各种东西,显得很成熟,一点不拘束。吃完了,他算出了3份午餐的费用,把老师放在桌上的钱数了一遍。他把帽子和外套递给老师,笑着说:"喂,我是毛娃,请你帮我戴帽,穿衣服。"

"有时你喜欢像毛娃一样,"老师说着,帮他穿上衣服。他挺挺胸说:"有时我喜欢是大人,像现在这样,让我付账。"他把账单和钱给出纳员后,他们出了餐馆,他很严肃地说:"今天我真开心,开始上学时就不像这样子,那时我不能吃,还有一根皮管插在肚子里。这好玩,我喜欢这样。"

回家路上,在5分、1角钱的商店,他用养母给的2角5分钱买了一套吹泡泡玩具。

到家时,他对老师说:"你想进去和李妈妈谈谈吗?你还是想在这里说再见?这样我可以进去睡一会儿,我累了!"老师说:"在这里再见。"于是,欧内斯特拿着吹泡泡玩具进屋去了。

这天,欧内斯特似乎在向他孩子气的过去告别,现在仿佛在打发他的治疗者。从此以后,他在学校集体时就变得令人满意了,不再要求做个别接触。

欧内斯特个案的随访研究

7月,学年结束时,突然要欧内斯特搬到另一个养母家,在另一个区。在这家,他做完了定期喉头扩大手术后,州福利部门决定送他回家和自己的母亲一起生活。

一年后,医生和州福利部门报告,他的心理和身体适应不断进步,能很好适应他的家庭。母亲、姐姐、妹妹、爷爷和奶奶都喜欢他。他住在农场,似乎对那里的一切都很感兴趣。正如案例工作者说的那样,"他能做一些有积极意义的事了。"吃东西不再有困难,各方面都有了进步,他的表现令人满意了。

两年后的随访研究报告说,欧内斯特继续取得了令人满意的进步,不需再做喉头扩大手术了。

有关欧内斯特案例的某些问题和总结

在案例材料介绍中,提出了治疗问题,并做了部分回答。现在让我们研究其中的几个问题。

在和问题儿童打交道时,一个人既是老师又是治疗者可以吗?回答是肯定的。如果老师的作用在两种情境中几乎完全相同——接受儿童,允许儿童有更自由地表达自己并作出选择。这是不符合大多数教师的情况。如果老师很有经验,一定会把课堂上课和治疗接触明显区分开来。这种安排有时是能成功的,但实践中确实有些困难。

问题儿童能在集体情境中得到治疗吗?本书介绍的集体接触和个别接触相结合的治疗方法很成功。

问题儿童怎样利用他的无能呢?欧内斯特表演了许多方法,都用自己的无能保持婴儿化,来原谅自己不能长大和不负责任。他用无能获得了同情和爱,也用它来支配别人。在这案例中,我们看到了很多这种心理活动,也看到了几次神经质的表现刚要露头时,就被明智的心理治疗阻止了。由于采用了各种不同的治疗,欧内斯特治愈了,不致成为永久的病人。

为什么神经质的倾向刚一露头能被克服呢?按心理学分析,治疗中,重要的是了解个人内心发生了什么变化,又如何恢复正常生活和工作的种种过程。在欧内斯特的案例中,答案似乎是,他逐渐从内心接受了自己婴儿化的需要,也接受了自己想成熟的动力。他既不否认,也不隐晦,这两方面都被治疗者接受了,所以他自己也能够接受,不再否认有时自己像婴儿的样子,在没有压力的情况下,他还经常装着自己长大了。他完全接受了自己的这两个方面,不再需要做隐蔽的选择(一种精神病),而且发现成人也表扬他,从而得到极大的满足。

感情上有支持作用,是有效的治疗吗?这个案例提出了一个值得深思的问题,但是没有回答。显然,爱的感情支持,可能暂时有帮助。但是它也会带来一些需要解决的新问题。治疗者的任何态度造成的依赖性,同样会产生新的不适应,必须及时解决。或许这就是弗洛伊德主张的治疗和非指导性治疗之间的分歧点。弗洛伊德的观点是需要相当多的依赖性和比较多的感情,作为治疗的必要条件,尽管感情这个问题在治疗结束前应当解决。非指导性治疗强调,这种感情上的依赖,无论它是治疗者有支持力的活动引起的,还是儿童自己引起的,都会妨碍有效的治疗。如果在整个治疗过程中,发现儿童对依赖的需要,我们可采用处理儿童对其它需要的方法,即通过帮助使他认识自己这些带有感情色彩的态度,那么治疗进展会快得多,欧内斯特的案例没有说明这两种观点,然而却提供了讨论的重要素材。

以上是这个案例提出的几个争论的问题。这案例主要的贡献是表明了治疗者的成功。她态度热情,接受了儿童的各种态度,并允许他,相信他有能力逐渐适应,一旦儿童能从内心自觉接受自己的时候,他就能适应了。

后 记

　　由于方观容教授已90多岁的高龄了，不便再亲自提供书稿、照片和简历等信息，在征得方观容教授本人同意后，我们代为整理编辑完成本文集。本书的稿件《怎样教幼儿学数》和论文《幼儿数概念的形成》由方观容教授的学生张慧和复印提供，同时她还从自己珍藏的像册中提供了部分珍贵的照片。《游戏治疗》一书的书稿由邱学青复印提供，方观容教授的简历信息由印学青从南京师范大学档案室获取。而有关的个人学术年表以及成果参考目录，由于方观容教授年事已高，难以回忆更多资料，故只在文集中收集了她在20世纪80年代所撰写的学术报告和90年代的科研论文，以及两部翻译作品。由于篇幅有限，对译著的部分内容作了删减。

　　江苏教育出版社的同仁们为该套丛书的出版付出了辛勤的劳动，编辑张苓同志在时间紧迫的情况下，一再给我们以时间上的宽延，为此我们代表方观容教授致以深深的谢意！

南京师范大学 张慧和 邱学青　2006年4月

图书在版编目（CIP）数据

方观容文集/方观容著.—南京：江苏教育出版社，
2006.6
（学前教育家文库）
ISBN 7-5343-7467-7

Ⅰ.方... Ⅱ.方... Ⅲ.学前教育—教学研究—文集 Ⅳ.G612-53

中国版本图书馆 CIP 数据核字（2006）第 062140 号

书　　名	方观容文集
作　　者	方观容
责任编辑	张　苓
出版发行	凤凰出版传媒集团
	江苏教育出版社（南京市马家街31号 210009）
网　　址	http://www.1088.com.cn
集团网址	凤凰出版传媒网 http://www.ppm.cn
经　　销	江苏省新华发行集团有限公司
照　　排	南京展望文化发展有限公司
印　　刷	南京通达彩印有限公司
厂　　址	南京市六合区冶山镇（邮编 211523）
电　　话	025-57572528
开　　本	890×1240 毫米　1/32
印　　张	9.625
插　　页	1
字　　数	255 000
版　　次	2006年6月第1版
	2006年6月第1次印刷
书　　号	ISBN 7-5343-7467-7/G·7152
定　　价	25.00元
批发电话	025-83260760，83260768
邮购电话	025-85400774，8008289797
短信咨询	10602585420909
E-mail	jsep@vip.163.com
盗版举报	025-83204538

苏教版图书若有印装错误可向承印厂调换
提供盗版线索者给予重奖